编　委　会

绿水青山与乡村振兴

溧阳共享富裕之路实践探索

LÜSHUI QINGSHAN YU XIANGCUN ZHENXING

LIYANG GONGXIANG FUYU ZHILU SHIJIAN TANSUO

张颢瀚　张忠寿｜主编

叶　茂　张羽程　迟　亮｜副主编

人民出版社

天目湖镇三胜村

戴埠镇杨家村

溧城街道礼诗圩村

上兴镇牛马塘村

戴埠丰收节庆典现场

南渡庆丰丰产方

南山竹海

万亩茶园

溧阳环湖北路

"溧阳1号公路"深官线

溧阳天目湖全景

天目湖湿地

序

"十四五"时期，是乘势而上开启全面建设社会主义现代化国家新征程，向第二个百年奋斗目标进军的第一个五年。实现共同富裕是社会主义的本质要求，是人民群众的共同期盼，而要实现共同富裕，乡村振兴是必经之路。

习近平总书记指出，环境就是民生，青山就是美丽，蓝天也是幸福。要像保护眼睛一样保护生态环境，像对待生命一样对待生态环境。位于长三角几何中心的江苏溧阳，作为国家生态文明建设示范市，我们始终牢记习近平总书记嘱托，始终坚持把绿水青山作为长远发展的最大基础，积极践行"绿水青山就是金山银山"的理念，以绿水青山推动乡村振兴，致力实现共同富裕。

乡村振兴的过程，是乡村空间在县域经济价值链上不断增值的过程。实现乡村空间的价值增值，关键是要充分激活绿水青山的价值，形成联动效应，才能在乡村振兴上取得突破。回溯30年来，我们从乡村起步，揭开了昆仑经济技术开发、丘陵山区综合开发、天目湖旅游开发、苏浙皖边界市场开发"四人开发"的序幕。1991年，"溧阳市低山丘陵综合开发"入选省科技兴农综合试点示范基地项目。由此启程，经多年的努力付出，农村人居环境整治连续获省第一等次，美丽乡村建成率全省第一，"三生共融"样本、乡村振兴实践等探索被国家部委推广，宁锡常接合片区、城乡融合试验区、中国美丽乡村示范市等荣誉彰显着溧阳从名见不经传的闭塞乡野成为全国知名的诗画田园。溧阳乡村深邃巨变的历程就是一部生动的改革创新史，一代代敢为人先的溧阳人不懈努力，创造出"农路变景点、农区变景区、老乡变老板"的生动实践。"四大开发"从乡村沃土一路走来，培土筑基、高歌猛进，开辟出了如今"生态创新"的奋斗路径。

历史的传承积累宝贵经验，发展的赓续彰显久久为功。我们从乡村起步，以"四大开发"为基础，明晰绿色脉络，一步步把水库变成天目湖、废弃矿山宕口变成燕山公园、农村路变成"溧阳1号公路"，平凡山水创造出不平凡的价值；以先进制造、高端休闲、现代健康、新型智慧"四大经济"为支撑，释放生态红利，催生了以"发展可持续、环境更友好、群众得实惠、政府有收益"为特征的"幸福经济"的精彩蝶变；以城乡经济协合、城乡环境契合、城乡生活翕合、城乡治理匡合"四大融合"为方向，推动城乡融合发展。这些从"四大开发"肇始的"四大经济""四大融合"实践，最终凝结成一条把生态作为基础变量、核心资源和比较优势，吸引产业、科技、人才等与其聚合裂变，带动城乡空间、公共服务、生活方式与其融合嬗变，系统、双向、持续地推动绿水青山就是金山银山的价值转化，从而在更大范围内实现以生态推动区域分工协作、城市能级提升的生态创新之路。这是溧阳30年来创新创业的成功累积，也是我们传承赓续、奔向未来的根本路径。

实践证明，坚持绿色发展不动摇，沿着"生态创新"路径走，禀赋的优势就会充分彰显，发展的活力就会充分涌动。对生态文明建设的不懈探索和深厚积淀，书写了新征程共享富裕之路的溧阳诗篇。"生态创新"实践荣膺"中国创新榜样"，溧阳不仅入选全国"绿水青山就是金山银山"实践创新基地，创成国家全域旅游示范区，蝉联"全国文明城市"殊荣，更是同时肩负"九大国家级试点"，全国县域唯一；并以社会主义现代化建设试点走在全省前列，居全国百强县（市）第25位、中国未来投资潜力百佳县（市）第5位、"2021中国县级市基本现代化指数百强榜单"第18位……

　　《绿水青山与乡村振兴——溧阳共享富裕之路实践探索》一书聚焦溧阳生态创新与乡村振兴的特色，总结了溧阳将生态优势转变成发展优势，创出县域发展新路子的经验做法，展示了溧阳依托绿水青山，实施乡村振兴战略，探索共享富裕之路取得的显著成效。希望此书能为坚持绿色发展，引领生态更美、质量更高、人民更富的乡村振兴，提供溧阳样本，贡献溧阳智慧。

　　在实现第二个百年奋斗目标新的赶考路上，溧阳将坚决扛起"争当表率、争做示范、走在前列"的使命担当，聚焦建设长三角生态创新示范城市目标愿景，坚持以生态创新为根本路径、以争创公园城市、全域旅游、产业集群、乡村建设、区域协作"五个示范"为基本内涵、以城乡融合为表现形式、以共同富裕为本质特征，努力绘就溧阳绿色现代化的美好图景，为苏南现代化建设先行示范区提供绿色崛起的县域样本。

中共溧阳市委常委宣传部部长　曹俊

2021 年 12 月 30 日

目 录

前　言

2021年是中国共产党成立一百周年，百年奋斗史筑就伟大复兴梦。民族要复兴，乡村必振兴。全面建设社会主义现代化国家，实现中华民族伟大复兴，最艰巨最繁重的任务依然在农村，最广泛最深厚的基础依然在农村。党的十九大提出乡村振兴的战略，明确了"产业兴旺、生态宜居、乡风文明、治理有效、生活富裕"的总要求。乡村是绿水青山资源的集聚地，也是"绿水青山就是金山银山"理念的实践载体。习近平在中共中央政治局第二十九次集体学习时强调，保持生态文明建设战略定力，努力建设人与自然和谐共生的现代化。如何将绿水青山转化为引领乡村振兴的优势资源，走出一条生态美、产业兴、百姓富的可持续发展之路，成为亟待探索的课题。

党的十八大以来，以习近平同志为核心的党中央把生态文明建设摆在全局工作的突出位置，全面加强生态文明建设，秉持绿水青山就是金山银山理念，提出力争2030年前实现碳达峰，2060年前实现碳中和的重大战略决策。还老百姓蓝天白云、繁星闪烁、清水绿岸、鱼翔浅底，让群众吃得放心、住得安心，留住鸟语花香田园风光，是习近平总书记念念不忘的民生情怀。

2013年3月，习近平总书记参加十二届全国人大一次会议江苏代表团审议时，嘱托江苏要扎实推进生态文明建设，实施"碧水蓝天"工程，让生态环境越来越好。

江苏地处长三角，是长三角一体化发展的坚定参与者、推动者和实践者，始终牢记习近平总书记的谆谆嘱托，树立和践行"绿水青山就是金山银山"的理念，像对待生命一样对待生态环境，合力建设长三角生态绿色一体化发展示范区，走出了一条从"环保优先"到"生态环境高质量"的绿色发展之路，一条生态更美、质量更高、百姓更富的乡村振兴与共同富裕之路，绘就了一幅幅各美其美、美美与共的美丽江苏新画卷。国家生态文明建设示范区——苏州太仓，以绿为底，构建田园城市格局；以水为韵，再现水墨江南风貌。国家生态文明建设示范市区——盐城盐都，坚决扛起生态文明建设政治责任，制定《盐都区生态文明建设规划方案》，全力打造绿地常在、碧水长流、空气清新、经济可持续发展、人与自然和谐相处的美丽盐都。国家生态文明建设示范市区——无锡宜兴，描绘出一幅青山常在、绿水长流、空气常新的生态文明美丽画卷。2017年12月，习近平总书记在党的十九大之后的首次地方视察就来到江苏徐州，强调要把绿水青山变成金山银山，坚定不移走生产发展、生活富裕、生态良好的文明发展道路。徐州贾汪演绎化蛹成蝶新篇章，实施采煤塌陷地治理、荒山绿化、水系治理三大攻坚战，实现了从"一城煤灰半城土"到"一城青山半城湖"的华丽转身，走出一条生产发展、生活富裕、生态良好的生态文明建设成功之路。

江苏建设生态文明求解人与自然和谐共生之道，2020年11月12—13日，习近平总书记到江苏考察调研时的重要讲话激励着各地干部群众加强生态文明建设的决心和信心。习近平总书记在南通五山地区滨江片区考察调研时说，过去脏乱差的地方变成现在公园的绿化带，说明我们只要下决心，就一定能落实好长江经济带发展共抓大保护、不搞大开发的要求。生态文明建设是关系中华民族永续发展的根本大计。2020年11月，习近平总书记在江苏考察时指出，要把保护生态环境摆在更加突出的位置。生态文明是诗意的灵魂，生态创新更是一座城市的软实力。一个地区经营好生态环境、文化环境，才会在更大的范围内配置资源，吸引更多的人流、物流、资金流。

2021 年中央一号文件为推进乡村全面振兴谋划了崭新图景，"十四五"规划纲要也对坚持农业农村优先发展、全面推进乡村振兴做出全面部署。乡村振兴促进法的施行，更是为全面实施乡村振兴战略提供了有力法治保障。

作家朱山坡曾说过，"一座没有诗意的城市不适宜人类居住"。每个人都想栖居在自己喜欢的家园，无论城市、县域还是乡村。在"2021 中国最具诗意百佳县市"榜单中，江苏省有 6 个县域榜上有名，其中，溧阳以 95.18 分排名全国第 11 位。村民们拉着家常，话语之间，幸福溢满。在他们身边，青山叠翠、花香芬芳、产业兴旺、乡风文明，现代田园风光浑然天成。这样的景致在溧阳乡村举目皆是，编织成一幅幅色彩斑斓、充满希望的山水长卷。溧阳生态创新实践成果在全国大放异彩，全国文明城市、全国"绿水青山就是金山银山"实践创新基地、国家全域旅游示范区、国家生态文明建设示范市等成为溧阳新的城市名片。

这是江苏省认真践行习近平生态文明思想、加强生态文明建设的生动缩影，是溧阳践行绿水青山理念与乡村振兴战略的生动实践。溧阳把平凡的山水创造出不平凡的价值，走出了一条绿水青山与金山银山系统、双向、持续转化的"生态创新"之路。

《绿水青山与乡村振兴——溧阳共享富裕之路实践探索》聚焦溧阳依托绿水青山，坚持生态创新，大力实施乡村振兴战略，努力争创公园城市、全域旅游、产业集群、乡村建设、区域协作"五个示范"，走共享富裕之路的实践。全书从溧阳厚植发展底色、塑造城乡关系、创新治理体系、振兴乡村产业、提升乡风文明、共享美好生活、争创"五个示范"七个方面展开，生动反映了溧阳以习近平生态文明思想为引领，坚定不移走生态创新之路、绿色发展之路、城乡融合之路、乡村善治之路、产业兴旺之路、文化繁荣之路、共享富裕之路。

由于作者水平所限，本书存在许多不足之处，敬请广大读者批评指正。

编　者

2021.12

第一章　坚持生态创新　谱写乡村振兴新篇章

一、生态长征路上的溧阳史诗

"滚滚长江东逝水"。作为中华民族的母亲河，长江不仅滋养着中国的广袤土地，更孕育了悠久璀璨的华夏文明。几千年来，长江流域的百姓聚族而居、繁衍生息，"靠山吃山，靠水吃水"是大自然对他们特有的眷顾和祖辈相传的生活方式。

自 20 世纪 70 年代起，对自然资源开发利用的浪潮席卷全国，位于苏浙皖边界的小城溧阳也不例外，轰轰烈烈的矿山开发热潮风靡一时，水泥建材产业也一度成为主导产业。与全国许多地方一样，"绿水青山"转化为"金山银山"，在这里呈现着最原始的模样。

其兴也勃焉，其亡也忽焉。随着以牺牲生态为代价的经济发展模式尽显颓势，勤劳智慧的溧阳人率先意识到：经济发展不能"捡到篮子里就是菜"，忽视环境保护抓经济发展只能是"竭泽而渔"。于是，摒弃原先的错误认识，探索"绿水青山"与"金山银山"双向的、持续的、增值的转换路径，便在这"三山一水六分田"的苏南小城开始了长达 30 年的"生态长征"。

（一）以创新生态资源的科学高效利用方式，推动"绿水青山"向"金山银山"提档转换；以政府主导环境治理的主动作为，推动"金山银山"向"绿水青山"渐进转换

1989 年，《中华人民共和国环境保护法》颁布施行，环境保护成为基本国策。1990 年，溧阳迎来了"撤县设市"的历史性一刻。

从县到市，一字之变。然而，这变的不仅仅是一个称谓，更是一种理念、一种思路。人们对"靠山吃山，靠水吃水"有了新的诠释，对绿水青山变成金山银山有了新的认识。正可谓"思路一变天地宽"。聪明的溧阳人在更新理念、转变思路中终于捕捉到一片城市建设的"新生机"、探寻出一条经济发展的"新路径"。以创新生态资源的科学高效利用方式，推动"绿水青山"向"金山银山"提档转换；以政府主导环境治理的主动作为，推动"金山银山"向"绿水青山"渐进转换，拉开了溧阳"生态创新"的序幕，让溧阳迸发出前所未有的发展活力。

习近平总书记指出："绿水青山和金山银山决不是对立的，关键在人，关键在思路。"自 20 世纪 90 年代伊始，溧阳思变求进，粗放的发展模式开始为绿色发展让位，天目湖旅游开发、丘陵山区综合开发、昆仑经济技术开发、苏浙皖边界市场开发等"四大开发"战略的实施，吹响了溧阳创新生态资源利用方式的冲锋号。

早在 60 年前，10 万溧阳人民在极端困难的条件下，截断南山云雨而建成的沙河、大溪两大水库，在 1992 年有了一个响亮的名字：天目湖！勇于开拓创新的溧阳人不仅把沙河水库、大溪水库这一水利工程打造成了华东唯一、全国两家之一的集国家生态旅游示范区、5A 级景区和国家级旅游度假区"三区一体"的旅游度假区，而且成立了全国第一家水利设施类的上市公司"天目湖股份有限公司"，景

区更是吸引了总数超过 2000 万人次的国内外游客。溧阳也因此踏上了"因为一湖水，爱上一座城"的全域旅游发展之路。目前，溧阳有近 10 万人捧上了旅游"金饭碗"，实现旅游总收入 257.4 亿元，旅游业增加值占 GDP 比重达 13.4%，先后被评中国优秀旅游城市、中国最美休闲度假旅游城市，蝉联"中国旅游竞争力百强市"，并在建成省级全域旅游示范区的基础上，正积极向国家级全域旅游示范城市迈进。

随着开山采石被喊停，人们发现逐渐回归沉寂的大山中还藏着另一条绿色的"致富之路"。在坚持生态优先的前提下，溧阳实施"丘陵山区综合开发"战略，走起了保护性开发的道路。根据丘陵山区的资源特点和比较优势，溧阳以保护为前提，以市场为导向，以效益为中心，着力推进农业结构调整，引领着丘陵山区向生态农业、观光农业、高效农业进军。

"丘陵山区综合开发"战略似春风化雨，绿透了溧阳的山山岭岭，

溧阳茶园

又似暮鼓晨钟，敲醒了大山里的父老乡亲。无论南山地区还是北山地区，一座座沉睡的大山被唤醒，溧阳人组建了桑园、林场、茶场、板栗场、药材场、食用菌场……秃山变绿了，废地变成了宝，昔日的荒山野岭现在处处瓜果满地，茶园飘香。

从无到有引进并改良的"天目湖白茶"，荣获国家级农产品地理标志示范样板、中国著名农产品区域公用品牌称号，实现了一片"小茶叶"带动一个"大产业"。截至目前，天目湖白茶种植面积超 4 万亩，产值超 10 亿元。在勤劳的溧阳农民手中，溧阳的自然生态优势变成了投资环境优势，人们既看到了经济效益和社会效益，更看到了生态效益。一片茶叶不仅让溧阳远近闻名，也带来了可观的经济收入，更加速了溧阳生态与经济融合创新的步伐。依托于天目湖旅游开发和丘陵山区综合开发取得的成果，1991 年，第一届中国溧阳茶叶节应运而生。从此，这场每年如期而至的"绿色约会"30 年来从未缺席过溧阳的美丽春天，即使在 2020 年春季也是如此。一片片香茗，犹如一张张绿色的请柬，带着溧阳人的款款深情，伴随着缕缕和风向国内外四方宾朋发出用茶园装扮的邀请。30 年，连办不辍、矢志不渝，30 年，推陈出新、长盛不衰。无须昭告，那滚滚涌动的人潮便让你领略到茶乡的魅力；不用细品，那阵阵飘荡的芳香便让你陶醉。一张张订单早已记录下茶园人家满满的收获，一个个项目正在传递出溧阳勃勃的生机。

溧阳创新生态资源利用方式的生动实践，讲述了 20 世纪 90 年代初溧阳人思想大解放的真实过程与创新成效。1995 年 7 月 28 日，《人民日报》刊登了一篇题为《山这边，山那边……》的通讯，介绍了横亘在皖苏交界的伍员山下两个村庄的故事。山这边，是溧阳的濮家村；山那边，是郎溪的下吴村。两边的自然条件相似，民俗相同，长期以来山民共砍一山柴，同饮一溪水。改革开放之初，两个村并无贫富差别。但是，随着溧阳丘陵山区综合开发的深入，逐渐形成了差异。它们的发展差距引人深思，并引起很大反响。于是"山那边"，时任安徽省省委书记的卢荣景批示"在全省展开思想解放大讨论"。

如果说天目湖旅游开发、丘陵山区综合开发是溧阳创新生态资源科学高效利用，那么，昆仑经济技术开发区的筹建，实际是经济发展方式的动能转换。从原来的水泥建材产业，逐步转向绿色工业园区的开发。经过三年的建设，昆仑经济技术开发区1993年被江苏省列为重点开发区。到1994年8月，已有62家企业进入首期开发区，其中外资企业24家。绿色工业园区的不断建设与发展，为溧阳后来形成包括动力电池、智能电网、农牧与饲料机械和汽车及零部件产业的"四大重点产业"夯实了基础。

此外，1991年初，在溧阳建起的全省第一家省级边界市场——苏浙皖边界市场，开辟了探索区域联动发展启航之路。苏浙皖边界市场实现当年建成，当年见效，平均每天成交85万元，总成交额达3亿多元。1993年10月，苏浙皖边界市场被评为"全省十大农副产品市场"之首。

在赋予了绿水青山全新表现形式的同时，溧阳也绝不放松涵山养水的力度，坚持以政府投入为主，大力实施生态治理工程。到2005年底，溧阳完成了清溪水厂扩建工程，形成双回路安全供水体系；污水处理也从无到有，仅"十五"期间就无害化处理生活污水共计2417万立方米；城市垃圾焚烧生产线建成并投入使用，日处理量合计达280吨；城市绿地面积620.2公顷，绿化覆盖面积723公顷，绿地率、绿化覆盖率分别达35%、40.8%。"生态创新"在"四大开发"中生根发芽，开花结果，一个绿色发展、创新发展的溧阳正呼之欲出。

（二）以实现生态、生产、生活"三生"融合共赢，扩大"绿水青山"向"金山银山"转换领域；以追求全域洁净和区域领先的优质生态供给，丰富"金山银山"向"绿水青山"转换的内涵

2005 年 8 月，时任浙江省委书记的习近平同志在安吉考察时提出的"绿水青山就是金山银山"的科学论断，此时溧阳的绿色发展理念也在实践中持续不断地深化。

"求其上，得其中；求其中，得其下"。溧阳的决策者们拿出了壮士断腕的决心和魄力，以追求全域洁净和区域领先的优质生态供给为奋斗愿景，秉承最严苛的态度，向着最高的目标定位，实施了小城历史上最大规模和最强力度的"治山理水美村"行动。自 2006 年以来，相继实施天目湖水源地保护、矿业整顿专项行动。以实现生态、生产、生活"三生"融合共赢，扩大"绿水青山"向"金山银山"转换领域；以追求全域洁净和区域领先的优质生态供给，丰富"金山银山"向"绿水青山"转换的内涵，明晰了溧阳"生态创新"的路径。

溧阳有座山，名为燕山。很多年以前，当时的溧阳还叫永平县，县衙就在燕山脚下，许多文人雅士特别是溧阳籍的，经常来到这里吟诗作赋，挥毫泼墨。燕山仿佛就是一座文山，好不风雅与热闹。然而，曾几何时，这座文山变成了一座残缺破败的荒山。开山采石、垃圾填埋，人为的肆意践踏与毁损让燕山从此失去了它原本美好的容颜和往日靓丽的风姿。

2009 年，伴随着生态创新理念的落地生根，溧阳有史以来规模最大的民生项目在千呼万唤中终于开工了，这就是燕山公园项目。总面积 259.63 公顷，总投资 10 亿元，以营造原生态景观为核心，以城市山野公园为目标，所有的矿山宕口都进行了生态修复，曾经的"生态伤疤"被一一治愈，满目疮痍的山体又重新披上了绿装。2010 年 4 月 26 日，一座全新的燕山公园正式开园，成为当时江苏省最大的县级城市公园。

随着党中央吹响打赢污染防治攻坚战的号角，溧阳也打响了一场"治山理水"的"水陆空"立体化战役——蓝天保卫战、治水升级战、固废清零战。这是没有硝烟的战斗，却需要一往无前的勇气和壮士断腕的决心；这是没有退路的战斗，更需要攻坚克难的斗志和卓绝超凡的智慧。在这场"战役"和"大考"中，溧阳人经受住了考验，也交出了一份骄人的答卷。截至 2019 年底，溧阳共关停采石矿、砖瓦窑、石灰窑、码头等 190 多个，生态修复废弃矿山 50 多个；投入 7 亿多元治理全市水库、重点塘坝，累计投入近 30 亿元开展天目湖水源地保护行动，采用 PPP 模式投资 12.8 亿元实施区域治污一体化工程，投资 14.8 亿元开展全域农村生活污水治理。经过治理，全市所有国考、省考断面全部达到或好于 III 类水质标准，天目湖水域常年保持 II 类水质。

加快补齐环境突出短板，大力提升全域环境净美质地，持续擦亮"天蓝、水清、土净"生态名片，这是溧阳市领导班子所有成员的共识。在溧阳领导班子里一直流传着这样一句"玩笑话"："市里招了多少大项目群众不一定清楚，但如果天目湖的水出了问题，老百姓是要骂娘的！"这句玩笑话虽不是至理名言，却是溧阳历届市委、市政府坚定生态保护，坚持绿色发展的真实写照。一分耕耘，一分收获。溧阳的污染防治攻坚与生态建设工作已赫然走在了全省前列，获得了省政府表彰。

绿水青山固然是生态环境好的重要标志，但在绿水青山的基础上创造全域范围的干净整洁，更是溧阳人追求的目标。有着千年厚重历史底蕴的溧阳，要让乡村一扫多年来的脏乱差，这无疑是一次质的飞跃和新的考验。历史又一次让他们站到了潮头，他们没有退缩。从 2011 年起，溧阳大力开展村庄环境综合整治，所有村庄通过省级验收，建成省级以上"美丽乡村"示范村 21 个，荣获"中国美丽乡村建设示范县"。在此基础上，溧阳又以入选省级特色田园乡村试点地区为契机，实施"美意田园行动"，以交通干线、村庄环境、农村河塘、生活垃圾、生态公墓为重点，打响一场全域环境综合整治的攻坚战，不仅多方位系统提升全域环境，还完成了环境整治与空间优化、功能提升、文化传承、乡村复兴的有机结合，全域农村人居环境得到明显改善。共建成省级特色田园乡村 7 个，位居全省县级市之首。"打造具有溧阳特色的'乡村作品'，诠释公园城市的乡村之美。"溧阳市委书记徐华勤说。路路有风景、镇镇有特色、村村有故事，是溧阳永远不变的追求。目前，溧阳市委市政府继续坚守初心，不断深化"美意田园行动"，计划用五年时间把所有规划发展村打造成为如诗如画的"乡村作品"。

乡村旧貌换新颜，城区也要提升城市品质。以文明城市创建为契机，溧阳实施了"建设美好家园"三年行动计划。老城区侧重改造提升，新城区侧重规范美观，镇村则以干净整洁为主。针对老旧小区"杂乱破"、农贸市场"脏乱差"、违法建设"乱搭建"等问题，加大整治力度。累计整治老旧小区 48 个、散住楼 311 个；标准化改造、综合整治农贸市场 30 个；拆除违章建筑约 101.1 万平方米，其中存量违章建筑占85.6%以上。经过三年的"建设美好家园"行动，城区的文明程度与城市品质得到了质的提升。无论是初春的清晨，还是仲夏的午后，抑或是金秋的傍晚、寒冬的深夜，映入你眼帘的始终是干净整洁的大街小巷、绿树成荫的花园小区、井然有序的农贸市场、快捷便利的交通秩序、文明礼貌的行为举止……这些构成了这座小城一道道亮丽的风景，让城市的每一个角落都涌动着新时代文明气息，展现出高品位文明素养。2017年"全国文明城市"的称号溧阳实至名归，如今，溧阳的文明城市建设已走在全省前列。

古时，愚公移山是为了造福子孙后代。而现在，新时代的溧阳"愚公"们给山水"疗伤"，亦是在造福子孙后代。他们用坚定不移的决心、坚忍不拔的意志守护着这片碧水蓝天和青山白云，打造着全域的洁净与美丽，坚持为子孙后代留下一个优美的生态环境。哪怕有时会经受经济指标短暂下滑的阵痛，也决不要让碧水染污、蓝天蒙尘的"灰色"GDP！

通过多年坚持不懈的努力，溧阳的"治山理水美村"取得了明显成效。天更蓝了，水更绿了，山更青了，城乡环境更优美舒适了，这让溧阳走在了全省高质量发展的前列。2019年在江苏省县市高质量发展考核中溧阳位居第13，并获得了"城乡建设高质量"争先进位奖，2020年更是进入了江苏省第一等次。上海进口博览会宣传片开篇15秒的南山竹海，生动地展示了溧阳的生态优势，这已成为溧阳在区域竞争中的第一品牌，不仅给溧阳带来了国家生态文明建设示范市的"金字招牌"，也让生活在这1535平方公里的溧阳城乡居民延年益寿，因此也获评了"世界长寿之乡"称号。现在，越来越多的外地人选择了溧阳，爱上了溧阳。

中科院院士杨国桢先生来到溧阳后曾发出这样的感慨："以绿色旅游、绿色生态为基础来加速科技、人才、产业集聚，是一个充满旺盛生

溧阳南山竹海

命力的想法。"

"栽得梧桐树，引来金凤凰"。中科院物理所长三角研究中心、中英电动汽车联合创新中心、高压智能变压器国家地方联合工程研究中心等国家级科创平台相继落户溧阳，南京大学、东南大学、上海交通大学也先后成立溧阳研究院。陈立泉院士、李泓研究员等行业知名的院士专家和顶尖人才也被溧阳吸引。仅天目湖储能技术研究院就有包括 32 名博士在内的 100 多名高层次人才在其中创新创业。以上汽集团、宁德时代等"世界 500 强"企业为龙头的 40 多个先进动力电池产业链项目在溧阳集聚，总投资超 600 亿元。溧阳成为国内配套最完善的动力电池产业基地，并朝着具有世界影响力的千亿级绿色储能产业基地目标不断迈进。

现在，溧阳的钢铁、水泥行业产值占规模以上工业产值的比重下降到 21.9%，以生态为底色的先进制造经济、高端休闲经济、现代健康经济和新型智慧经济"四大经济"在全市经济总量中的比重突破 50%，全市实现了产业结构的根本性重构和发展动能的根本性转换。

溧阳的生态创新，不仅体现在"两山"转化通道的拓宽上，也体现在如何能让一山一水、一草一木也显示出具有溧阳特色的那份独特的魅力。以现有的"农村路"为基底进行改造升级、美化提升。巧妙地将全市主要的景区景点、文化遗存、乡村旅游点、休闲农业区以及特色田园乡村有机地串联起来，神女湖驿站、汨罗灞驿站等特色驿站散落其间，别桥原乡油菜花海、礼诗圩村荷塘月色景观纷纷呈现，一条"农路变景点、农区变景区"的农旅融合新路径跃然呈现。礼诗圩、牛马塘、杨家村、庆丰村……一个个名不见经传的小乡村一夜之间成为网红打卡地。这就是溧阳人引以为豪的著名的"溧阳 1 号公路"，全长 365 公里，入选全国十大最美农村路。这是一条彩虹路，一条网红路，也是一条含有溧阳基因与品质的生态特色之路，更是一条 80 万溧阳人一起奔向幸福的共享富裕之路。

　　"溧阳1号公路"，不仅勾勒了美丽的诗意田园，更吸引了一批有情怀、爱农村的人才投身到乡村建设中。"青蛙王子"罗子攀、"探路羊"费婧等回乡创业的溧阳籍大学生超过了800人。"青峰仙居""一生一遇""轻度"等一批溧阳茶舍也应运而生。在清风朗月之中寻得一间茶舍，观茶园日出，看湖光晚霞，赏林间月色，品壶中茗香，独享那诗意般的田园生活，这是怎样的一种雅致与惬意。"清风朗月·溧阳茶舍"从此也成了乡村高端休闲的新品牌，引得大批80后、90后慕名前来。东风欲来满眼春，乡村田园生金矿。"溧阳1号公路"在把人们引向诗和远方的同时，也把沿线的农副产品带向千家万户。富硒软米、两湾白芹等多种优质农副产品，成为游客竞相采购的"爆款"。沿线一些特色瓜果种植基地，也通过举办"杨梅节""蓝莓节"等农事节庆活动提升了农产品的附加值。据不完全统计，"溧阳1号公路"自建成以来已带动了沿线10万名农民增收。城乡统筹、"田园生金"的做法被人民日报社《中国经济周刊》总结为国内乡村振兴的"溧阳样本"。

　　溧阳遵循以人民为中心的发展思想，坚持城乡无界，科学布局生产、生活和生态三类空间，促进生产空间集约高效、生活空间宜居适度、生态空间山青水秀。溧阳"三生共融"的做法被纳入国家绿色发展示范案例。通过释放生态的"虹吸效应"，以"府院合作"形式先后共建省人民医院溧阳分院、省中医院溧阳分院，并建成区域性卒中、胸痛、创伤中心，让苏浙皖交界地区民众在家门口就能享受国内一流医疗服务。南京航天航空大学天目湖校区的成功入驻与顺利招生，更增添了城市的底蕴和内涵，为进一步提升城市品质增加了新的动能。生态创新让群众充分享受到了创新带来的"生态红利"，群众获得感、满意度不断提升，这也激发了全社会共建美好家园的责任感和参与度。注册志愿者超14万人，440多支志愿者队伍常年活跃在溧阳城乡大地。在2016年的抗洪救灾、2017年的文明创建、2018年的抵挡暴雪、2020年的抗击新冠肺炎疫情等重大行动中，都充分展现了溧阳人众志成城的团结精神和攻坚克难的磅礴力量。"爱生活、爱公益、爱溧阳"的城市风尚蔚然成风，"扫雪新人""赤脚妈妈"等凡人善举成就了城市集体人格，托起了城市文明新高度。

自"四大开发"肇始，立足"两山"相互转换的实践探索，理论之花也结出硕果。2019年，溧阳探索的"生态创新"这一系统概念问世，即在区域竞合中以生态作为基础变量、核心资源和比较优势，吸引产业、科技、人才等与其聚合裂变，带动城乡空间、公共服务、生活方式与其融合嬗变，系统、双向、持续地打通绿水青山就是金山银山的价值转化路径，从而在更大范围内实现以生态推动区域分工协作、城市能级提升的创造性实践。

正是凭借长期不懈的探索实践，溧阳"生态创新"实践荣膺第十八届中国经济论坛"中国创新榜样"。

（三）以建设生态产品交易市场的先行先试，促进"绿水青山"向"金山银山"直接转换，以变"政府买单"为"市场共担"的共享共治，构建"金山银山"向"绿水青山"转换的多元主体参与机制

"以生态为最核心资源，与创新发展要素结合，把绿水青山持续涵养出经济和社会价值的'生态创新'之路，溧阳人民已经坚持走了30年。"正如溧阳市委书记徐华勤所言，30年来，溧阳所做的一切，都是以生态为本底和本钱，对生产、生活进行吸引和融合创新发展。这种生态的开发、修复、保护和创新，是溧阳一路走来、一脉相承的生动实践，更是"绿水青山"直通"金山银山"的现实写照。

凭借30年来矢志不渝探索"生态创新"之路，溧阳先后入选江苏省社会主义现代化建设试点、国家城乡融合发展试验区、全国首批乡村

治理体系建设试点县、全国新时代文明实践中心建设试点、国家新型城镇化建设示范县、全国城市基层党建工作示范市等一系列试点。一个县级城市能够同时担负如此之多的国家级试点任务，是极为罕见的。

也正是因为系统集成推进各项试点任务，溧阳的"生态创新"成效越来越好，乡村振兴之路越走越宽。2020年，站在"十三五"收官、"十四五"即将启航的路口，溧阳相继召开"双突破""双决胜""双引领"三次大会，动员全市上下朝着建设"长三角生态创新示范城市"的目标愿景奋进。以建设生态产品交易市场的先行先试，促进"绿水青山"向"金山银山"直接转换，以变"政府买单"为"市场共担"的共享共治，构建多元主体参与机制，引领着溧阳"生态创新"走出去。怀着"示范长三角"的壮志豪情，溧阳在探索"两山"相互转换的征程上又迈出了新的步伐。

2020年8月，天目湖流域生态产品交易试点方案高层专家咨询会在溧阳召开，多名中科院院士、专家为天目湖流域生态产品交易试点把脉建言。

溧阳天目湖全景

如果说当年天目湖旅游开发是推动"绿水青山"向"金山银山"提档转换。那么，溧阳在天目湖流域开展生态产品交易市场建设，将生态产品价值进行直接市场价值评估转化，则是实现"绿水青山"向"金山银山"直接转换。

天目湖流域生态产品交易市场建立的意义还远远不止于此。众所周知，在全国范围内，生态环境保护都是相对单一的"政府买单"行为，而随着城镇化进程不断加快，生态环境污染防治始终保持在高压状态，关于生态保护的支出也让地方财政面临着不小的压力。如何平衡生态治理与主体之间的关系，让"政府买单"变为"市场共担"，成为摆在全国地方政府面前的新课题。

溧阳此次的探索，以长期生态环境监测大数据为基础，形成科学的生态容量评价体系以及生态产品估价体系，限定不同分区的开发总量和强度，在正确引导天目湖地区的开发，确保生态环境稳步提升，实现开发与保护协调的同时，对生态产品做直接的价格量化，将生态治理工程带来的环境容量提升转化为直接的生态容量经济效益，让生态保护行为通过市场交易方式直接获得经济收益，同时也为生态保护治理项目对接绿色金融及资本市场，为产品变资产、资产变资本提供更多渠道，实现"绿水青山"与"金山银山"的持续双向转化。

这是一片无人区，溧阳所做的探索没有经验可以借鉴，只能靠自己趟出一条路。"探索综合性生态产品交易是溧阳关于'两山'理念转化的创新实践，更是全国首例。把这件事做好，不管是在理论突破还是政策操作上，都对全国乃至全世界具有非常重要的意义！"作为专家组组长，中科院院士傅伯杰在咨询会上对溧阳天目湖流域生态产品交易试点方案作出了这样的评价。

2020年8月，江苏省生态环境局长学习会时隔10年后再一次聚集溧阳。全省环保人对溧阳的生态创新之举给予了高度肯定。会后江苏省生态环境厅向溧阳发来感谢信，并以诗盛赞溧阳生态创新的成就："身许三成山，心耕六分田，坚守生态绿，惠民一水间。"2020年10月9日，溧阳被国家生态环境部命名为全国"绿水青山就是金山银山"实践创新基地。

环境治理、生态保护是一项复杂的系统工程，需要省与省、市与市、地区与地区之间区域联动，协同推进。但是，在目前地方横向与纵向的生态补偿实践中，更多的是采取政府自发定价、模糊定价的方式，生态补偿的利益评价机制还不完善，受益评估也不够准确，这直接影响到区域生态环境保护体系的有序、科学和完善。而生态创新的更高追求就是在更大范围内实现以生态推动区域分工协作、城市能级提升。因此，溧阳不是关起门来自己搞生态创新，而是注意走出去寻求更多的合作，走协同发展之路。溧阳首倡建设苏皖合作示范区，在全国率先探索以县为单位、以生态保护为纽带打造省际边界地区一体化发展的实践样本。目前，溧阳正在探索的生态产品交易市场建设，可以形成系统的生态价值评定体系，从而逐步推进区域生态补偿标准化和实用化，为建立相对科学的市场化生态补偿机制提供有力支撑。

2020年7月17日，在由江苏的溧阳市和宜兴市、浙江的长兴县和安吉县、安徽的广德市和郎溪县，以及上海的"飞地"白茅岭农场等"一岭六县"参与的长三角县域绿色发展峰会上，溧阳与安徽省广德市、郎溪县签署区域生态环境共保共治框架协议，明确将以生态容量评价体系为基础的市场化区域生态补偿模式作为机制创新的一部分，推动省际交界地区生态环境治理方式向系统治理和制度化治理转变。

溧阳以生态创新作为自身融入长三角一体化发展的比较优势，并将依托于这种优势而形成的"孤岛式"试验上升为体系化成果，努力在长三角区域高质量一体化过程中，乃至长江经济带的发展进程中，形成更多可复制、可推广的溧阳经验和溧阳样本。

长江支流数百条，辐辏南北，奔流不息。今天的溧阳正如一条绿色的、充满生命力的小小支流，在迈向全面建设社会主义现代化国家新征程中，正以创新的勇气、昂扬的斗志、坚强的力量高举生态创新旗帜，走乡村振兴之路，全力推动生态区域协同发展，打造区域绿色共同体，奋力扛起新时代的生态担当，彰显生态示范城市的溧阳责任，书写生态创新绿色现代化与乡村振兴的溧阳史诗！

媒体展现

生态创新闯出县域发展新路子

不久前，文旅部公布了第二批国家全域旅游示范区名单，常州溧阳榜上有名，这是溧阳于2020年被生态环境部评为"绿水青山就是金山银山"实践创新基地后，斩获的又一项国字号殊荣。近年来，溧阳坚定不移把青山绿水作为长远发展的最大本钱，持续开展"生态创新"实践，精心治山理水，悉心描山绘水，逐步走出了一条"生态生产生活"相融、"全景全时全龄"共享的全域旅游发展之路。

从"一处美"变成"全域美"，从"环境美"变成"生活美"，从"外在美"变成"内涵美"——溧阳践行以人民为中心的发展理念，实现了从文明城市到城市文明的蝶变。溧阳市委书记徐华勤说："美丽溧阳，最美是人，百姓脸上有笑容、眼里有光芒、心中有力量，给江南小城增添了动人的色彩，也是生态创新内涵最生动的注脚。"

美了环境 富了腰包

行驶在"溧阳1号公路"，一路彩虹线与两边竹林、树林、田野相映成趣，沿途"神女之心"等主题景点都是游客必到的打卡点。这条全长 365 公里的"彩虹路"，连接市内 173 个行政村、312 个自然村、220 多个乡村旅游景点，打通了全域旅游向纵深扩展的神经末梢。"溧阳 1 号公路"竹箦段的居民张红贵说："以前只要一下雨，自行车只能扛在肩上走。1 号公路通到了家门口，现在开个土菜馆，生意还挺好。"

从农家乐到乡村游，从全域旅游到乡村振兴，"溧阳 1 号公路"激活了全市乡村旅游的细胞，把沿线的农副产品带向千家万户，拓宽了农旅融合的发展新路。富硒软米、两湾白芹等优质农副产品成为游客竞相采购的"爆款"。据不完全统计，"溧阳 1 号公路"带动了沿线 10 万农民增收。

这是溧阳生态创新的缩影。自 20 世纪 90 年代起，溧阳人就积极开拓天目湖旅游和丘陵山区，在保护优先的基础上，把生态资源转化成经济发展的优势；面对曾经短暂走过的"靠山吃山"之路，溧阳人进行生态修复，2009 年开始建设燕山公园，把一个废弃的矿山建设成江苏省最大的城市生态公园。

近年来，溧阳人像保护眼睛一样呵护生态资源，先后关停采石矿、砖瓦窑、码头等 190 余个，生态修复废弃矿山 50 余个；持续开展全域水体整治、污水治理，投资 7 亿多元对全市 64 座水库、32 座重点塘坝进行治理，投资 6.3 亿元开展新一轮天目湖水源地保护行动，采用 PPP 模式投资 12.8 亿元实施区域治污一体化工程，投资 14.8 亿元开展全域农村生活污水治理，让山更绿水更清。

绿色，已成为溧阳发展最鲜明的底色。近年来，溧阳连续摘得全国文明城市、国家生态文明建设示范市、国家生态市、国家园林城市、世界长寿之乡等"金字招牌"。

解了民愁　还了乡愁

以大地为舞台、以稻田为背景，以星辰银河为点缀，音符飘扬在田野上空……溧阳南渡镇庆丰村丰收的稻田里，一场别开生面的音乐会格外引人注目。音乐会由中国著名指挥家林友声携浙江交响乐团领衔，张建一、平安等歌唱家和青年歌手一起稻田放歌。

两年前，南渡庆丰村还是由溧阳市交通运输局挂钩的扶贫村。2019年，南渡镇党委政府以谷物丰收文化为核心，以"金色庆丰、艺术田野"为愿景，倾力打造"苏南第一方，庆丰稻花香"农旅项目。把破猪圈变成美术馆、空房子变成咖啡馆、旧房子做成馒头店，将庆丰村通过"溧阳1号公路"接入全域旅游生态，发动南渡重点企业和乡贤参与捐建"篱下菊苑""廷锴玫瑰园""田里课堂""风雨长廊"等。仅仅一年，庆丰村蝶变为村级总收入260万元、经营性收入132万元的网红村，年吸引游客超20万人次。

上兴镇牛马塘村原本是曹山深处交通闭塞、鲜为人知的小村庄，村里空房率超过2/3，村庄空间进行整体改造后，大批游客走进牛马塘；别桥镇塘马村通过流转50亩村民闲置土地，开辟"我家自留地"，村集体年创收200多万元；戴埠镇杨家村依据自身资源优势，引进蓝城集团实施杨家村村庄改造工程，为村民提供近200个就业岗位，带动5.4万农户增收。

在溧阳，乡村已成为令人留恋的艺术作品，它既满足了城里人的田园梦，也满足了农村人的城市梦。2019年，溧阳凭借"生态创新"荣膺第十八届中国经济论坛"2019中国创新榜样"。

暖了人心　聚了人气

一大早，溧城街道八字桥村百姓议事堂里就坐满了人，村民正在商讨八字桥村闲置空地改建停车场的事项。你一言我一语，一个个疑难问题被巧妙化解。

为破解农村治理的难题，溧阳市戴埠镇率先在新桥村试点设立百姓议事堂，探索组织以老干部、老党员等为主体的群众参与矛盾纠纷排查化解、重大村务讨论等工作机制，实行民事民议、民事民办、民事民评，有效激发了村民参与自治的活力。

百姓议事堂只是溧阳微民生工程的一个缩影。近年来，溧阳市始终坚持从"小"处着眼，从"微"处入手，不断加强和完善以"五堂一站"（即道德讲堂、百姓议事堂、如意小食堂、文化小礼堂、幼童小学堂和心愿树爱心工作站）为核心的微民生工程建设，把基层治理的触角延伸到群众生活的神经末梢。2017年开始实施的"敞墙透绿"工程，拆除了所有政府办公大楼围墙与栅栏，将政府机关内的绿地资源全面开放，成为市民共享的"绿色福利"。

此外，溧阳积极传承和拓展2200多年积淀的人文历史内涵，挖掘和构建与经典一脉相承的价值体系，描绘"处处绿水青山，家家金山银山，人人寿比南山"的幸福生活画卷。

（原文刊载于2021年1月6日《光明日报》

记者：苏雁　通讯员：迟亮）

二、生态小城的诗与远方

溧阳，一座市域面积为1535平方公里、户籍人口约80万的苏南小城，1990年撤县建市。然而，就是这座名不见经传的小城，却拥有1个国家级旅游度假区、1个省级旅游度假区、1个省级高新技术开发区、

1个省级经济开发区，还荣膺国家生态市、全国生态文明建设示范市、全国文明城市、中国长寿之乡、中国建筑之乡，并先后成为国家城乡融合发展试验区、全国乡村治理体系建设试点、全国新时代文明实践中心试点、全省社会主义现代化建设试点。

一个个金色光环和众多荣誉的背后是溧阳人多年来坚定不移地践行"绿水青山就是金山银山"理念，坚持不懈地走生态创新之路，高质量地建设"宁杭生态经济带最美副中心城市"，从而书写了绿水青山的精彩篇章和生态创新的溧阳样本。

（一）生态立市实现"华丽转身"

习近平总书记指出："我们既要绿水青山，也要金山银山。宁要绿水青山，不要金山银山，而且绿水青山就是金山银山。"

面对长三角一体化、上海大都市圈、南京都市圈和宁杭生态经济带等多重战略规划叠加机遇，如何实践"两山"理论补齐溧阳短板，能不能依靠绿色资源，找到一条切合自身的发展之路，把"绿饭碗"变成"金饭碗"？这已成为摆在溧阳市领导们面前的一个新课题。经过精心谋划与科学论证，溧阳果断定位，以自身独特的环境优势，聚力建设长三角生态创新示范城市，让生态资源转化成经济发展的优势。

生态定位意味着要在保护好现有生态、停止一切破坏生态行为的基础上，还要将被破坏的生态恢复起来。溧阳以壮士断腕的勇气，从2018年起，实施生态保护修复工程，强化重点湿地生态系统的保护与恢复，先后关停采石矿、砖瓦窑、石灰窑、码头190余个，投资10亿元生态修复废弃矿山50余个，完成新增造林3000亩，恢复湿地500亩。天目湖罗家湾湿地建设基本完成；金宝山湿地、红石岕湿地、平桥河河道综合治理工程建设有序推进。投资7亿余元治理全市水库、重点塘坝，完成 598 个河塘的清淤疏浚，补植绿化 5 万平方米。投资 14.8 亿元开展全域农村生活污水治理，采取政府与社会资本合作（PPP）模式，完成 680 个村庄的污水治理工作，受益农户约 7 万户 22 万人……

溧阳境内山川纵横，树林茂密，多年前由于过度采伐造成大量森林资源被破坏。尽快恢复植被是当务之急，溧阳出台以奖代补的办法，鼓励镇村对废弃矿岩进行整治，治理完成后发包收入一律交镇村处置，必须用于植树造林。推进生态廊道建设，芜申运河两侧景观改造工程正在进行运河两侧建筑立面出新、道路工程、绿化工程，总体完成进度 90%。全市累计投入 9 亿元，相继实施生态源保护、郊野公园、城镇公园绿地、生态廊道、生态绿道和生态细胞建设 6 大类 101 项建设工程。与此同时，深入开展全域绿化行动，强化生物物种资源保护，每年植树造林 4000 亩以上，全市新造各类优良树种占造林比例达 70% 以上，全市林木覆盖率达 31.2%。

溧阳市政府还出台优惠政策吸引民间资本投入荒山林地开发。全市十几家企业投入 3 亿元用于特色林业种植，昔日的荒山转绿变青，带来生态效益的同时，也带来了巨大经济效益。据统计，溧阳市开发山坡 7 万亩发展白茶种植，每年增加茶农收入 10 亿多元。一系列的绿色工程，收到了立竿见影的效果，2019 年，溧阳全市空气质量优良天数上升 8.1 个百分点，PM2.5 均值较上年同期下降 6.8%；"水十条"考核断面达标率为 100%（均为优 III 类水质）。溧阳被生态环境部列入"绿色发展示范案例"在全国予以展示和推广。2020 年，全国"绿水青山就是金山银山"实践创新基地花落溧阳，这是对溧阳实践"两山"理论的最好褒奖。

生态兴，百业兴。以上汽集团、宁德时代等"世界 500 强"企业为龙头的 43 个先进动力电池产业链项目在溧阳集聚，朝着具有世界影响力的千亿级绿色储能产业基地目标迈进。溧阳钢铁、水泥等传统产业产值占比明显下降，而以先进制造、高端休闲、现代健康、新型智慧等"四大经济"为核心的"生态经济"显著提高。生态优势转化成发展优势，生态立市让溧阳实现了快速的华丽转身，生态创新，让溧阳的发展势不可挡。

（二）城乡共治打造"美意田园"

习近平总书记指出，"环境就是民生，青山就是美丽，蓝天也是幸福"。要"像保护眼睛一样保护生态环境，像对待生命一样对待生态环境"，把不损害生态环境作为发展的底线。

"道路蹦蹦跳，池塘冒泡泡，风吹垃圾跑，污水臭气飘"这段顺口溜，是过去全市12个镇(街道)173个行政村"差不离"的写照。溧阳市的决策者清醒地认识到：生态发展，乡村是根基，必须从乡村破题，关注农民身边的"小环境"。抓住村庄环境这个"软肋"，溧阳开展了一场以"美意田园"为主题的美丽乡村建设行动。重点围绕交通干线、村庄环境、农村河塘、生活垃圾、生态公墓五大方面，投入8亿多元，修建了150余座乡村生态公厕，先后建成了牛马塘、礼诗圩、杨家村等6个省级"美意田园"特色乡村，数量位居全省县市第一。江苏省政府专门在溧阳召开了特色田园乡村建设现场推进会，特色田园乡村工作获省政府专项督查激励。

建立健全环境治理长效制是关键。溧阳在江苏省首开先河，把百名城区城管下派至农村，划定治理内容，规范群众行为，开展村居环境综合整治行动，做到城市与农村一盘棋。把城管工作纳入农村年终考核，实行同管理、同考核、同奖惩。管理体制的变化，让溧阳农村环境面貌发生了翻天覆地的变化，道路平坦了，池塘水清了，垃圾进箱了，污水入管了。埠镇蛀竹棵村80多岁的村民朱富金主动请缨，当上村环保志愿者，老人每天通过出黑板报、义务清理垃圾，教育群众爱护村庄、保护环境。

一花引来百花放，以"美意田园"为示范的特色乡村建设令乡村面貌焕然一新。如今，在溧阳山区呈现的是"采菊东篱下，悠然见南山"的山色风貌；在平原呈现的是"稻花香里说丰年，听取蛙声一片"的田园风光；在圩乡呈现的是"江南可采莲，莲叶何田田"的水乡风韵。一年四季，风景如画，让你时时都能感受到江南生态小城的诗与远方。目前，溧阳所有村庄都通过了省级美丽宜居示范村验收，其中建成了 3 个国家级美丽宜居示范村，5 个省级特色田园建设试点村，并获得了"中国美丽乡村建设示范县"殊荣。

（三）绿色资源激活"休闲经济"

"李家园村拥有 3.5 万亩竹子，以前是守着'聚宝盆'没饭吃，现在我们利用丰富的资源开发建设南山竹海景区，该景区每年接待游客220 万人次，实现旅游收入 3.4 亿元。"村支部书记刘永友掰着指头算起经济账。溧阳通过建设 365 公里的"溧阳 1 号公路"，把全市主要的景区景点、文化遗存串联起来，建成了 220 多个乡村旅游景点、62 个美丽乡村、特色田园乡村，打造 380 多家"农家乐"和 100 家茶舍。2019年"五一""十一"等节假日期间，累计有 180 多万游客慕名沿着"溧阳 1 号公路"畅游乡村。沿线的上百家农家乐、农家客栈和数千家农副产品销售店及瓜果采摘园成为游客们的光顾地。目前，溧阳在乡村建成了 11 个国家级工农业旅游示范点和休闲农业星级企业、19 家省级乡村旅游区（点），带动 5.4 万农户增收。

"城里人到农村来观光旅游，给群众带来收入的同时，也带来了先进的发展理念，我们这些农民也开始做起土地经营文章，让土生成'金疙瘩'。"余港村合作社负责人蒋志敏说。溧阳几经探索实践,一个以"党支部主导、合作社经营、老百姓分红、村集体增收"的"众富"模式遍地开花,"领导挂钩、企业联村"的"扶村"的模式,也为消除经济薄弱村增添了活力。溧阳175多个行政村普遍受惠,破天荒集体经济收入均超50万元。在此基础上,溧阳市又积极探索让农民"富起来、富下去"可持续之路,围绕绿色产业发展,通过驱动土地综合整理、建好为农服务组织、铺设致富农路、聚集品牌效应四个轮子,为农民输血造血。

据不完全统计,通过盘活农村土地,溧阳村级集体经济年收入平均增加了18万元,经过整理后的耕地亩年均发包收入由250元增加至700元左右;3400多家各类合作组织成为17万农户的"摇钱树",100余个溧阳名优土特产品冠以"天目湖"品牌,带来的品牌效应更是惊人。

(四)宜居乐业迎来"满园春色"

整治村庄环境改变了人们的生产生活方式,村民们参与村内事务的积极性大大提高。呼应群众愿望,溧阳市在乡村实施一连串的暖心工程。发挥党员示范作用,建立"红管家""党建工作""老支书服务站",推行"党员服务代理制";推出"乡村爱心工作站""如意小食堂""幼儿小学堂""1元制镇村公交"等便民措施,解决群众后顾之忧;建设"文化小礼堂""百姓议事堂",开展"三官一律进村居"(法官、检察官、警官、律师)活动,让百姓享受文化,拥有发言权;建设"溧阳智慧城市""淘宝兴农扶贫"平台,发展电商经济。10多项城市居民的"专属福利"与乡村有效衔接,村里人登上了城里人的"幸福专列"。

地处溧阳最北端与镇江句容交界的陆笪村,被称之为溧阳的"西伯利亚"。利用网络平台,陆笪村实施了菊花种植富民项目,每年吸引十几万人前来赏花拍照，成为远近闻名的"网红"打卡村。"我们村地处偏僻、路途遥远、交通闭塞，原来村里'一穷二白'，'淘宝兴农扶贫'政策落实后，村民收入增加了很多，不少搬出去的村民也嚷着要回村了……"村党总支书记陶志明非常自豪地说。

山水"文章"激活溧阳产业，溧阳利用沙河水库、大溪水库丰富的水资源打造科研、休闲、养老度假区。一些高科技企业也被溧阳优美的水环境所吸引，纷纷向溧阳抛出绣球。上汽集团、宁德时代长三角基地、中科院物理所长三角研究中心等项目落户溧阳。中信国安江南第一城、蓝城大溪、泰禾文旅等，也争先恐后前来布局一些高端休闲健康精品项目。新希望集团、浙江蓝城集团、万豪国际等实力派企业也都成功入驻，生态溧阳成为商界精英们的"会客厅"。

外来企业的到来引发了"溧商"回乡创业潮，全市先后有 823 名溧阳籍大学生回乡创业，创业项目 26 个，总投资 59.8 亿元。

"一花独放不是春，百花齐放春满园。"生态创新让溧阳迎来了经济社会发展的"满园春色"。面对今后的发展，溧阳市市长叶明华用一句话概括："我们曾经失之生态，而今又得之生态。习总书记的'两山'理论为我们找到了一条乡村振兴、城乡融合发展的最佳路经，溧阳的明天一定会更好！"

溧阳，这座生态小城，正积蓄新的力量，用绿色描绘着美好的未来，继续朝着乡村振兴的诗和远方奔去！

三、一湖碧水一片天

良好人居环境，是广大农民的殷切期盼。谈起溧阳旅游的龙头，天目湖当之无愧。正因为天目湖，八方宾朋云集溧阳、结缘溧阳，许多人因为一湖天目水，爱上了溧阳这座小城。30年来，天目湖人始终坚持生态创新，走出了一条"绿水青山就是金山银山"的乡村振兴之路。

（一）从无到有　景区形态初呈现

天目湖，原名沙河水库，是60年前由10万溧阳人挖出的水利工程。其四面环山，岸线曲折，碧波荡漾，美如仙境，这样的山水资源如果能搞旅游开发，对溧阳经济社会发展的推动作用无疑是巨大的。1991年，时任溧阳市市委书记的杨大伟了解到江苏省正准备筹建省级旅游度假区的消息后，便来到省旅游局汇报想法，寻求帮助。

当年10月，多名业内人士及规划专家对沙河水库进行了详细的考察，最后得出结论：溧阳临近上海、南京、杭州等大城市，交通方便，旅游资源丰富，大有开发价值。专家建议，规划发展旅游，加大投入，把沙河水库建成旅游景区。

1992年，溧阳市委市政府提出了对溧阳经济社会发展影响深远的"四大开发"战略，其中沙河水库旅游开发将发展旅游业提升到全局战略高度。沙河水库绿色旅游风景区领导小组相应成立，开发旅游业、建设旅游度假区的步伐明显加快了。同年6月，沙河水库绿色旅游风景区更名为"天目湖旅游度假区"。从此，沙河水库有了一个浪漫而美丽的名字，这个名字如今已名闻遐迩，成了溧阳一张最亮丽的名片。1993年3月，天目湖旅游度假区管理委员会正式成立。1994年7月，天目湖被江苏省人民政府批准为省级旅游度假区。至此，溧阳旅游真正开启了让人惊喜的加速度，迎来了发展历史最美好的春天。

为完善天目湖旅游度假区的基础设施建设，天目湖管委会委托上海同济大学、苏州城建环保学院编制《天目湖旅游度假区总体规划》，规划面积 10.67 平方千米，从此拉开了天目湖开发建设的大幕。百花广场、状元阁、彩虹桥、逍遥桥、水上乐园、水族馆、狩猎场、射击城、湖滨广场、水悦山庄、静泊山庄等一系列景点及配套项目于 1996 年底建设到位。紧接着，龙兴寺、姜太公像、望湖岭、报恩禅寺等项目也相继上马。

（二）打响品牌　景区美誉大彰显

进入千禧年，天目湖旅游发展也进入了快车道。国内外企业纷纷进驻天目湖，启动了一批投资过亿、甚至十亿元的项目建设。2000 年底，天目湖通过了国家首批 4A 级旅游景区的评审。2002 年，溧阳委托美国 HHCP 公司和广东省旅游发展研究中心等单位，启动了《天目湖旅游度假区二期开发总体规划》的编制，规划面积 60 平方千米。2003 年，

天目湖湿地公园

溧阳市区至天目湖、南山竹海的旅游专线开通。2004年11月，澳大利亚ANZ公司完成了《天目湖旅游度假区总体规划（三期）》，规划面积320平方千米。翌年，中欧论坛天目湖永久性会址、天目湖娱乐城等项目开工建设。

2005年，天目湖迎来了历史上里程碑式的突破。同年8月，推动江浙沪旅游市场一体化的"江浙沪旅游市场论坛"在天目湖成功举办；10月，华东旅游线正式吸收天目湖为新成员，这标志着天目湖被业界列入国内一流景区。作为"小题大做，把普普通通的水库变成中国知名景区"的成功案例，天目湖旅游开发被写进了旅游管理专业教材。天目湖景区不仅在华东地区拥有了较高的知名度，而且以"天目湖"命名的品牌覆盖了34个产品门类和11个服务业门类，几乎汇集了溧阳所有产业的优秀产品。

截至2007年，天目湖规划面积从最初的约11平方千米扩大到320平方千米。天目湖旅游度假区内建成了2个4A级景点、6个全国工农业旅游示范点和10家星级旅游饭店。"天目湖"从无到有、从小到大、从弱到强，如今这个响亮的金字招牌，已成为享誉海内外的知名品牌，为溧阳旅游业的发展打开了一片广阔的蓝天。

（三）三区同创　旅游开发再升级

岁月荏苒，溧阳旅游开发也在不断追寻着时代前进的步伐，高歌猛进，砥砺前行。2011年6月召开的溧阳市第十一次党代会上，将国家5A级旅游景区、国家生态旅游示范区、国家级旅游度假区"三区同创"作为推动全市产业结构优化升级的战略重点之一，并把创建国家级旅游度假区作为首要目标，实现溧阳旅游发展的再升级，由此也铺开了溧阳全域一体大旅游开发的壮丽画卷。

从 2011 年底开始，溧阳从丰富旅游产品、完善旅游配套设施、提升管理水平三个方面发力，全面提升天目湖景区旅游品质。在丰富旅游产品上大展作为，投资 3 亿多元，完成了南山竹海御水温泉及温泉度假酒店等项目建设，御水温泉很快被评为国家 4A 级景区。投资 1.5 亿元，完成了南山竹海景区二期项目建设，新建了熊猫馆、竹文化园、鸡鸣村等景点。投资 3 亿元，完成了山水园提升工程，围绕状元文化、慈孝文化、茶文化、水文化等进行深度开发，新建了中国茶岛、状元阁、奇石馆、孝道园、蝴蝶谷及精灵国等景点。投资 1 亿元，新建了天目湖游客中心，包括 6600 平方米的游客服务中心和 2200 平方米的展示馆，以及 10 余万平方米的敞开式公园和生态停车场，进一步完善了旅游设施配套。完成了 30 多公里的旅游道路建设，改善了天目湖创建区内的旅游连接线，构建了景区旅游公共交通服务系统，实现了从市区到景区以及景点之间公共交通的无缝对接。新建了西护坝、南山竹海和游客中心三个生态停车场；新建了两个五星级旅游厕所，按三星级标准新建和改造厕所 22 座；开通了一站式"智慧旅游"服务平台。立足"精细化"，创建自身质量管理体系，确立 3—5 年运行质量提升目标，强化旅游管理，提升服务质量与管理水平。推行吃住行游娱购为一体的一站式旅游目的地。与此同时，建立标准化管理，实行流程制度化，每个流程每半年进行一次再优化。

2013 年 9 月，经国家旅游局评定，天目湖荣膺国家 5A 级旅游景区。同年 12 月，凭着生态建设的底气，天目湖一举获评国家生态旅游示范区。2015 年 10 月，天目湖又荣膺首批国家级旅游度假区。

20 多年的精心培育，天目湖景区有效引领着全域一体的大旅游开发，形成以整合生态为资本的"错位竞争"优势，带动了溧阳经济新一轮跨越式发展。

（四）坚守净水　生态创新赢未来

溧阳旅游发展的成功实践昭示了没有良好的生态环境，旅游将是无源之水，无本之木。长期以来溧阳人正是秉承这一理念，以舍我其谁的勇气，拿出壮士断腕的决心，加大对水生态环境的保护，从完善制度体系、狠抓污染防治、强化巡查管控、推进科学管理等多方面开展了一系列卓有成效的工作。

2006 年 6 月，溧阳专门设立了天目湖环境保护分局，天目湖水源地生态环境保护工作行动方案正式启动，共排出 5 大类工程 18 个项目，这是天目湖水源地首个系统性保护方案。2018 年 3 月，《常州市天目湖保护条例》正式出台，溧阳市政府相继制定了《常州市天目湖保护条例工作方案》《天目湖流域污染控制与水质提升三年行动方案》等文件，统筹推进天目湖饮用水水源地保护各项工作。

近年来，溧阳又铆足了劲，狠下功夫，相继完成了流域内所有的矿山宕口、轧石生产线的关闭，退耕还林 32347 亩，林茶收储 20322 亩；完成了丁家山宕口和龙山废弃宕口的地质环境恢复综合治理，对水源地上游平桥集镇的 4 家化工企业实行搬迁关停；完成了原沙河水库取水口迁移工程，并将天目湖镇、戴埠镇全域划为畜禽禁养区。

2019 年 5 月开始，天目湖镇的污水全部纳入城区的花园污水厂处理。2020 年，实施了大溪水库取水口迁移、4 条主要入湖河流综合治理、3 个人工湿地建设、沙河水库生态清淤、水源地二级保护区内 7 个自然村农村生活污水治理工程，以及平桥村青山大塘、吴村三亩冲塘治理工程。还依托 PPP 项目，对流域内 200 个自然村实施生活污水综合治理。截至 2020 年 10 月，溧阳累计投入水源地保护各类资金超 30 亿元。

在强化巡查管控、推进科学管理方面，溧阳成立了天目湖饮用水源地执法监察队伍，制定出台了《溧阳市饮用水水源地保护治理巡查方案》，组织市各职能部门持续开展联合巡查；在水源地设立明确的地理界标和醒目的警示标志，做好取水口的隔离保护工作；建设水质在线自动监测系统，实现监测数据共享，提高天目湖水源地水质的分析和处置水平。与此同时，溧阳持续深化与中科院南京地理与湖泊研究所、河海大学、南京大学、扬州大学等院校和科研机构的科技合作，积极开展天目湖流域水质监测、污染源调查、治理对策研究和技术推广。

春去冬来，寒来暑往。一直在变的是岁月的年轮、历史的沧桑，不变的却始终是几代溧阳人矢志不渝的执着坚守，是青山环绕下的那一湖充满生机的碧波绿水。这是一湖绿色之水、生命之水、创新之水，一湖碧水打开了生态创新一片天。溧阳，这个生态之城、创新之城、活力之城，正以崭新的雄姿在乡村振兴的康庄大道上，昂首阔步，奋勇向前。

四、稻花香里话庆丰

庆丰，位于溧阳南渡集镇西侧的一个小村，有着一个寄托人们对丰产丰收、美好生活期盼的这样美好而喜庆名字的村庄。曾几何时，村集体经济收入始终跨不过 50 万元的关口，集体经营性收入更是不足 3 万元，成了全市有名的经济薄弱村。2018 年，庆丰村秋收秋种现场却被央视等多家媒体宣传报道，丰产方内的南粳 46 号优质水稻亩均产量达 670 公斤，获评全国稻米品质大赛金奖第一名，每公斤售价超 20 元，远高于市场普通稻米的价格。当年该村仅通过稻米认养和出售，就实现直接盈利 50 多万元。水稻田、青蛙雕塑、旧时茅店、田间石桥等都成了网红打卡点。是什么让名不见经传的庆丰村从"丑小鸭"变到"白天鹅"，让经济薄弱村一下成了网红村，且听一听稻花香里的故事。

（一）一首诗托起一个梦

春天里，田里的樱花次第开放，寒春樱过后是吉野，吉野谢了，松月和普贤象又你争我抢地竞相绽放，粉粉的，一树，就是一树的娇羞；"鹭堂"旁一株日本茶花层层叠开，丹砂点雕蕊，美得让人惊叹；油菜花是七色的，空中看下去，大地就是俄罗斯画家康定斯基笔下的一幅画……从仲夏的荷花满池，到深秋的稻浪无垠，再到初冬的柿子挂满枝头。这儿，一年四季，景色宜人，令人向往。

而最让人惊艳的是那个叫"苏南第一方"的地方，有着6800亩面积，种上水稻后，仿佛成了万亩稻海，夏日绿波阵阵，秋日金浪滚滚。此情此景不禁让人想起辛弃疾的一首词，"明月别枝惊鹊，清风半夜鸣蝉。稻花香里说丰年，听取蛙声一片。七八个星天外，两三点雨山前。旧时茅店社林边，路转溪桥忽见。"当诗意遇上稻田就是梦想的开始。这首写在宋代的诗，却成了将稻米产业与旅游产业结合最初的梦，"金色庆丰 艺术田野"农旅小镇公园综合体便由此诞生……每年"四美"丰收节期间，庆丰都是游人如织。而遇"五一"、国庆假日，庆丰的游客量更是跃升到溧阳第四，仅在天目湖、南山竹海、七彩曹山等国家级、省级旅游度假区之后。

（二）一群人撑起一片天

有了梦想就要努力去实现，而实现这一梦想的正是这群普通而又伟大的人。习近平总书记指出："人才振兴是乡村振兴的基础，要创新乡村人才工作体制机制，充分激发乡村现有人才活力，把更多城市人才引向乡村创新创业。"

通过大力吸引社会资本参与，采取定制稻米、认领土地、冠名捐建等多种方式，吸引企业家们参与美丽乡村建设。上上电缆、江苏瑞昕等多家企业踊跃参与，在庆丰这片土地上，形成了政府部门和企业家协同，二产反哺一产、二产带动一产、三产融合发展的生动局面。镇上的青年干部们，有学习绿化的、有学习土木工程的、有负责招商的，他们经常闻鸡起舞、不分昼夜、风雨无阻，把破猪圈改造成美术馆，旧房子开起了馒头店、做成了咖啡馆。"读田书斋"是自然中的图书馆，让风声、雨声、读书声，声声回荡在田间地头……"三五斗米仓"把农产品卖出了好价钱，面粉做成的庆丰馒头，大米酿造的庆丰米酒，供不应求；中央美院等在乡村有了作品创作室、展览室；美芥风吹稻花民宿已经开放，一舟影院、生态餐厅、柿子美苑开始投入运营……

一片稻田打开了庆丰发展的一片天，而撑起小村稻花上这一片蓝天的正是一群对乡村怀揣着一颗颗赤诚之心，满腔热血、勇往直前和无私奉献的企业家和建设者们。

（三）一个村演绎一个"变"

庆丰既没有山水资源，也没有工业支撑，在如此短的时间内，要实现华丽转身，从"丑小鸭"变成"白天鹅"，既要独辟蹊径又要借风发力。"好风凭借力，送我上青云"，庆丰借的是乡村振兴战略的东风，凭的是敢想敢做、勇往直前的干劲，更重要的是庆丰人放大自身优势，拥有建设美丽乡村的信心和决心。

围绕"活"字，着力激活前行之力。和很多村庄一样，随着年轻人大量向城镇迁徙，庆丰日趋衰落，耕地抛荒、农房闲置，老龄化、空心化现象日益严重，村庄发展面临严峻挑战。为破解村庄发展动力问题，庆丰村在"活"字上下足了功夫，主要体现在了"三个盘活"：第一个是盘活闲置房屋。通过入股、置换、租赁等方式，对村内闲置的房屋和宅基地进行改造利用、对外招商，破猪圈变成了美术馆，旧房子、空房子改成了馒头店、咖啡馆，老房屋有了新价值，彻底"活"了起来。这些改造后的闲置房屋，不但美化了村庄环境，而且为"金色庆丰、艺术田野"农旅项目增添了配套载体，游客不仅有得玩，还有得吃，更住得下。目前，庆丰村共盘活蒋家、陆家、杨家三个自然村10多户农民的闲置房屋共5000多平方米，每年可为村集体增加经营性收入60余万元。第二个是盘活土地资源。对土地进行集中流转和发包，创新采用"线上＋线下"的模式发展"认养农业"，既唤醒了沉睡的土地资源，巩固壮大"苏南第一方"粮仓地位，又实现了老百姓和村集体增收。近年来，庆丰村先后流转土地2000多亩，稻田认养面积达到132亩，村集体经济每年增收31万多元。第三个是盘活留守劳力。全村共有百余名闲置劳动力，其中多为留守老人和妇女，就业增收的难度较大。在发展农旅项目过程中，村里让他们广泛参与，安排他们做力所能及的工作，提供家门口的就业机会。

立足"农"字，着力夯实振兴之基。庆丰最独特的资源和优势就是农田和水稻，可以说，农业是庆丰长足发展的基础，念好"农"字经，打好"苏南第一方"牌，是庆丰建好美丽乡村的关键。第一个是注重品牌效应，做强水稻产业。以岁丰农业科技有限公司等龙头企业为引领，培育打造"妈妈味稻"等品牌的庆丰大米，通过与五粮液等著名企业合作以及系列特色农产品的开发，持续放大庆丰大米的金牌优势，不断提升大米的附加值。丰收节期间，庆丰大米被各地游客抢购。同时，注重延伸稻米产业，大力发展稻麦加工产业和特色餐饮，开发出面条、馒头、米糕、米酒等深受游客喜爱的旅游产品。第二个是做足稻米文化。"稻花香里说丰年，听取蛙声一片。"庆丰突出谷物丰收文化，把宋代词人辛弃疾的名篇《西江月·夜行黄沙道中》全面融入村庄的农旅项目，稻花香、蛙声、旧时茅店、溪桥等优美意象都能在庆丰找到对应的具体物象。相应的配套设施、特色美食，也多与稻米有关，村里建起了大米博物馆，村民服务中心和游客中心叫"稻家"，咖啡里加了炒米，游玩活动、艺术创作也围绕稻米展开，此外，还有米酒工坊、稻田书斋、风吹稻花民宿等，处处体现着稻作文化。第三个是推动多元发展。庆丰紧跟市场需求动向，发展花卉苗木产业，注重培育推广创新品种，与上海应用技术大学、棕榈园林公司达成长期合作意向，建造萱草、菖蒲、福建山樱、椿寒樱、柿树等热门花卉苗圃，并着力推动萱草成为溧阳城市特色花卉，打造"花漾南渡"品牌。除此之外，庆丰还与正昌集团开展合作，签订兜底协议，村里所有的油菜籽，正昌集团都以高于市场价10%的价格收购，将为村集体经济增收70万元左右。盛花期是景观，收获期是财富，千亩油菜花的资源得到充分开发利用。

突出"聚"字，着力凝聚发展之能。庆丰人深刻认识到，推进乡村振兴、建设美丽乡村是一项系统工程，投入大、周期长，仅靠一村之力难以成功，必须调动各方力量、多方投入、合力推进。第一步是强化

庆丰丰产方

党建引领。庆丰村党支部书记洪骥是退伍军人，返乡创业致富后回村任书记。他带领村两委一班人，找项目、抓改革、求突破，踏踏实实为村庄谋发展、为村民办实事，赢得了群众的普遍称赞。党支部的威信强了，各项工作也更好开展了，"老大难"问题也不难了。在任何地方，迁散坟都是一项艰巨的任务，而庆丰只用了15天，就圆满完成了迁散坟897座的任务，群众全力支持，无一怨言，党支部的作用可见一斑。第二步是发挥市场作用。专业的事一定要专业的人来干。在项目策划上，引进专业团队，成立金色庆丰文旅集团，负责村里农旅项目的开发和运维，"春花秋柿""春天里的灯会""田上风筝文化艺术节""稻田音乐会"等爆款活动层出不穷，游客纷至沓来。专业团队的加入，让庆丰的美丽乡村建设有了可持续的生命力。第三步是激发主体动力。村民是村庄的主人，对自己的家园最熟悉、最有感情。在美丽乡村建设过程中，村民是受益的主体，也应当是建设的主体。庆丰十分注重发挥好村民的主体作用，在项目设计、开发建设、岗位设置等方面，都照顾到了村民的利益和需求，鼓励村民因地制宜自己开发项目，或者通过"企业＋农户"模式与企业合作，让村民深入参与项目开发和运营维护，充分激发村民共建家乡的热情和创造力。

思路一变天地宽。稻花香里的庆丰用实践生动地诠释了时代之变、创新之变、生态之变、发展之变，在变化中成就乡村振兴的美好未来。

（四）一个"干"走出一条路

如今爆红的庆丰，已经增补为常州市第二批美丽乡村示范区，并荣获江苏省特色田园乡村和全国乡村旅游重点村的称号。总结庆丰成功背后的经验做法，不难发现唯有"干"，才是美丽乡村建设正确的打开方式。"空谈误国，实干兴邦"，一个"干"走出了庆丰村一条振兴之路、活力之路、特色之路、共赢之路、富裕之路。

坚持党建引领，在"干"中走出一条振兴之路。党的领导是最大的政治优势。2018 年 9 月 21 日，习近平总书记主持十九届中共中央政治局第八次集体学习时指出，"实施乡村振兴战略，各级党委和党组织必须加强领导，汇聚起全党上下、社会各方的强大力量。要把好乡村振兴战略的政治方向，坚持农村土地集体所有制性质，发展新型集体经济，走共同富裕道路。要充分发挥好乡村党组织的作用，把乡村党组织建设好，把领导班子建设强"。近年来，在推进美丽乡村建设实践中，凡是搞得好的乡村，都有一个战斗力、组织力、号召力强大的基层党组织，特别是有一个有威信、有思路、有办法的党支部书记。没有这些优秀基层书记，没有基层组织的苦干、实干，就没有这些美丽乡村示范项目的成功推出。庆丰能在短时间内奋起直追、后来居上，就是最好的例子。

坚持改革创新，在"干"中走出一条活力之路。只有敢于走别人没有走过的路，才能收获别样的风景。庆丰能实现从经济薄弱村到美丽乡村的弯道超车，离不开大胆探索、创新实干。建设美丽乡村，要有敢闯敢试的胆气，大胆改革，勇于创新，推动各项涉农改革在农村落地见效，用改革激发农村活力；要有敢于冒尖的闯劲，不因循等待、观望犹豫，看准就上、一马当先，善于运用新技术新手段整合自身优势、打造特色亮点，脱颖而出、引领潮流；要有开拓进取的锐气，不小成即满，始终保持创业的激情、创造的追求，不断推陈出新，提高经营内容的丰富性和项目的多样性，保持美丽乡村的吸引力。

坚持因地制宜，在"干"中走出一条特色之路。美丽乡村不是也不可能千村一面。每个村庄的资源禀赋不同，面临的发展问题也各有差异。建设美丽乡村，关键是坚持因地制宜、在"干"中凝练与突出本地特色。庆丰能成为网红村，也正是突出了"特色"二字，抓住了"万亩丰产方"这一独特资源，在做足谷物丰收文化的同时，引进各大艺术院校，让稻田与艺术相映成趣，让农村也可以很文艺。因此，推进美丽乡村建设，要立足当地资源禀赋、传统习俗、文化特色，强化规划引领，发展特色产业，充分展示不同村庄的个性、风格和内涵，一村一韵，错位发展，让美丽乡村真正"注意乡土味道，保留乡村风貌，留得住青山绿水，记得住乡愁"。

坚持多元合作，在"干"中走出一条共赢之路。美丽乡村建设前期开发投入大，后期运营成本高，仅靠政府投入是不现实的，还需要社会和村民的共同参与，通过多元合作推动美丽乡村可持续发展。当前，部分美丽乡村建设示范项目，陷入建设容易、运营难，建成容易、保持难的怪圈，这主要是由于项目推进过程中，重建设轻维护，配套不完善，经营管理不到位所导致。庆丰在这方面进行了有益探索，建立了配套开发机制，引进有实力、有情怀的企业团队进行市场化运作，既保障了乡村自身的良性运转、增加了村集体和农民的收入，又很好覆盖了前期投入，实现投入产出的平衡。推进美丽乡村建设，必须强化多元合作、坚持建管并重，引进社会资本和专业团队参与建设、经营、管理，加快发展"美丽经济"，进一步增强美丽乡村的吸引力、发展活力和整体竞争力。

坚持村强民富，在"干"中走出一条富裕之路。美丽乡村建设的目的，在于实现"村强民富、景美人和"，而这其中的核心，又在于"村强民富"。没有村强民富，美丽乡村建设就不具备必要的基础条件和可持续发展能力，也得不到村集体和村民的拥护与支持。必须充分考虑农民和村集体的利益和需求，把农民群众要不要干、想不想干作为工作的出发点，着力培育发展富民产业，强化造血功能，推动实现产业发展、集体增收、农民富裕。既要鼓励引导工商资本投入，更要鼓励支持村民参与，让他们在参与过程中得到实惠和收获，不断夯实美丽乡村建设的群众基础。只有实现村强民富，美丽乡村建设才能有持久生命力。

五、绿水青山"曙园春"

"洮湖之滨，长山为屏；东临宜兴，北接儒林。地域好上黄：错落数十山林，镶嵌百点河荡，舒展万千田畴。四季分明，五谷丰登；桑麻渔牧，茶果棉油。物产好上黄：沃地乐土，琼浆美食，润泽长寿福祉。"一首《上黄赋》道出了人们记忆之中的美好上黄。

上黄，4500万年前的人类祖先中华曙园遗迹地。然而，在时光隧道里，她也经历了一段"灰蒙蒙"的年月，山水遭到破坏，环境受到污染，人为的恶意侵蚀让这个润泽四方的古老圣地变得满目疮痍。"采石炮声隆隆，运料车轮滚滚，白窑烟雾缭绕，粉尘遮天蔽日，植被千疮百孔"……从20世纪七八十年代开始，这里曾一度遭到了掠夺性开采，这方水土之上原生态的精气神尽失。

"宁要绿水青山，不要金山银山，而且绿水青山就是金山银山"，习近平总书记的"两山"理论如一缕春风，吹进了每一个上黄人的心坎里，又如春风化雨滋润着这个饱经沧桑的上黄大地，让她重新焕发出勃勃生机。

（一）痛定思痛，劈开"三板斧"

面对资源日趋枯竭，环境日趋污染，经济渐渐下滑的"矿山经济"落幕窘境，上黄人从噩梦般的日子里惊醒了。

痛定思痛！在"两山"理论的指引下，上黄人把住"绿色生态、和谐发展"的新时代脉搏，从生态环境的洼地奋起，砥砺前行，鼓劲爬坡上路，奋力挥起整治"三板斧"，治理环境污染，治理病根源头，在生态整治上迈开坚定步伐。

砍采石，保资源。在曾经的滥采乱开的日子里，溧阳上黄镇全镇地面以上的山头岩石植被毁损大部。整治生态环境，扼制滥采石头是重点。政府从自身开始，撤除镇办采石矿，继而压减村矿；进而划定开采，紧随缩小采石面积吨位，直至停开所有村镇采石，断了"炮声隆隆"的音源。紧接着轧石场全面撤除，从采石源头上"扼杀"了采矿污染。

砍白窑，除粉尘。挖掘老祖宗山石资源，煅烧石灰变现，是这里传统经济的一条产业链。全镇有近两百张烧石灰的大小白窑。在几十平方公里的山河里矗立，如此密集的窑炉长年累月吞云吐雾，整天令这方水土之上废气缭绕，尘埃飞扬。镇政府不再吝惜每年好几千万元的财税收入，挥起了壮士断腕的"利刃"，开始了"刮骨疗毒"式的自我生态环境救治，砍除全镇所有白窑，还空地一个真正的"清白"！白窑灭，粉尘减，从此石灰窑产业，成为上黄人心里一段痛楚而尴尬的记忆。

砍烟囱，净天空。在上黄老街以及原工业集中区，林林总总、参差不齐、高矮不一、胖瘦各异的烟囱，像一条条乌龙，口朝天空争先恐后地喷吐出废气烟雾，肆无忌惮地染黑了上黄人头顶之上那方凌空。生态环境整治，治污不治烟囱，也是白瞎！政府与村居组织协同，镇村合力联动，挨厂家、寻烟囱、下政令，在"环保责任状"面前履职尽职。全镇几十柱大小烟囱轰然倒下，上黄那暗淡已久的星空再度变得洁净明亮。

(二) 明确方向，描绘"新蓝图"

砍了"三板斧"，断了"污染源"，如何绘新图？

面对这样一个如何发展问题，上黄人因势利导，明确围绕修复、振兴总方向，谋划"上黄图"，重塑家乡新山河。

复垦，"整容"矿山"伤疤"。上黄矿山的石头资源被采掘后，留下深浅不一的坑荡，犹如一场饕餮盛宴后的杯盘狼藉。原先优美生态自然的山体毁败得支离破碎，伤痕累累，不堪入目。

上黄镇在整治修复的起始，选定了复垦这个抓手，旨在将已经遭到破坏的山体矿坑进行顺序垦殖。动用几十台装载铲运设备，对重点矿区的山体、矿坑进行修复性复垦：推平、回填、梳理、整形，先易后难，重点突破，分级实施，镇村联动，尽最大努力复垦，为幸存山体"整容"，给残留矿坑"梳妆"。

上黄镇每年以数百万元的投入，镇村合力，持续修复。经过几年的整治努力，让渐安山系等几处留存山体得以焕发美丽容颜。

复绿，还原植被生机。停采矿山，经过宕口山体整治后，相应山梁骨架得以回归大体原型。接下来的规划，就是对这些"受伤"的山体予以复绿性修复。

上黄镇组织专门力量对东山、桥口、水母山以及沿山岭主干道两侧实施绿化修复工程。这些年来，年复一年的持续复绿推进，矿坑周边已是绿树成荫，山路两旁，绿植兴旺，令上黄镇矿山整治区、过境省道县路、镇村四边的复绿面貌全新，较好地还原了矿山开采乡镇的植被生机。

复绿，回归水系常态。经过整治工程的年年推进，山已青，道亦绿，春暖花开时节，昔日破败的山体已然是鸟语花香的自然景观。

山青配水绿，才是最美山水景！

整治修复水环境，继砍"三板斧"后，又出实锤！上黄镇马不停蹄地推进水域整治，锤锤见效。

清理河道违章泊船、清除河道堆积、村河镇河市河清淤疏堵、整治码头河港、刹住工业生活污水跑冒滴漏、种养业农业面污染监控及净化处理……

放养管护水面清水绿植、组织河面漂浮物清理……

强化排污督察、增强污水处理企业运行、构建雨污分流网络体系……

长荡湖水域与湿地公园等市河湖泊镇管镇护、村河村塘镇村联动联管联护、三级河长制到位到岗到人头分级实施……

政府统领，分级包干，纵向到底，横向到边，多管齐下，全网联动。全社会、全天候的水体复绿工程久久为功，终得成效。曾经污染的上黄河里，现已终年流淌着一级优质水，上黄河亦被检测评定为"常州市五好河道"。

（三）山水同治，谱写"曙园春"

2014年12月9日，习近平总书记在中央经济工作会议上指出："农业发展不仅要杜绝生态环境欠新账，而且要逐步还旧账。要推行农业标准化清洁生产，完善节水、节肥、节药的激励约束机制，发展生态循环农业，更好保障农畜产品安全。对山水林田湖实施更严格的保护，加快生态脆弱区、地下水漏斗区、土壤重金属污染区治理，打好农业面源污染治理攻坚战。要用好两个市场两种资源，促进农业发展方式转变。"生态的复原，是生物复兴的基础；环境的复兴，更是百业兴旺的基石。上黄镇经过一茬茬整治修复，坚持不懈的山水同治，终于谱写出上黄独特享有的"曙园之春"。

山青、水秀、天蓝、地美，昔日美景远去的上黄仿佛又回到《上黄赋》里所描写的唯美景象。在"曙园"的进口处，有一处巨型石刻，上面雕凿刻写了这样一段文字："玉带绕村流，舟楫远征行；炊烟接彩云，白帆天际游。世纪又开篇，亮出新时代。满目盛姣好，上黄更壮美！"恰似对古时上黄的追述，更是对今日上黄自然生态的赞美。

有了绿水青山，才有金山银山。生态修复，经济康复。上黄镇的山坡矿坑花木茶果业致富乡民，种养业崛起，加工业兴旺，昔日石头山今又成为助力摆脱贫困、富民强镇的金矿山。山林之间建成的白云鹿场，鹿鸣山崖，风生水起，引无数游客纷至沓来。

环境向优，发展向上。攻坚克难涵养绿水青山，令上黄生态更优更美。摆脱生态环境窘境后的上黄镇，快步并道，跻身前行"急行军"。他们以全域环境整治作为重要抓手，深入开展综合整治、"263"专项行动、污染防治攻坚战、"建设美好家园三年行动""美意田园行动""散乱污"企业整治等，拉网式地进行全镇81个自然村环境卫生整治，老街老村焕然一新，新镇新区生机勃发。南山后村进入江苏省第三批特色田园乡村行列，浒西村获评"全国美丽宜居村"，上黄镇成功创建为江苏省特色景观旅游名镇。2020年，上黄镇污染攻防战节节取胜，购置抑尘车高频率降尘，空气PM2.5浓度显著降低；持续开展黑臭水体整治，疏浚河塘27条；投入150万元治理企业排污，全年水质考核断面达标率93.68%；完成骏马等多处矿山治理复绿，平整土地131亩，绿化修复10.5公里；长荡湖国家湿地公园通过验收，国家卫生镇通过考评，古镇上黄已经拥有两块"国字号"招牌。2020年规模以上企业总产值47.07亿元，同比增长17.15%，农民人均收入2.98万元，同比增长7.8%。

走进这山水之地，仿佛永远置身于绿色的春天里，让你时时感受到春意盎然，生机勃勃。绿水青山"曙园春"，古镇上黄绽新容。如今的上黄，已经是闻名遐迩的美丽乡镇。踏看新时代里新上黄，青山悠悠，碧水涟涟；经济昌盛，文化繁荣；社会稳定，百姓富足，俨然成了长荡湖畔的精美小镇！

第二章　厚植发展底色　走绿色发展之路

一、"空心村"的美丽蝶变

昔日萧条的"空心村"，如今却成了网红"打卡地"。位于溧阳市上兴镇余巷村的牛马塘村虽然自然条件优越，历史底蕴深厚，但曾经是留不住人的"空心村"。然而在不到三年的时间内，借着打造江苏省特色田园乡村的东风，牛马塘村依靠生态资源优势，聚焦特色产业发展，实现了环境美、产业兴、人气旺的发展目标，完成了从"空心村"到"网红村"的华丽蝶变。

（一）留住乡愁，"颜值"提升催新生

习近平总书记指出："新农村建设一定要走符合农村实际的路子，遵循乡村自身发展规律，充分体现农村特点，注意乡土味道，保留乡村风貌，留得住青山绿水，记得住乡愁。""三塘拥田舍，悠然见曹山。"这是牛马塘村生态资源的真实写照。然而就是这样一个拥有得天独厚资源、充满诗情画意的小村庄，过去却因青壮年纷纷外出务工，而渐渐沦为了"空心村"。留不住人，没有了人才、没有了人力，没有了人气，再好的生态资源也只能成为摆设。

"山重水复疑无路，柳暗花明又一村。"2017年，牛马塘村入选江

苏省首批特色田园乡村试点，这犹如一缕春风让沉积多年的小村庄终于又焕发了生机。

如何在乡村振兴过程中留住"绿色"，打造富有特色的生态品牌，这是摆在全体建设者面前的一个难题。然而，聪明睿智的牛马塘村人很快给出了答案。在特色田园乡村建设过程中，他们始终坚持"生态优先、绿色发展"理念，保护生态资源，优化人居环境，把生态优势变为美丽乡村发展新优势。在田园乡村总体规划设计上，从特色产业、特色生态、特色文化、田园风光、田园建筑、田园生活和乡村建设七个方面，紧紧围绕"生态优、村庄美、产业特、农民富、集体强、乡风好"的目标愿景，致力于特色产业发展与集体经济培育。在村庄改造方面，交由专业的文创公司负责规划设计，每户房屋改造前根据实际情况进行"一户一方案"的匠心设计。运用乡村工匠、乡土建材实施"针灸式"改造，融会温州建筑风格、嫁接客家文化形态，结合现代元素、融合现代工艺，最大限度保留了古村落的传统特质和风貌格局。一方面，加大对现有生态资源的保护，原来地方上的竹子、古柏、榉树等绿色植被都尽可能保留，经过适当改造、美化，这些地方摇身一变成了老人纳凉、孩童嬉戏的场所。这不仅有效节约了人力、物力和财力，更留住了原生态的"村味"和"乡愁"。另一方面，加大对"脏乱差"环境的整治力度，铺设污水管网，修建河堤驳岸，整治黑臭水体，新建垃圾站，推行垃圾分类。在全面改善环境面貌的同时，也提高了村民们保护环境、践行"绿水青山就是金山银山"理念的自觉意识。牛马塘村通过不断提高绿水青山的"颜值"，成就了金山银山的"价值"，让"绿色"成为溧阳乡村振兴最鲜明的底色。

路面宽阔了、河道清澈了、设施提升了、环境美化了……经过两年多的改造，牛马塘村完全变了模样，不仅有村民议事大厅、游客接待中心、"薯文化"博物馆，还有咖啡馆、酿酒屋、艺术家工作室等，"颜值""气质"实现了双提升。

(二) 农旅融合，产业兴旺促增收

乡村振兴，产业兴旺是重点。牛马塘村村民多为150年前迁居至此的温州移民，独特的瓯江文化传承构成了牛马塘深厚的文化底蕴，加上特有的地瓜种植历史，形成了乡贤文化、经商文化和农耕文化水乳交融的独特风貌。

为此，牛马塘村重点打造"中国地瓜村"的文化品牌，确立了以乡村旅游与特色产业开发相结合的农旅融合发展新思路，引进了龙隐江南精品民宿项目，高品质打造"曹山花居"，建成了薯院、薯粉铺子、地瓜酿、垄上观田、牛马塘艺术中心、耕读民宿等多个文旅景点，全面展示了牛马塘的生态文明、文化传承、文化特色、绿色发展理念，以"绿水青山就是金山银山"理念带动相关产业发展，解决村民就业，引领村民创业，走出了一条强村富民的绿色发展新路子。

牛马塘村还结合当地实际情况，打造"一村一品"创意农业品牌特色。村中规划布置山芋博物馆、文创山芋农场、文创山芋坊、文创山芋专营店、山芋酒庄、现代农业示范园、亲子农庄等，发展高效红薯特色产业，结合先进绿色技术，发展红薯文化生态产业链，成立山芋加工工坊。除了供人们自由参观，还提供专门的场所让游客体验山芋产品制作流程。利用"生态＋""互联网＋"等模式开发绿色农业的多功能属性，推动形成了一批具有地域特色和生态竞争力的农业地理标志品牌。

(三) 生态创新，人才"归巢"助发展

乡村振兴，人才先行，乡村建设行动，关键要在"人"。让农业强

起来、生态好起来、农村美起来、产业绿起来、农民富起来，都要靠人才，优秀人才"回流"了，乡村振兴的事情才会有人来做，美丽乡村的出彩画卷才得以徐徐展开。

走进牛马塘村宽敞的村民议事活动大厅，门口的几张老照片格外显眼，破败不堪的土坯房、歪歪斜斜的电线杆……以前，村里的青壮年都选择外出务工或做生意，劳动力外出比例达90%，人力资源流失极为严重。而如今，青壮年回乡就业、创业，让"空心村"热闹了起来，曾经"脏乱差"的偏僻村落，成为处处皆景、幸福和谐的美丽乡村。

开往乡村振兴的高铁，为青年施展才干预留了充足的席位。走进牛马塘村，有趣的卡通地瓜宣传画便映入眼帘，它们大多出自村里的新青年——王娟之手。王娟2017年大学毕业后在常州市区从事平面设计工作，月薪近8000元。2018年底，王娟看到村里招聘平面设计员，虽然工资不高，可是凭着对家乡那一份特别的感情，加上眼瞅着牛马塘村发生的变化，王娟有了回乡工作的想法。"村里工资虽然低一点，但发展前景更好。"王娟说。抱着对乡村发展前景的看好，王娟考虑再三，决定辞去市区的工作，回牛马塘投身美丽乡村建设。2019年3月开始，王娟运营起一家微店，专门销售牛马塘村的地瓜系列产品，包括地瓜曲奇、地瓜盾牌饼、紫薯仔、富硒地瓜粉等近30款地瓜土特产，一经推出便大受欢迎，首月销售额就突破万元。她还开始做市场调查，打算跟朋友合伙办地瓜主题民宿。

易苏玥，是上兴镇余巷村的共青团书记，也是土生土长的牛马塘人。自2016年从扬州大学毕业后，她便果断选择了回乡就业。"吸引我们年轻人回到乡村的到底是什么呢？"易苏玥说，不仅仅是乡村本身的吸引力，还有溧阳市委市政府对于建设家乡的一个理念——"生态创新"。而牛马塘村就是溧阳践行"绿水青山就是金山银山"理念，积极探索生态创新路径、建设美丽乡村、走绿色发展之路、推动乡村全面振兴的一个缩影。

地瓜产业兴旺了，牛马塘村也变美了。寂寥的村庄热闹起来，处处是商机。在村里就能找到好工作，吸引了越来越多的村民返乡就业、创业。

媒体展现

牛马塘村的生态地瓜经

核心阅读

脏乱差的"空心村"，转身成为美丽的"网红村"；以往几毛钱一斤的地瓜，如今变成帮助村民致富的"金瓜瓜"。

江苏省溧阳市上兴镇牛马塘村原本是个偏僻的村落，近年来围绕着小小地瓜做文章，走出了一条乡村生态资源与特色产业开发相结合的路子。

小小地瓜，从每斤3毛多卖到了10块多——短短两年多，一个仅有200多人的偏僻"空心村"，靠着一个个地瓜，变成了小桥流水、姹紫嫣红的"网红村"。

2017年，江苏省溧阳市上兴镇牛马塘村被评为江苏省首批省级特色田园乡村建设试点村，两年多来，牛马塘村围绕本村地瓜产业，走出了一条乡村生态资源与特色产业开发相结合的融合发展之路。

"种了一辈子地瓜，没想到，到老了还能靠着这一个个小小的地瓜，过上这么舒坦的日子，就像做梦一样。"村民余小年脸上挂满了笑容。

凭着极佳生态资源，种出了超出一般价格的地瓜

道路坑坑洼洼的，河水臭熏熏的……回忆起第一次进村考察的场景，袁晓羽记忆犹新。2017年，通过上兴镇人民政府的招商引资，企业家袁晓羽带着资金和团队来到了牛马塘村。

第一次进村，她有些迷茫。"这么偏僻的地方，基础又这么差，要建设美丽乡村，该从何入手？"但当袁晓羽看到周围漫山遍野的绿色时，她感觉有戏："绿水青山就是金山银山，这给了我不少灵感。"

牛马塘村几乎家家户户种地瓜。袁晓羽得知，村里土壤富含硒元素，长出来的地瓜软糯香甜。她当即有了个构想：何不以"地瓜"为主题，将牛马塘村打造成"地瓜村"？

土壤好，地瓜却卖不上价钱，这个问题一直困扰着牛马塘村村民。余小年与地瓜打了40多年交道，家里种了十几亩地瓜，是村里的种地瓜能手。他给记者算了笔账：过去，地瓜亩产4000斤左右，一斤能卖4毛钱已算不错，卖不掉的就晒成地瓜米，用来当饲料。"除去种苗、肥料和人工成本，根本就赚不了几个钱。"余小年说，这些年，村里种地瓜的人越来越少。

"牛马塘的地瓜是宝贝，绝对不止这个价！"在袁晓羽的设想里，有着极佳生态资源的牛马塘，一定能种出超出一般价格的地瓜。

"生态资源转换，需要科技力量。"在她的牵线下，牛马塘村与科研院所开展合作，改良品种、优化种植技术，通过流转村民土地，建立了专门的地瓜种植基地，并请江苏省农科院的专家前来授课。

余小年家的十几亩地也全部流转到村上，他自己则通过应聘成了基地工作人员。"过去全要靠人工，如今，插苗、施肥、除草、施药等，全程都是机械化。"他说。

说起新品种的种植窍门，余小年讲得头头是道："都说地瓜好种，但这些新品种可娇贵着呢，长出来的藤颜色都不同，红红的，直径只有

原来的一半，稍不留神就会折断，多余的根要及时清除，否则长出来的地瓜口味就不好了。"

经过村民精心培养，2019 年秋天，地瓜种植基地迎来第一场大丰收，60 多亩地，产出了黄色、浅红、深红、玫瑰红等十几种颜色的新品种地瓜。"藤嫩嫩的，还能当菜吃，地瓜挖出来就能吃，比梨子还甜。"余小年说。经过包装后，新品种地瓜一斤能卖 10 元，供不应求，游客纷纷掏钱买，当天就卖出去了 500 多斤。

"和地瓜打了一辈子交道，这种热闹场面还是头一回见。"地瓜卖上了好价钱，余小年笑得合不拢嘴。如今，他还要参加各种各样的农业技术培训，技能多了，收入也高了，他每个月都能赚到 3000 元以上，年底基地还有 6000 多元的年终奖。

村庄环境整治，小地瓜做成大产业

优质地瓜种出来了，发展美丽乡村，环境脏乱差不行。牛马塘村又盯上了村容村貌。上兴镇邀请江苏省城镇与乡村规划设计院进行设计规划，逐步整治，铺设污水管网、修建河堤驳岸、整治黑臭水体、新建垃圾岗亭、推行垃圾分类……

坑坑洼洼的泥巴路消失了，画着红黄蓝三色线的"溧阳 1 号公路"穿村而过，村内道路四通八达，道路两侧种上绿植，房前屋后铺上草皮。

村里设施焕然一新，不仅有村民议事大厅、游客中心、薯文化博物馆，还有咖啡馆、酿酒屋、艺术家工作室等，处处流露着质朴的文艺范儿，充满了田园诗意。

"走，到咱家尝尝地瓜甜品！"在牛马塘村村口，村民易景明拉着记者就往家里走。他摆出一桌丰盛的"地瓜宴"：有地瓜饼干、地瓜包子、地瓜蛋糕……易景明告诉记者，过去村民只是种地瓜，现在，村里将小地瓜做成了大产业。

村民王岳彪家的"地瓜酿"人气很旺，游客来了都想亲口尝尝甘醇的地瓜酒。王岳彪59岁，过去是一名电焊工。2018年，王岳彪听说村里推行"一户一品"正在物色经营者时，立马辞了外地的行当，回到村里签约经营地瓜酿。

100斤地瓜通过发酵、蒸馏等工序，能产出30斤左右的地瓜酒，比单靠种植要赚钱得多。"多的时候，每天要接待上百批游客，一年下来销售额达到了100万元。"王岳彪说。

咖啡馆"薯院"的工作人员告诉记者，村里请来糕点师傅，开发了地瓜奶昔、紫薯谷奶等多款甜而不腻、清爽可口的地瓜饮品，一杯卖到30元。游客还可以品尝地瓜冰激凌、地瓜面包、地瓜凉粉等。"薯院"第一年营业额就达150万元。

除地瓜深加工以外，地瓜产业衍生出的文创产品也很受欢迎。牛马塘的"地瓜村"形象越来越深入人心，行走在村里，随处可见各种可爱、呆萌的地瓜造型：休闲座椅、配电箱、垃圾箱……

袁晓羽告诉记者，2019年，牛马塘村开发的地瓜系列产品有数十种，接下来，村里还将开发地瓜护肤品、地瓜保健品等，让地瓜产业链更全。小小地瓜已然成为村民发家致富的"金瓜瓜"。

青壮年回乡就业，"空心村"热闹起来

走进牛马塘村宽敞的村民议事活动大厅，门口的几张旧照片格外显眼，破败不堪的土坯房、歪歪斜斜的电线杆……说起牛马塘村的过去，易景明百感交集。

以前，村里的青壮年都选择外出务工或做生意，劳动力外出比例达90%，人口流失极为严重。而现在，曾经"脏乱差"的偏僻村落，成为处处皆景、幸福和谐的美丽乡村。

地瓜产业兴旺了，牛马塘村也变美了。寂寥的村庄热闹起来，处处是商机。在村里就能找到好工作，越来越多的村民返乡就业、创业。

牛马塘村的卡通地瓜宣传画，很多出自村民王娟之手。2017年，王娟大学毕业后在常州市区从事平面设计工作，月薪近8000元。眼瞅着牛马塘村发生的变化，王娟有了回乡工作的想法。

2018年底，正好赶上村里招聘平面设计员，王娟考虑再三，决定辞去市区的工作，回牛马塘村。"村里工资虽然低一点，但发展前景更好。"王娟说。

2020年3月开始，她又运营起一家微店，专门销售牛马塘村的地瓜系列产品，包括地瓜曲奇、地瓜盾牌饼、紫薯仔、富硒地瓜粉等近30款地瓜土特产，第一个月销售额就已过万元。她还开始做市场调查，打算跟朋友合伙办地瓜主题民宿。

袁晓羽告诉记者，2020年以来，虽然游客变少，但地瓜产品销售却没有受到太大的影响。4月18日，溧阳茶叶节在牛马塘村拉开帷幕，全程网络直播，当天，主办方对溧阳的土特产进行线上推介，短短十多分钟，牛马塘村地瓜产品的销售额就达8000多元。

袁晓羽说，这给了她很多启发，村里已经有了一支100余人的乡村振兴开发团队，其中不乏信息技术、品牌策划、市场销售等方面的人才。接下来，村里将引导村民发展直播带货等新型业态，让更多人深入了解并走进牛马塘村。

（原文刊载于2020年5月13日《人民日报》 记者：王伟健）

二、南山小镇的民宿经

2020 年 3 月 30 日，习近平总书记在浙江湖州市安吉县天荒坪镇余村村考察调研时指出，希望乡亲们坚定走可持续发展之路，在保护好生态前提下，积极发展多种经营，把生态效益更好转化为经济效益、社会效益。

"江苏民宿看溧阳，溧阳民宿看南山！"这是江苏省文化和旅游厅相关领导和专家考察调研溧阳后发出的赞叹。近年来，常州溧阳南山脚下的戴埠镇打起了"民宿经"，通过盘活闲置宅基地发展精品民宿，带动了美丽乡村建设和绿色发展，促进了村民就业和农副产品销售，实现了自身的华丽转型，"绿水青山就是金山银山"的理念绘就了美好生活的新画卷，真正使老百姓的腰包鼓了起来……

（一）农家乐向精品民宿转型

戴埠镇山水平原交融，依托绿水青山的自然禀赋与资源优势，该镇成为溧阳最早发展农家乐的先行区，其中苏皖边界的李家园村，因农家乐而实现劳动力在村里 100% 的就业率，并先后获评江苏最美乡村、中国美丽休闲乡村、江苏乡村振兴旅游富民先进村。以李家园为核心的南山竹海周边区域被列为全省首批旅游风情小镇创建单位。旅游业的发展，使戴埠被评为江苏特色景观旅游名镇。

"引导鼓励发展精品民宿，并推进农家乐向精品民宿转型，是整合旅游要素、提升资源价值和优化旅游功能空间的需要。"戴埠镇党委书记陈波表示，精品民宿是引领全域旅游特色产品的重要标杆。戴埠拥有南山竹海国家级旅游度假区优势，发展精品民宿，有两层考虑，一是通过农家乐的提档升级，适应旅游市场新需求，带动更多的农民致富；二是盘活村民闲置住宅与宅基地，解决农村"空心化"问题，增添美丽乡村新魅力。

在镇政府完善交通、水电气等基础设施和出台了相关奖励政策的保障与激励下，全镇精品民宿快速崛起：原有农家乐按精品民宿标准自动改造升级；许多农民利用闲置民宅及宅基地改造或建设民宿；部分农户将拆迁安置房改造成民宿；依托承包的集体茶场、闲置的村集体房屋发展民宿；通过土地挂牌出让吸纳民间资本自建民宿。

短短两年，全镇建成精品民宿 50 多家。这批民宿经上海等城市设计师的精巧布局，呈现出各具风格的文创蕴意与精品魅力，赢得城市游客的青睐与眷顾。

据戴埠镇镇长张余亮介绍，精品民宿的快速发展与集聚，使得南部山区成为呼应天目湖的又一旅游热区。

（二）各亮高招收获幸福经济

走进通往南山竹海公路边的岕宿竹马岭民宿，茶园、翠竹簇拥的一幢精致小楼，以及庭院内所布局的景观小品及菜园、鱼塘，让人顿感温馨、舒适。

主人谈丽娟毕业于江苏大学财务专业。2016 年，面对家乡鼓励发展民宿，她毅然辞掉在常州财务主管的工作，返乡利用闲置多年的楼房，投资 300 多万元装修成精品民宿。两年多来，她在网上承揽民宿业务的同时，还兼营当地土特产品。2018 年，她的民宿被溧阳评为首批四星级茶舍，实现民宿年营收 90 多万元，土特产年销售 140 多万元。

从岕宿竹马岭辗转璞宿·隐心岕民宿，店主郑威是毕业于南京体育学院的 90 后，看到家乡民宿生意火爆，就与在外承包工程的父亲合计，辞职返乡，投资 350 万元将闲置的 3 层楼房改造成民宿。

"我的生意主要在网上运作，没想到还吸引了英国、意大利等国家的游客，他们入住后，唱歌跳舞吃烧烤，乐得连称 OK。而国内许多游客也因民宿居住得自由自在，都说有家的感觉。"郑威说，2020 年"十一"假期，他的民宿实现营收达 15 万元，预计两年可收回投资。

"新故民宿"的老板小新曾经在大城市生活多年，虽事业小成，但心里总记挂着家乡，总想回去为家乡的建设添砖加瓦。于是他抓住了溧阳发展"全域旅游"的契机，回到家乡戴埠戴南村开办了"新故民宿"。如今戴南村早已焕然一新，从前乡野陈旧的老房也因为戴埠镇乡村振兴建设的推进得到了美化，成为美丽乡村不可或缺的独特风景。家门口的"溧阳1号公路"将周边的村落、田地联系在一起，推门而出，两山之间，一边广袤无垠，一边秀丽尖峭。日出时，光照亮神山山脉，云雾从山顶散开；日落时分，闲坐庭院，晚霞的光就落在对面的山峰上。现在的"新故"已成为游客争相打卡、合影的"网红"民宿。在戴埠，还有很多像小新这样的创业者，放弃大城市的优渥生活，选择扎根乡村、奉献乡村。戴埠镇悠然南山"田园美宿民宿联盟"建立后，农旅产业的氛围愈发浓烈，一群热爱生活、热爱自然的人聚在一起，为心中的田园梦添砖加瓦。也正是他们的实践和努力，构成了戴埠发展的不竭动力。

在苏皖边界的深溪岕村，投资 600 万元建成的叁朵花民宿，凝聚着徐静三姐妹的胆识与智慧。年届不惑之年的徐静表示，10 多年前，面对 3 个女儿如鸟儿飞走，不甘寂寞的父亲就投资了古松山庄，开始了农家乐经营，以致家中的宅基地一直荒着。后来，随着父亲年事已高，她只好辞职回来接替。春节期间两个分别在南京、上海工作的妹妹回乡团聚，达成了共同投资盘活闲置宅基地开发民宿的共识，得到了镇政府的支持。如今，叁朵花民宿与古松山庄呼应，既满足了游客中高端消费需求，又打开了全村农产品的销路。

李家园村作为戴埠镇农家乐的集聚区，转型精品民宿的业主，大多数实现了经营的大幅提升。他们表示，在溧阳发展休闲经济的大背景下，民宿的经营擘画美丽乡村新画卷，乡村振兴让溧阳收获了幸福经济……

（三）政府规范业态健康发展

"民宿的快速发展，使得我镇乡村旅游从竹海景区周边向全域漫延。目前，全镇可提供的餐位数达 23380 个，拥有住宿房间 3800 间，床位数 6844 张。"张余亮说道，精品民宿不仅提升了戴埠旅游的品牌形象与知名度，更体现了带动就业、农副土特产品销售等效应。面对民宿的良好发展态势，张余亮表示，为了平衡旅游资源的承载率，保障乡村旅游健康发展，戴埠镇党委、镇政府通过调研，并联合多部门征求促进全镇旅游规范发展的指导意见，认为全镇民宿应该控制在 100 家左右，确保有序有质量良性发展。同时，以乡村旅游协会牵头，规范经营秩序，防止恶性竞争，营造放心消费。

2019 年以来，围绕溧阳 1 号公路，该镇实施了 8 条旅游道路提档升级和景观绿化整治。区域内 70 多公里的溧阳 1 号公路全面建设成彩虹公路，一举将区内主要景区、乡村旅游点、农业示范区、美丽乡村、特色田园乡村串点成线，形成全域旅游新格局，由此带动了一批重点旅游项目的落地建设和精品民宿的布局，游客接待量飞速增长，其中溧阳 1 号公路、全域旅游带来的效应值不断加大，带动经济效益超过 1 亿元。在这其中，由协会组织开展了各类法律法规培训班和旅游服务从业人员能力提升培训班，培训人数达 1000 多人次。本着依法诚信经营创品牌，全镇乡村旅游服务经营户积极争创"常州市级放心消费单位"，有效提升了景区的消费环境和市场秩序。不仅如此，协会还为民宿与农家

南山竹海

乐等乡村旅游服务单位统一组织采购食用油，这一创举深受广大游客的好评。

南山小镇正是靠着一本"民宿经"，让旅游名镇实现了华丽转型，如今，正显示出乡村振兴的非凡活力！

媒体展现

常州溧阳戴埠镇：欢庆农民丰收节　美丽乡村促振兴

"开轩面场圃，把酒话桑麻。"近日，"蓝城·悠然南山金秋丰收庆

戴埠丰收节庆典现场

典"在江苏省溧阳市戴埠镇开幕，村民和四方来客共同欢庆！

　　戴埠镇地处溧阳市南部，凭借乡村之美，让戴埠人过上了好日子。戴埠镇创建省级生态文明示范村 2 个，省级美丽乡村示范点 6 个，常州美丽乡村示范点 5 个。戴埠镇杨家村是江苏省首批特色田园乡村试点村，在戴埠更是一个示范乡村，通过一系列整治与改造，这里已是美丽乡村的典范。李家园村获得"国家级生态村""国家级生态文明村""江苏最美乡村"殊荣。同时李家园、深溪岕、蛀竹棵和钱家基构成的南山乡村旅游片区被确定为"江苏省美丽乡村连片建设示范区"。

　　戴埠镇的总体变化可以归纳为"五大变化"——环境美化、河塘净化、道路硬化、乡村建筑特色化、公共服务优化，通过一系列水系整治、土地整理、疏浚河道沟塘、增绿补绿行动，生态和谐了，山更青水更绿了；通过农居庭院改造、村庄环境整治，戴埠镇全面整治乱堆乱放

戴埠美丽乡村

现象、生活污水，村庄变整洁了、变美了；通过发展特色产业，依托本地自然环境和特色资源，村民们变富裕了。

在美丽乡村建设成果的基础上，戴埠镇围绕溧阳 1 号公路建设，松岭驿站、仙人台、同官观佛台等观景平台和金牛路、金溪路、黄南线、平横线、云湖星径等旅游通道提档升级，将全镇范围内的主要景区、乡村旅游点、农业示范区、美丽乡村、特色田园乡村全面形成串点成线的全域旅游格局。

溧阳 1 号公路

与此同时，戴埠镇传统农业转型升级，形成了一批特色、绿色产业和农场、合作社；先后建成牛场南天竺产业园 3000 亩，旅游通道两侧水果采摘园 2000 亩，紫薇、映山红、薰衣草等观赏类经济林木种植 1200 亩，全镇茶叶生产规模超过 8000 亩。戴埠镇现有一定规模家庭农场 44 家、各类农业专业合作社 75 家，逐步形成了一批以有机水稻、溧阳白芹、新品水果、观赏苗木等为主的高效农业规模经营示范点。特别是李家园村在此基础上，大胆探索新型农民合作社组织，创办了江苏省首家以房屋场所入股的合作社——溧阳市富民资产合作社。合作社还吸纳周边100多位农民就业，每年支付工资达250多万元，取得了较好的经济效益、社会效益和生态效益。

戴埠镇资源被有效开发和利用，当地特色被大力发展和推广，全面运用到农业、旅游产业，生态、绿色、美丽，转化成戴埠快速发展的生产力。2019年全镇农民人均收入达到3万元，同比增长7.5%。2020年预计接待游客超过800万人次，全年旅游收入超15亿元，正是美丽成就了戴埠的旅游产业。

（原文刊载于"学习强国"江苏学习平台，

2020年10月25日 作者：史林飞）

三、传统村落的时代韵味

2020年4月7日，江苏省住建厅公布首批江苏省传统村落名单，溧阳市竹箦镇陆笪村榜上有名，这标志着陆笪特色田园乡村试点建设迈出了可喜的一步。自2019年3月启动建设以来，陆笪践行"绿水青山就是金山银山"的理念，坚持走绿色发展之路，实现了传统村落的特色之变，吸引了一批又一批的游客前来一睹风采。每到节假日，都有许多游客来到陆笪，欣赏田园乡村的美丽景致，感受源远流长的中华优秀传统文化，领略天人合一、道法自然的农耕文化之美……

（一）深入挖潜，串起传统村落"风景线"

陆笪有着800余年历史，北靠丫髻山，南望竹簧镇。陆笪村名源于陆姓，是南宋著名的文学家、史学家、爱国诗人陆游的直系后裔，村中至今仍存有陆氏石碑、陆氏族谱、古桥、古井等遗迹。走进陆笪村，修缮一新的陆氏宗祠等建筑古朴静美，就地取材的片石、青砖、旧瓦等乡土材料让村庄古韵悠悠，而滩簧台、丰收仓、转角路小店等，又将古老、传统、基础的产业转变为现代、有趣、绿色的体验场景，让传统村落散发出美美的"幸福味道"。

陆笪村是江苏省特色田园乡村第三批试点村庄，生活污水治理、村庄环境整治、河塘疏浚、绿化亮化等基础设施建设已全部结束，陆笪村人居环境得到全面改善。如今的陆笪，道路干净整洁，民居古朴幽雅，河塘清澈见底，一树树花朵在四月的春光里竞相开放，洒下一路芬芳。

"原来村里很脏、很乱，卫生状况也不好，现在完全变了个样。"村民陆和平高兴地介绍，通过村庄建设，陆笪村的变化非常大，村里装了路灯，建了小公园，村民们一出家门就能看风景，"大家都很高兴，都没想到陆笪会变得这么漂亮。"

"陆笪有着深厚的历史底蕴，建设过程中，我们尽可能融入特色文化、彰显村庄特色。"溧阳市田园原乡建设发展有限公司副总经理赵亮说道，"村庄建设以禅心诗境、乡音真情为总体定位，以陆笪河为界，南片以文旅体验为载体，通过陆笪公社、怀旧供销社、旅社等功能设置，盘活现有存量资产；北片以传统村落为基础，植入与陆游相关的诗歌文化及背靠瓦屋山宝藏禅寺的禅修文化，通过滩簧台、古驿站、山阳书院等公共配套的建设，打造宜居宜游的活力乡村。"

目前，陆笪村已经完成13个景点小品的建设，"没辰没光"接待中心、"真情屋"村民中心、"乡音庐"音乐家工作室、"钗头凤"汉服馆、"丰收仓"农耕园、"红酥手"工艺品店、"禅心筑"民宿等都别具匠心，不仅对传统村落、历史文化进行了保护和深挖，又对各类遗存进行了"活化"利用，让传统村落具有了旅游观光、休闲度假、农耕体验等现代元素。

陆笪村还开展了一系列文旅活动，如扎肝烹饪比赛、乡村音乐节、陆游诗词吟评会、企业团建活动等，美丽乡村陆笪已经成为很多游客心目中的"诗和远方"。

"陆笪是一个有故事的地方。"溧阳市陆笪文化研究会秘书长陆忠明说："此次村庄建设，融入了陆氏子孙的爱国主义情怀和耕读传家的家风，让陆笪村兼具了历史的'深厚积淀'和现代的'乐活休闲'。"

（二）因势利导，搭上美丽乡村"直通车"

2019年端午，陆笪村山阳面馆热热闹闹地开业了，年过五旬的两姑嫂陆跃英、沈小妹一改往日的清闲，当起了面馆掌柜。"村里建得这么漂亮，很多人都到这儿来旅游，生意挺不错的。"看着一拨拨的客人来到面馆，陆跃英忙得脚不沾地，也笑得合不拢嘴，"原来一直在家闲着，现在一年有四五万元的收入呢"。

生意同样红火的还有"四季团子""馄饨店""转角路小店"等。随着陆笪村乡村旅游的兴起并逐渐红火，他们成为最直接的受益者。村民陆兰家正好在道路转角处，田原公司在建设道路时商其适当退让，改善村内交通通行，同时也将其作为扶持村民，对房屋外环境进行文化创意改造，并引导陆兰自主创业。于是，陆兰辞了工作回村开了"转角路小店"，"主要经营怀旧类商品，像我们小时候玩的玩具、吃的零食等，每天销售额在200元左右，节假日有近千元"。小店虽然开业时间不长，但陆兰非常看好它的发展前景，"村庄环境这么好，今后来村里旅游的人会越来越多，小店的生意也一定会越来越好"。

"乡村振兴，最终落脚点还是村民增收。我们力争把村里的生态优势、文化优势不断转化为产业优势、经济优势，以'生态＋''旅游＋'等多元化的方式，促进一、二、三产业融合发展。"对于陆笪村的发展，村党总支书记陶志明说，"村庄环境建设是第一步，现在已基本完成并为村庄带来了人气。目前我们正在整合资源发展产业，除了鼓励村民开店搞经营，还要深入开发优质农产品，让村民在家门口就能增收致富"。

据了解，小香薯和菊花种植是陆笪村的特色产业，多年来赢得了良好的市场口碑，也是村级集体经济收入的重要来源。田原公司副总经理赵亮介绍，村庄建设之初，他们就充分考虑了美丽乡村建设与脱贫攻坚、现代农业发展相结合，在发展乡村旅游基础上，重点打造以小香薯、菊花为特色的农业产业发展体系。2019 年 100 多亩、20 多万斤小香薯一经推出就被一抢而空。2020 年，建立中草药种植基地和水果采摘园。赵亮说："今后，还要将菊产业观光休闲、竹文化与美丽乡村绿色发展相结合，提升农耕文明的观赏价值，不断提高农产品的生态附加值。"

溧阳市住建局党委委员、特色田园乡村建设分管领导刘磊说："从文艺塘马、睦邻原乡，到山水写生地、同心长寿村的南山后，再到禅心诗境、乡音真情的陆笪，在市住建局的引领和苏皖公司的技术支持下，我们在特色田园乡村建设方面一路摸索，勇于创新，取得了成绩也积累了经验，首批塘马等 4 个特色田园乡村建设得到了省里的充分肯定。秉承精益求精，一丝不苟的工作要求，我们力争让第二批南山后、第三批陆笪这两个试点继续成为全省典范，为乡村振兴提供'溧阳样本'。"

如今的陆笪村，不仅仍然保持着传统村落的传统文化与厚重风貌，更呈现出美丽乡村的时代韵味与文明气息。

江苏常州陆笪村：小小金丝皇菊 带来"黄金"满地

"采菊东篱下，悠然见南山。"近日，江苏常州溧阳市竹箦镇陆笪村金丝皇菊花田里，成片的菊花竞相绽放，村民们正忙着采收金丝皇菊。2020 年竹箦镇陆笪村种植了约 35 亩金丝皇菊，现每天能采收花朵 220 公斤，预计年可采收 12000 公斤，制成菊花茶后销售额将达 10 万元左右。

据了解，2017 年，陆笪村结合当地气候、土壤优势，成立陆笪农地股份专业合作社，聘请专业种植能手，建成集手指小香薯、菊花、葡萄种植与加工、包装、销售于一体的生产车间，以"党支部＋合作社＋基地"的模式，因地制宜大力发展特色产业，为当地经济发展注入活力，带动数十户贫困户脱贫致富。

（原文刊载于 2020 年 11 月 24 日《常州日报》

记者：韩一宁 夏晨希）

四、聚力"三变"展新颜

走进溧阳上黄镇，不少曾来过的人惊奇地发现：原先灰白的矿坑隐约透出些绿来；原先道路两旁的散坟已被盛开的樱花和油菜花所替代；

原先交通干线两边的"散乱污"场点变得干净、整洁。整齐的街道、路边的繁花、居民的笑脸，仿佛诉说着上黄镇综合环境治理取得的显著成效，一幅新上黄的美丽画卷正徐徐打开。

为全面加强生态环境保护与生态环境提升，推动上黄镇的高质量发展走在前列，上黄镇针对各项生态环境突出短板，上下联动，打响了六大环境突出问题专项整治攻坚战，环境质量得到改善。而后，上黄镇环境整治再升级，围绕大气环境、企业环境、道路环境、村庄环境、水环境、矿区环境和集镇环境等七个方面，制定全域环境提升工程实施方案，明确牵头领导、落实责任部门，齐心协力共同推进环境综合整治工作，助力上黄镇续写小镇发展新篇章。

（一）变"伤疤"为"生态绿地"

曾几何时，上黄镇山体的露天开采，不仅留下了山体"伤疤"和夹石土堆场，还严重破坏了生态环境，影响了周边百姓生活。因此，上黄镇将夹石土清零工作作为矿山整治重点工作推进。在全面摸清镇域范围夹石土堆场底数的基础上，按照"分类整治，整体推进"原则，全面完成了夹石土堆场清零整治。针对辖区内8个夹石土堆场，聘请专业机构对夹石土料进行检测，把符合条件的夹石土堆都用于矿坑修复工程，其他的按规定进行统一处置。为巩固整治成果，上黄镇还对平整的堆场进行复绿，不断种植草皮与树木。为做好长期管控工作，防止回潮、保持整洁，上黄镇每天都会派人进行巡查。

修复关停是手段，恢复生态才是目的。金山银山不如绿水青山，要变"伤疤"为"生态绿地"，为此上黄镇流转扬子路周边30亩的土地，用来对力山矿周边实施森林化改造工作，种植香樟、石楠等存活率高、绿化效果好的植被，后期再增加木槿等开花期较长的花、树。

上黄镇周山村村民黄和福通过夹石土堆场的变化看到了整治工作的成效："以前我们村附近好几个夹石土堆场因为没人管理平时灰就大得很，也常常有人把沙发、废弃木料这些大型垃圾往那里丢，我们村村民是深受其扰。这次整治工作，可是政府给我们村办的大好事哟。"

（二）变"散坟"为"美丽花园"

在上黄镇的水母山村委泉水湾自然村，当地村书记朱正联看着村口道路沿线的空地非常开心。他说，之前这里的道路边散布着上百座坟墓，涉及周边4个自然村。散坟迁移整治攻坚战开始后，通过大量的宣传解释和搬迁工作，现在这些散坟都迁移到附近的公墓里去了，空出的土地交给村民又可以重新耕作。

自全面打响散坟整治攻坚战以来，上黄镇确定对常溧高速、239省道、溧阳1号公路、北环路、老公路及扬子路沿线可视范围内的零散坟进行集中整治。为确保完成此次散坟整治工作，上黄镇组建了由党政主要领导任双组长的专门工作班子，在充分调查宣传的基础上，明确任务要求，责任到人，坚持尊重风俗、稳中有序的推进原则，由村书记带头入户交流，谈妥一户签约一户，签约一户迁移一户，力争迁移率100%，确保乱坟迁移无上访现象。泉水湾村村民史正才说："为了这些坟山，镇、村干部是吃苦了，要每家每户去做工作，这种工作难度相当大。祖坟大家都不愿意搬迁，这还是要多做工作，他们整天跑这跑那。"

为巩固整治效果，上黄镇还率先出台了新的安葬综合管理办法，严禁新增死亡人员散埋乱葬，要求必须入葬镇级以上公墓，从源头上杜绝了土葬及乱埋乱葬行为，这在全市范围也是首举。上黄镇这一系列举措在全镇范围内营造了新的殡葬观念和丧葬氛围，获得了群众的充分肯定。

看着如今整顿一新的村落环境，村民们也十分开心。上黄镇桥西村散坟整治工作是2020年清明节前完成的，如今这里绿树成荫，花团锦簇，盛开的樱花和油菜花让人赏心悦目，谁也想不到一年前这里散坟林立的景象。桥西村村民李建荣开心地说："以前这里都是坟地，现在路边随处可见花花草草，村民们看着心情也舒畅了不少，平时我们吃完晚饭也经常来这里散步、锻炼身体。"他父亲的坟以前就在这里，当听说村里宣传要殡葬改革时，作为党员的他带头先行，为村民们做出榜样。

桥西村党总支副书记史志清说："因为边上这一排大多是老百姓的祖坟，传统观念根深蒂固，要想改变必须花更多的功夫去沟通和交流，好在大部分百姓觉悟还是有的，像李建荣这样一批村民也起到了带头作用，我们上黄湿地公园、溧阳1号公路周围的环境要整治，经过这样的宣传教育后，考虑到村子要往好的方向发展，村民们也慢慢想通了。"

（三）变"散乱污"为"舒心居"

针对集镇环境，上黄镇积极发挥各责任部门的作用，广泛开展垃圾收集清运能力提高、乱披乱挂整治等工作。在全面摸排统计集镇范围内的乱披乱挂情况后，各责任单位目前已拆除交通干线两边的"散乱污"场点56个，主干道上林路增加更换扶栏6处，整改道板砖90平方米，增添车位限位器26根，增添交通指示标线200多平方米；投资1200万元、日处理能力50吨的垃圾中转站已于2020年8月正式投入运行。

同时，上黄镇坚持党建引领，提高参与意识，结合开展主题党日活动，镇党委政府组织全体镇直机关党员到辖区部分主干街道，与保洁公司日常保洁人员一起，开展环境卫生大清扫活动，助力广大群众人居环境提升。党员干部纷纷提起锄头、拿起铲子、撸起袖子，将杂草清除、垃圾清运，经过清扫，主干道路周围环境卫生情况明显改观，取得了良好的整治效果。

如今的上黄镇各项综合环境治理提升工作如期有序地完成，随处可见的是上黄人脸上满意、幸福的笑容。聚力"三变"让上黄这座生态滨湖小镇旧貌换新颜。

媒体展现

来自绿水青山间的回响（摘编）

绿水青山就是金山银山理念已成为全社会的共识和行动。美丽中国，照见我们更加美好的未来！12月1日开始，新华社开设"绿水青山就是金山银山"专栏，充分展示各地各部门在习近平生态文明思想指引下，积极推动经济社会绿色变革，以切实行动坚定走上生态文明之路，在人与自然和谐共处中迈向新境界的生动实践。

天更蓝、水更清、山更绿。

2005年8月15日，在浙江余村，时任浙江省委书记的习近平同志提出重要论断——绿水青山就是金山银山。15年来，"两山"理念指引中国经济社会绿色变革，已成为全社会的共识和行动。不断推进的绿色发展方式和生活方式，正生动绘出美丽中国、幸福家园的模样。

走绿色转型之路，绿水青山带来幸福生活

初冬的阳光暖暖洒下，驱车行驶在常州"溧阳1号公路"上，眼前层峦叠嶂，竹影婆娑，农家民宿鳞次栉比。

路中央勾勒着红黄蓝三条色带的彩虹"1号公路"，除了全市主要景区，巧妙地贯穿173个行政村、220多个乡村旅游景点。近年来溧阳

创新溧阳 1 号公路

关停重污染企业，打造全域旅游推动乡村振兴。生态环境越来越好，一个个过去名不见经传的村落也成为"网红打卡地"。

53 岁的溧阳市民王建倍以前开过建材厂，他还记忆犹新——20 年多前，这里兴起矿山开发热潮，"起风扬尘灰，下雨流黑水"，生态环境一度遭到破坏。随着"两山"理念深入人心，溧阳坚定走上绿色发展道路。王建倍关掉了建材厂，从 2015 年开始转行深耕环保无人船领域，如今产品广泛应用于环境监测、海洋调查等，这让他很有成就感。

"不仅环境变美了，经济发展也向好。仅 2019 年，溧阳休闲农业和乡村旅游接待游客超 800 万人次，农旅收入超 40 亿元，带动 5 万多名农民增收。"溧阳市生态环境局局长王洪明说。

绿水青山带来幸福生活，背后是经济结构和发展方式的转型升级。近年来我国在治理污染的同时，积极推动产业结构调整，培育壮大新兴产业、改造提升传统产业、淘汰落后产能，生态环境质量明显好转，经济发展与生态环境保护更加协调。

数据显示，与 2015 年相比，2019 年全国地表水质量达到或好于 III 类水体比例上升 8.9 个百分点，劣 V 类水体比例下降 6.3 个百分点；细颗粒物（PM2.5）未达标地级及以上城市浓度下降 23.1%，全国 337 个地级及以上城市空气质量优良天数比率达到 82%。

我们看到，全民义务植树如火如荼展开；野生动物保护志愿者遍布乡间山林；街头巷尾的共享单车成为一道道流动的风景；生活垃圾分类变成新风尚……大江南北的人们用汗水浇灌和培育着共同的绿色家园。

近年来，中国主动践行大国责任，建立"中国气候变化南南合作基金"，推动建立"一带一路"绿色发展国际联盟……已成为全球生态文明建设的重要参与者、贡献者。

"'绿水青山就是金山银山'美妙地阐述了人与自然和谐共生的理念。"联合国环境规划署执行主任英厄·安诺生说，世界应与中国一道，坚持绿色、可持续的发展道路。

在"两山"理念指引下，全社会共同行动，我们一定能够建设绿水长流、青山常在、空气常新的美丽中国！

（原文刊载于新华网，2020 年 12 月 1 日

记者：胡璐　王俊禄　陈圣炜）

五、一个企业家的二次创业路

溧阳，是三省通衢处，地处苏浙皖三省交界。境内天目湖、长荡湖、南山、瓦屋山等自然资源丰富，林木、耕地和水域总覆盖率达

89.18%，被誉为中国天然氧吧、世界长寿之乡，"三山一水六分田"的地貌赋予溧阳山水以灵性，享有"上有天堂，下有苏杭；出了苏杭，美在溧阳"的美誉。

但在 20 世纪七八十年代，溧阳也经历了和全国许多地方一样以牺牲生态环境为代价的经济发展方式，以至于经济虽然上去了，但环境下来了，自然资源更是遭到了极大的破坏，经济发展的后劲丧失殆尽。在这里，一个企业家的二次创业路将讲述这其中的故事。

（一）从年入百万，到企业关停

54 岁的常州溧阳人王建倍从没想过有朝一日会从采石生产石灰转行环保科技，从被投诉对象变成绿水青山的守护者。

2005 年 5 月，王建倍与好友合伙在当时的溧阳市杨庄乡石塘村投资创办了贵华建材厂，年产石灰石 5 万吨，年销售额 3000 万元，利润350 余万元。一想到当年的创业，王建倍总是露出一脸的遗憾："刚开始建厂的时候，由于开的工资高，周边的群众非常支持，还要托人打招呼到厂里上班。后来溧阳经济越来越好，企业不断增加，到 2010 年左右就不对了，溧阳人不肯到厂里上班了，嫌灰的、嫌脏的，周边的群众反映灰了、吵了。"由于历史原因，厂房离村庄只有 200 余米，在平时生产和运输过程中产生的粉尘及噪音对周边村民日常生活造成了很大的影响。接到溧阳环境保护局整改通知书后，王建倍陆续投入两百多万元改进窑顶的收尘设施、上隔音棚、上喷淋设施、采取夜间停止生产、安排专人在路上喷水等措施，但由于其石灰窑生产工艺相对落后，整改后虽能达标排放，但与周边群众对美好生态环境的追求仍存在很大差距，"民标"不过关，因此仍旧信访不断。伴随着溧阳市政府加强生态环境保护力度，全市所有的石灰窑、轧石企业都列入关停名单，王建倍的建材厂进入关停倒计时。

王建倍很失落，心疼自己几百万的年收益，不愿意主动关停。环保局工作人员上门做工作道："现在环保要求严了，不仅是你们企业在环保上面要加大投入，上至市政府要对污水进行处理，下至小饭馆要按规定安装油烟净化装置，否则群众一样信访举报。"王建倍听后不置可否地笑了笑，权当是在安慰自己。

（二）从郁郁寡欢，到小试牛刀

2012年底，贵华建材厂正式关停，王建倍在家郁郁寡欢了一整年。2013年的某天，准备午休的王建倍听到楼下传来吵闹声，探头望去，原来是小区居民因不满附近餐饮店油烟影响环境，与饭店老板在争执并向环保部门投诉。不一会儿，环保局工作人员便到达现场，对餐饮店老板油烟扰民的情况进行了核实，要求其采取安装油烟净化装置、低噪声风机、隔油池等整改措施。投诉结束后，围观的群众四散而去，但王建倍再也坐不住了，他想到拆除石灰窑时与环保人员的交流，意识到当时绝不是空话，从自己的企业轰轰烈烈到责令停产，环境保护高标准、高要求将促使环保产业这个蛋糕不断做大做强，危机把握好就是"机会"！王建倍说干就干，一边联系油烟净化器厂商，许诺大量订单已拿到最低价；一边一家一家餐馆地跑，不断开拓市场。毋庸置疑，王建倍的第一单生意就是凭借自身的"环保"经历说服了餐饮店老板。随后，王建倍高歌猛进，一举拿下溧阳餐饮行业环保治理设施的半壁江山。

（三）从开山采石，到深耕环保无人船领域

尝到甜头的王建倍，借助安装油烟净化装置的平台参加了各种环保科技产品会展。经过两年不断地学习、积累，掌握环保政策、标准，跟踪环保前沿产品，他瞄准了环保无人船领域，于 2015 年正式投资成立了江苏俊程环保科技有限公司，与珠海云洲公司合作，无人船产品广泛应用于环境监测、海洋调查、安防救援等。

2019 年，江苏俊程环保科技有限公司携无人船应邀参加生态环境部开展的长江经济带污染源排查专项行动，并运用云洲智能 TC40 型暗管探测无人船，针对长江泰州段疑似有暗管流段进行河面和河流两岸情况勘察，发现 8 处洞口，其中疑似暗管 3 处。也是在这一年，江苏俊程环保科技有限公司营收由负转正，并且年收入远远超过当年的石灰厂。

2020 年，江苏俊程环保科技有限公司的无人船艇销往江苏、浙江、上海三地多个城市，年销售额超过 1500 万，并且拥有了 20 多名员工。享受到生态红利的王建倍时常会感慨：政府当年的关停，让我跳出了石灰圈。正是由于国家对生态环境保护的重视，才让我们公司的环保无人船艇获得了市场。

（四）从灰色 GDP，到绿色生态圈

过去的溧阳，刮风扬黑灰，下雨流污水。野蛮生长、无序竞争的重污染产业给溧阳的经济增了光，却给生态抹了黑。面对曾经走过的"靠山吃山"之路，溧阳市转变思路，确定了生态立县的战略，开始积极争创省级生态文明示范区，大力度调整产业结构，打造绿色生态圈，推行清洁生产，谋划绿色发展，用智慧进行生态修复。截至 2020 年底，溧阳市相继投入 100 多亿元治山理水，先后关停石矿瓦窑 190 多个，修复废弃矿山 50 多个，系统开展区域治污一体化工程，坚决不要让溧阳碧水蓝天蒙尘的"灰色"GDP。

思路决定出路，像王建倍的石灰窑这种原来从事"重污染、高能

耗"的企业在溧阳有几十个，随着溧阳生态文明建设的大力推行，它们纷纷转行，在农庄、有机食品、建筑安装、高分子材料等方面都取得了不错的成绩。

决心成就蜕变。目前，溧阳所有国考、省考断面水质全部达到或好于Ⅲ类水质标准，达标率为100%，全市饮用水水源地沙河水库、大溪水库水质常年保持Ⅱ类水质标准。绿色，成为溧阳发展最鲜明的底色。

溧阳的生态创新，把生态资源由单纯的"原生态"转换成新的展现形式，形成了与生产、生活深度融合的"新生态"，从而更深层次释放生态红利、更广领域放大生态价值，让老百姓在"两山"转化中享受到更多实惠。

人不负青山，青山定不负人。行进在绿水青山间，今天的溧阳，必将为中国绿色发展呈现出别样精彩。

第三章　塑造城乡关系　走城乡融合之路

一、"红色动能"奏响"城市美音"

乡村振兴离不开和谐稳定的社会环境。习近平总书记指出："要加强和创新乡村治理，建立健全党委领导、政府负责、社会协同、公众参与、法治保障的现代乡村社会治理体制，健全自治、法治、德治相结合的乡村治理体系，让农村社会既充满活力又和谐有序。"

为适应城市社会组织架构，激活城市基层治理的组织优势，溧阳致力探索"区域协合、行业汇合、发展融合、治理综合"的城市基层党建工作模式，精准抓党建、精进促发展，成功创建"全国城市基层党建工作示范市"，以"党建红"助力长三角生态创新示范城市建设，以"红色动能"奏响了新时代乡村振兴的"城市美音"。

（一）区域协合，强抓城市红色引擎

最伟大的力量是同心合力。溧阳聚焦区域统筹统领，建立健全以党组织为核心的市、街道、社区、居民小区四级联动机制，市委每年与各镇（区、街道）签订《党建工作目标责任书》，高位推动"街道大工委＋社区大党委"建设，推行城市基层党建书记项目，制定街道党工委、社区党组织抓党建工作责任清单，强化基层党委抓党建主体责任，通过

清单化管理、项目化推进、科学化考评，形成市委统领负责、全域统筹推进的城市党建工作格局。

同在屋檐下，都是一家人。驻区单位互联互动，汇聚为民服务合力。坚持"能敞尽敞、能开尽开"，全市 24 家机关事业单位脱去厚厚的"外套"，拆掉冰冷的铁栅栏，"敞墙透绿"让久藏于"深闺"的机关院落美景尽收眼底。还绿于民的同时，与社区错时共享车位，累计新增停车位近 1100 个。为更好满足群众的健身需求，溧阳城投艺体馆、育才路职高篮球场等城市文体设施建成开放，成为城市里一道道新的风景线。

城市书屋"党史学习角"24 小时不打烊、"党建元素彰显工程"共建共享党建阵地、党员教育"3211"工程、"五共五促"延伸党课及微党课先后吸引 2 万余人参加……在溧阳，区域化党建可谓有声有色。

城市书房"党史学习角"

（二）行业汇合，树立城市红色坐标

沧海万仞，众流成也。在溧阳，行业党建是促进发展提质增效的又一动能。

在城市各行业，实施行业党建提质扩面行动，因地制宜、分类指导，开展集中性活动，充分发挥党组织在行业中的领导力、凝聚力和号召力。成立常州所辖市区首个律师行业党委，推动律师事务所经济和社会效益双丰收；开展物业党建集中推进，创新打造"红色业委会"；探索组建"民宿党建联盟""白茶小镇党建联盟"，在服务行业发展上聚力用劲，促进行业内企业"五指握拳"、抱团发展。

在教育系统，教育集团"一校一品"党建文化品牌凝聚起各校区共同的价值理念，推进优质教育教学资源均衡互补。在卫健系统，"专科共建医联体"党员结对提升基层诊疗水平。在城管系统，"蓝盾驿站"成为城市守护者的"路面之家"。

此外，溧阳各市级机关持续开展"机关＋企业＋村"党组织联建，从"精准滴灌"迈向"规模匹配"，促进资源整合、优势互补，做到村情清单、企业清单、资本清单、需求清单一张图。市委书记、镇（区、街道）书记、村支部书记三级书记联动攻坚，机关干部驻村担任"第一书记"，通过"领导挂钩、企业联村、干部帮户"活动，决战决胜脱贫攻坚，书写"田园生金"的溧阳答卷。

（三）发展融合，延展城市红色阵地

从传统领域到新兴领域，溧阳城市基层党建的工作触角不断延伸，支撑高质量发展的力度持续加强。

高质量发展，园区是主阵地。依托江苏省中关村高新区、溧阳经济开发区,在最活跃的经济带上,建设以龙头企业为主,辐射百家党支部、千名党员、万名职工的"30分钟非公企业党建示范圈"。在示范圈内,发挥非公企业地域相近、性质相同、人员相熟的"亲近"优势,通过整合资源、以点带面、整体提升,打造"旗红园美"发展高地。

高质量发展,企业是主力军。党组织团结带领广大员工勇于奉献,为企业发展注入"红色基因",党建工作已经成为企业做大做强的"新标识"。正昌、科华、安靠、峻益科创园等企业及科创平台,描绘了一幅"党建出生产力"的红色景象。正昌集团获评"江苏省优秀基层党组织",时任江苏省委书记的李强来企业视察时,高度评价了非公党建"五共五赢"工作机制。

高质量发展,人才是主心骨。优选40周岁以下民营企业接班人和成长型民营企业负责人,实施为期8个月的"青蓝接力"工程,提升非公企业对党组织和党建工作的认可度和支持度,加强加快培养政治、事业"双传承"的人才梯队。

(四)综合治理,畅通城市红色血脉

基层治理,构筑韧性城市的基石;志愿服务,弹奏自在溧阳的美音。溧阳坚持把党建作为推动基层治理的"第一抓手",把"党性强、党务熟、群众影响力高"的党员推选为党小组长,把"作风优、家风正、热心公益"的党员家庭推选为"党员中心户",以党小组长、党员中心户充实实体网格的红色力量,把党的组织优势转化为网格治理效能。

溧阳实施"双报到""路长制""楼长制"等党员志愿服务项目,8100多名在职党员到社区为群众服务,70多家机关事业单位认领责任路段开展文明创建,4035名机关党员担任4071栋楼宇疫情防控"楼长"。"假日妈妈""公交爸爸""自家大丫头"等基层党建服务亮点纷呈,推

动城市治理更有温度、更具力度。

"小微工作法"是溧阳创新城市基层党建工作模式的新探索，有助于打通党员干部联系服务群众的"神经末梢"。推行"小椅子工作法"，党员干部定期入户走访群众，坐下来面对面交心谈心，听取社情民意；探索"小车厢工作法"，公交车、出租车、接送车驾驶员兼任信息收集员，及时记录乘客所盼所怨所想；实行"小广场工作法"，各单位定期到人口相对集中的"小广场"摆摊设点，为群众提供咨询援助等服务。

遍布城市的 800 余个"五堂一站"，擦亮溧阳"微民生"党建品牌：道德讲堂用身边事教育身边人，如意小食堂"舌尖养老"1 万余名，文化小礼堂丰富群众文体活动，幼童小学堂让适龄幼童在家门口"上好学"，百姓议事堂调解邻里纠纷"不出村（社区）"，"心愿树"爱心工作站为困难群众提供物质和精神上的双重帮扶。

媒体展现

江苏常州健全自治法治德治融合机制

在江苏省常州市，有一家非公经济法治护航中心，很受民营企业喜欢。

"法治护航中心由常州市司法局与常州市检察院牵头，法院、统战部、经信委、公安局、税务局、工商局等 19 家相关单位联合参与建设，是常州市政府为民办实事工程，也是全国首个专门为非公经济提供菜单式一站式全生命周期服务的平台。"常州市司法局相关负责人介绍说，护航中心精准出招，持续发力，助推产业发展。

该中心设有法治教育展厅、非公经济法治功能区、护航非公经济法务研究中心和新阶层工作室，同时集合了法院、公安、环保、工商、税务等19家单位职能，并有3个专门性服务机构，另外还组建了法治宣讲团、法律维权服务咨询团、法律专家咨询团以及法律风险大数据研判分析团等4个专业团队。

除了建设非公经济法治护航中心，近年来，常州准确把握企业需求，坚持主动服务、延伸服务、创新服务，深入企业走访调研，深化企业法治体检、典型案例宣讲、法律风险提示等工作，发力助推营商环境"最大改善幅度"。

谋定而动，法治护航。如今，法治已成为助推常州经济高质量发展、护航人民美好生活的重要引擎。

常州市溧阳市戴埠镇位于宁杭生态经济带上，该镇拥有国家5A级旅游景区南山竹海。这里道路洁净如新，房屋错落有致，山水相映的"天堂南山"宛如一幅舒适惬意的田园画卷。

如画的乡村美景，正是常州聚力"依法整治环境、扮靓美丽乡村"的真实写照。

"绿色小村变化大，秘诀在哪?"溧阳市戴埠镇新桥村党支部书记陈朝晖从容自信地说，归根结底得益于法治惠民红利。戴埠镇打造的"百姓议事堂"发挥政策解释、法律咨询等功能，回应群众诉求，实现了"小事不出组，大事不出村，矛盾不上交，化解在基层"的村居治理目标。

"这是常州健全自治、法治、德治融合机制，打造'枫桥经验'升级版、助力乡村振兴的生动实践。"该村党总支副书记王根荣说。

民事民议、民事民办、民事民评，实现了法治、德治、自治同频共振。锦阳花苑社区位于常州市城区。五年前，小区邻里纠纷频发。为从根本上解决问题，社区书记李晓婷倡导并成立"说事广场"，由律师走进广场，通过生动案例进行普法宣传，同时把小区的事交给居民评断，由于"先普法、后议事"，居民们更容易形成共识。2019 年 7 月底，锦阳花苑社区成为江苏省人大常委会立法联系点。

"让法治成为常州高质量发展的最强核心竞争力。"常州市委相关负责人表示，要建设法治社会，深化法治宣传教育，让社会主义法治精神转化为全市人民的自觉行动。

（原文刊载于 2020 年 9 月 10 日《人民日报》　记者：王伟健）

二、以"绣花"功夫"绣出"品质城市

习近平总书记指出："农村现代化既包括'物'的现代化，也包括'人'的现代化，还包括乡村治理体系和治理能力的现代化。我们要坚持农业现代化和农村现代化一体设计、一并推进，实现农业大国向农业强国跨越。"

"城，所以盛民也。"一座城市的核心在人，以人民为中心来管理城市，让人民群众有真正的获得感、幸福感、安全感，这是城市管理的内在价值取向，也是城市管理得失的重要标尺。近年来，溧阳市城管局花"绣花"的心思，以"绣花"的功夫，在打造品质城管，促进城乡融合上做文章，为民"织出"了温馨有序的城乡环境，"缝出"了暖心亮丽的城市空间，"绣出"了人文高雅的品质城市。

（一）城管下乡，让农村与城市一样美

绿草如茵，鲜花盛开，城市洁净亮丽，秩序井然。然而农村的环境却与之形成鲜明的对比："道路蹦蹦跳，池塘冒泡泡，风吹垃圾跑，污水臭气飘"这段顺口溜，曾是溧阳农村的真实写照。过去，溧阳全市12个镇区（街道）173个行政村中，农村人居环境建设相对滞后，"脏乱差"在不少农村普遍存在。

这种反差让城市管理者们陷入思考：农村与城市，犹如车之两轮、鸟之两翼，缺一不可，管理也当如此，不可厚此薄彼。于是，一个颠覆性的城乡一体化的城市管理决策呼之欲出。2019年起，溧阳城管实行城管执法乡镇派驻制，市城管局将80%以上的执法力量下派到镇区（街道），建立起覆盖城乡、全域一体的城市管理新格局。

城管下乡后，实行城市农村同管理、同考核、同奖惩"一盘棋"，并将城市管理中独创的"四个一"，即一把扫帚扫到底、一个轮子滚到底、一把刷子刷到底、一个标准管到底，推广到农村。

社渚镇是溧阳西南重要贸易边界市场，汇集着苏皖两地的数千名经营者。城里的城管"正规军"来后，镇上村里联动，环境发生了翻天覆地的变化。在一年不到的时间里，社渚镇顺利通过创建国家卫生镇的考核。

为彻底改变农村环境面貌，在政府全面实施农村改水改厕、"村庄环境整治"和"美意田园"行动的基础上，下乡城管花大气力，开展户外广告、控违拆违、固废清零、溧阳1号公路和旅游景区沿线等系列综合整治，农村坏境面貌得到整体提升，一批批经过打造的美丽乡村、特色田园乡村如雨后春笋般涌现出来，吸引四面八方的游客进村游览。

如今，溧阳农村处处令人耳目一新。山区的乡村是"采菊东篱下，悠然见南山"；平原的乡村是"稻花香里话丰年，听取蛙声一片"；圩乡的乡村是"江南可采莲，莲叶何田田"。昔日一个个"神态迟暮"老村，而今变成了生龙活虎的新村。"道路平坦了，池塘水清了，垃圾进箱了，污水入管了。"农民用新的顺口溜表达了身边的环境之变。

（二）综合治理，让老城区的环境更宜居

"溧阳的街道干干净净，停车规范有序，整座城市打理得漂漂亮亮。"家住盛世华城的李女士对溧阳的城市环境赞不绝口。曾几何时，溧阳老城区的环境也不尽如人意。"停车难、设施旧、卫生差、氛围弱"成为一些老小区的普遍现象。为此，溧阳城管多措并举，由表及里，对老城区环境进行综合治理。

先治乱。重点整治乱搭建、乱设摊、乱停放、乱披挂等，特别是全面整治停车秩序，通过新建停车场、规划改造停车位、机关企事业单位开放错时停车等办法，老城区新增机动车停车泊位2万余个，并严格规范停车秩序，有效缓解了停车难的状况。

后治脏。偌大的溧阳城分布着406条背街小巷，而这些地方往往是脏乱差的代名词，不仅有碍观瞻，且影响到居民生活。为了还老城区整洁与宁静，溧阳城管重拳整治户外广告、占道经营、流动摊贩、油烟噪音污染等问题，并形成长效管理机制，从根本上改变了老城区环境面貌。

再添景。近年来，溧阳城管相继完成了"一河两路"、南环东路、昆仑西苑滨水绿地等绿化项目建设，新增绿化面积200多万平方米，建成区绿化覆盖率达41.57%，人均公园绿地面积13.79平方米，溧阳一举创成国家园林城市，老城区居民实现了"300米见绿、500米见园"的绿色生活目标。

"增绿添景，把自然的灵秀'请'进了老小区。"老城区居民说，

溧阳环湖北路

现在从家出发，河边漫步、公园小憩，春赏樱、夏赏荷、秋赏桂、冬赏梅，在奇石花草间享幽静，品诗文，感受慢生活。

（三）细处入手，让老百姓生活更温馨

建设品质城市，成为当今城市管理的一道现实课题。溧阳市城管局选择从细节入手，塑造品质城市。

公厕的变迁是城市发展的缩影。近年来，溧阳累计投入 4000 余万元，对城区老旧公厕进行统一升级改造，累计兴建和改造了 100 余座现代化公厕。这些厕所分布合理、外观各异，配备了母婴室、无障碍设施、储物柜、无线上网、溧阳山水风景画等，上厕所变成真正的享受。在国家有关部门举行的公厕评选中，溧阳 5 座公厕被评为"全国最美公厕"，溧阳公厕保洁规范化作业流程获得了全国环卫行业金奖。

在溧阳农村地区，一场"厕所革命"也拉开了帷幕，仅在两年时间内就在乡村兴建了212座公厕，并逐步将城区公厕管理经验带入乡村，让村民享受到无差异的公共服务。

在厕所革命后，市城管局又把注意力集中到与老百姓生活息息相关的菜市场。近年来，溧阳市投入1.4亿元，新建了燕鸣路、东升、清溪、甘露等4个标准化菜市场，并对8个城区菜场和14个乡镇菜场实施升级改造。经过3年的努力，溧阳城乡菜场完美呈现，菜品归类、生熟分开、井然有序。

为把菜场打造成购菜天堂，市城管局制定出台《溧阳市菜市场长效管理综合考评暂行办法》，对全市38家菜市场实行一体化考评，严格落实月通报、季点评工作例会和奖惩制度，推动全市菜市场管理水平整体提升。软硬环境的提升和改善，让菜市场唤回了人们的记忆，买菜到菜市场，成了溧阳人如今买菜的首选。

三、家门口的政务服务"便利店"

"上面千条线，下面一根针。"农村政策千条万条，最终都得靠基层干部来落实。

"四年前给老大上户口的时候，要先跑派出所、再到人社中心，现在只到家门口的为民服务中心就可以办好，原先要等十来天的社保卡，如今当天也能拿到！"在溧阳市社渚镇为民服务中心办事的村民张大哥，为新生儿上户口、办社保的一站式办理服务点赞。

近年来，溧阳市深入贯彻落实江苏省委省政府关于深入推进"一门一网一窗"改革向基层延伸拓展的有关工作要求，加快政府职能转变，牵头实施基层便民服务水平提升工程，构建全域性的政务服务体系，实现审批服务的转型升级，全力为群众打造家门口的政务服务"便利店"，促进城乡融合发展。

溧阳市行政审批局坚持问题导向、加快补齐短板，聚焦办事大厅空间容量不足、部门下派的基层站所配置不全、进驻的部门派出机构数量不多、窗口工作人员业务素质参差不齐等问题，提出让办事群众"就近办、立即办"，使得镇村为（便）民服务中心升级改造"有的放矢"。目前，溧阳全市110项高频服务事项实现就近办。

（一）就近办，构建三级政务服务体系

以点带面，构建镇级政务服务体系。溧阳市行政审批局学习借鉴先进地区经验做法，2018年率先在天目湖镇和社渚镇开展试点工作，旨在通过试点建设，树立典型样板，以点带面推动镇级为民服务中心建设。同时在软硬件设施投入、人员配备等方面予以倾斜，着力打造设施完善、功能齐全、民生事项办理全覆盖的、带有标杆示范作用的镇为民服务中心，全力实现便民服务事项"就近快办"的目标。2019年，溧阳市将基层便民服务水平提升工程列入市重点民生工程，全面推动全市政务服务体系标准化、规范化建设。

全面推开，政务服务网点全覆盖。2019年底，溧阳市率先在常州范围内建设形成以市政务服务中心为主体、镇（街道）为民服务中心为纽带、村（社区）便民服务中心为延伸，"上下联通、三级联动、阳光廉洁、高效规范"的三级政务服务体系，形成以市行政服务中心为中心、12个镇（街道）为民服务中心、229个便民服务中心为点阵、覆盖全市的政务服务"一刻钟办事圈"，网点覆盖率和完成度位列全省第一方阵，实现了审批服务的转型升级，为群众提供了"零距离"政务服务体验。

（二）服务全，实现多类民生事项可办理

应放尽放，坚持主动作为靠前服务。溧阳市行政审批局联合各职能部门对本部门权限范围内事项进行过滤，梳理确定110项"就近办"服务事项清单，同步推动基层服务大厅的联动服务和协同服务，实现身份证办理、出入境部分业务和不动产登记等业务全城通办。

村级政务服务更规范。村（社区）便民服务中心全面梳理政务服务事项清单，涵盖建设、民政、党建、卫健、医保、人社、残联、退役军人事务等与群众生产生活密切相关的服务事项，按照统一标准对外公布，使办事群众一目了然、一看就懂。

镇级审批职能更健全。2020年，溧阳市12个镇（街道）全部组建行政审批局，按照"能放则放、能放尽放、放则真放"的原则，通过征求部门意见及基层调研，初步确定15项行政权力事项和10项公共服务事项下放基层，以高效便民为价值追求，推进审批服务工作法治化、制度化、常态化，确保行政审批制度改革行稳致远。

（三）体验好，营造温馨便利的办事环境

办事环境简约温馨。从顶层设计层面开展规划，溧阳市行政审批局制定下发了《溧阳市村（社区）便民服务中心建设示范标准》，明确要求村（社区）全体工作人员进驻服务大厅，实现开放式集中办公，规范建筑要求和布局设施，标准设置服务柜台高度，拉近与办事群众的距离。同步出台扶持政策，对建成通过验收的村级便民服务中心给予经费补助。在礼诗圩、庆丰村等网红村，试点打造高端温馨服务中心，选用开放式的商务洽谈桌椅，融入党建元素，通过多样化的设计，体现较强的现代感和高端大气的空间氛围。

"一窗受理"高效便捷。优化整合"专项一窗""综合一窗",坚持"一个中心对外"原则,在市政务服务中心设立功能分区,各部门事项按照"应进必进"原则进驻服务大厅,设立市场准入、投资建设、不动产登记、公安服务事项"专项一窗",将民政、残联等部门的低频服务事项进驻"综合一窗",其余入驻部门设立"部门一窗",全面实施"前台综合受理、后台分类审批、统一窗口出件"的服务模式。

集成设置"全科窗口"。优化调整为民服务中心窗口布局,在中心综合窗口开展"全科窗口"建设,全面梳理服务事项清单,编制标准化办事指南,定期开展业务培训与考核,培养"全科全能"型人才,打造一支业务熟练、多专多能的服务队伍,有效化解业务不均衡、窗口有冷热、资源有浪费等问题。

创新开设"一件事专窗"。围绕企业和群众关注度高、办理量大的高频事项,分别在市场准入领域、投资建设领域、民生领域编制"一件事"事项清单,设立"一件事专窗",推进业务整合和流程再造,推动审批服务提质增效。

"只要登录'常州掌上计生'APP,根据要求上传材料,等通知拿卡就行啦!""准妈妈"小汪在上兴镇为民服务中心领了生育卡,就迫不及待地在电话里给朋友传授经验。

(四)云办理,提供足不出户的办事选择

系统建设,全部事项"网上办"。深化"互联网＋政务服务",全面梳理基层政务服务事项清单和办事指南,在前期政务服务专线实现基层大厅全覆盖基础上,开展"溧阳市基层政务服务业务系统"建设,实现服务事项"线上审批"。现阶段正对基层业务系统进行提升改造,建设基层一窗系统,与"全科窗口"相匹配,实现政务服务事项全流程网上办。

功能升级，简单事项"自助办"。溧阳市行政审批局主导规划和打造升级版政务服务自助一体机，使网上服务、线下服务形成闭环互动。服务对象可自行申报办理公共场所卫生许可、临时占道审批等高频审批事项，还可以跨区域查询常州范围内社保缴费、医保支出、公积金缴纳、房产信息等热门高频事项，以及办理政务服务办事指南自助查询、人证核验信息打印等便民服务，实现政务服务从"人工"到"智能"的跨越。

服务延伸，高频事项"移动办"。依托"江苏政务服务"、"自在溧阳"APP、微信小程序等媒介，全面推广"掌上办""指尖办"，构建一个功能丰富、使用方便、覆盖广泛的政务服务移动平台，打破政务服务办理时间、地点的限制，积极推动政务服务由网页向移动端转变，真正让群众办事像网购一样方便。

四、彩虹绘出幸福路

交通运输是新时代深化城乡融合、实现乡村振兴的血脉，只有血脉畅通，才会气聚势来。近年来，溧阳实施乡村振兴战略，以习近平新时代中国特色社会主义思想为指引，深入实施"农村公路＋产业、农村公路＋生态、农村公路＋文化"融合发展战略，把全国一流的"四好农村路"进一步提升为 365 公里"溧阳 1 号公路"，串起"三山一水六分田"的美丽风景，践行"绿水青山就是金山银山"的理念，让"溧阳 1 号公路"成为"生态 1 号、旅游 1 号、文化 1 号和富民 1 号"，推动城乡融合的美丽画卷徐徐铺展。

溧阳 1 号公路

地处长三角苏皖交界处的常州溧阳以"四好农村路"全国示范县创建为契机,积极探索高质量发展新途径,精心打造了全长 365 公里的"溧阳 1 号公路",以"三山(南山、曹山、瓦屋山)两湖(天目湖、长荡湖)"为中心,对内串联市域主要景区景点、312 个自然村、220 多个乡村旅游点,对外通达周边 7 个县(市),形成了一个"大环小圈、内连外引"的路网体系,促进了农村公路与地方经济社会生态文明深度融合发展。

"溧阳 1 号公路"仿佛一道彩虹,绘就了溧阳 80 万人民的幸福路,更打通了绿水青山与金山银山之间的致富路。该路成功入选江苏省首批旅游风情道,并先后斩获全国"美丽乡村路""十大最美农村路"等荣誉称号,已经成为溧阳走向全国的"金字招牌"。

(一)以路为笔,描绘全域旅游新蓝图

"溧阳 1 号公路"通过以路引景、为景串线,在串联天目湖、南山竹海等主要景区的同时,更是将美丽乡村、特色田园乡村纳入旅游目的地范畴。此外,还将李家园、深溪岕、蛀竹棵、钱家基等美丽乡村,以及礼诗圩、塘马村、杨家村、牛马塘、庆丰、南山后、陆笪等省级特色田园乡村串珠成线、以线带村,真正构建起"大旅游"格局,加速了溧阳全域旅游发展步伐。将"小农路"做成了"大文章","溧阳1号公路"像一支彩笔，描绘出了溧阳全域旅游新蓝图。

一条公路，激活了溧阳全域旅游整盘"棋"。

依托"溧阳1号公路"建设，沿线规划布局了一批精品酒店、民居民宿，设置了30座"溧阳茶舍"，打造了60余处房车营地、驿站、驿亭和观景平台。在"溧阳1号公路"沿线，仅农庄、民宿、茶舍、驿站等就有380多家。

2020年"五一""端午"假日期间，吸引150多万名游客徜徉在溧阳的秀美山水之间，生动诠释了"绿水青山就是金山银山"的新发展理念。

"1号公路"把溧阳全域变成了大景区。目前，溧阳建成省级美丽乡村示范点17个、江苏最美乡村3个、省级特色田园乡村7个、全国美丽宜居示范村3个，获评"中国美丽乡村建设示范县"，入选全省首批特色田园乡村建设试点地区。

（二）以路为引，探索融合发展新路径

溧阳在打造"溧阳1号公路"过程中，统筹考虑经济社会、城乡空间、文化旅游、土地利用、生态环境、现代农业等多个规划，将"1号公路"作为全域核心引擎，协调全域建设，辐射全域产业，带动全域效益。

在规划上，立足"一中心两副城"空间格局，对照公园城市"一路两廊"的生态框架，加快农村公路特别是"溧阳1号公路"的规划布局，做到顶层设计与民生所盼相融合，围绕生命康原、现代农业产业园等重点板块，南部山区等重点区域，进一步强化规划研究，优化道路交通布局。围绕天目湖、南山竹海、曹山等重要景区和乡村旅游特色节点，持

续推进"四好农村路"高质量建设。

在产业上，深化"农村公路＋"的发展思路，以路兴业，带动地方产业兴旺、经济振兴。以旅游公路为引领，融合周边生态环境，把优质旅游资源集聚、串联起来，以线促点、以点带面，做强做深旅游产业链，进一步带动健康产业、环境产业、文化产业、高端服务业等新兴产业发展。促进农村公路建设与农村地区资源开发、产业发展有机融合，加强特色农产品优势区与旅游资源富集区公路建设，惠及更多的群众，真正做到"做路"与地方党委政府中心工作、人民群众所盼所想相融合，推动交通共建共享、互惠互利。

（三）以路为桥，架起文化传承新纽带

"溧阳1号公路"注重做好"文化文章"，深入挖掘沿线文化资源，

"溧阳1号公路"曹山段

加强研究、讲好故事，注重运用历史典故、红色文化、传统技艺和乡风民俗，真正把乡土文化和历史底蕴展示出来，让公路提升内涵。

传承弘扬历史文化。行走在"溧阳1号公路"，宛如行走在溧阳的文化长廊，史侯祠、蔡邕读书台、欧冶子铸剑台等一批历史与文化遗存错落分布在"溧阳1号公路"周边，通过恢复文化遗存、塑造绿雕小品等方式，诉说史贞女、《游子吟》、蔡邕焦尾琴等人文历史，让忠勇、信义、慈孝、明慧的文化基因拥有传承的载体。

传承弘扬红色文化。利用水西村新四军江南指挥部、塘马战役遗址等红色遗存，深入挖掘溧阳茅山革命老区红色资源，在"溧阳1号公路"沿线布局一批爱国主义教育基地，推出一批红色体验经典线路。

传承弘扬乡土文化。重点将代表史前文明的"中华曙猿"，代表马家浜文化的"神墩遗址"，代表良渚文化的"梅岭玉"，以及溧阳社渚傩戏、蒋塘马灯、泓口丝弦等非物质文化遗产融入其中，让"溧阳1号公路"成为地方特色文化体验之路。

在"溧阳1号公路"沿线开展"美音溧阳我代言"活动现场，精彩的炒茶演示及茶道表演令人称赞，通过设置互动体验，进一步加深游客对溧阳浓厚茶文化的感悟。通达溧阳、了解溧阳、感悟溧阳，"溧阳1号公路"带来人流客流的同时，亦借文化之魂，让乡愁有了更深的底蕴。

（四）以路为媒，拓展农村致富新渠道

溧阳以"溧阳1号公路"为串联，撤并村庄农房改建迁建，推动农房建设向规划发展村集中，唤醒农村闲置土地、山林、农房等资源，推动乡村资源附加值不断提升。

得益于"溧阳1号公路"的连接打通，一大批原先"养在深闺人未识"

的小村落纷纷以路为媒，找到了新出路：有的吸引外来资本投资农业，有的发展起休闲农业和观光农业，有的探索农旅融合发展。"溧阳1号公路"累计带动了沿线近10万农民增收致富。被评为"全国最美乡村旅游目的地"的李家园村，年接待游客突破80万人次，年旅游经营收入超6000万元，旅游从业人员年收入达4.5万余元。天目湖镇竹塘村沿线村民借助道路兴旅契机，在种植蔬果的基础上，拓展起采摘、园艺、茶叶等新兴项目，纷纷开起了农家乐，每人每年增收可达2000元。

有"溧阳1号公路"开道，山水田园吸引了大批工商资本下乡。2018年以来溧商回乡创业项目达26个，总投资59.8亿元。"陶然美芥""竹马岭""香云小筑"等"溧阳茶舍"应运而生，2020年底建成星级茶舍50家以上。蓝城集团入驻杨家村，将原本的"空心村"打造成特色田园乡村样板，200多名原住村民成为蓝城的农业工人。融创中国和成都环球世纪会展旅游集团共同投资280亿元，打造溧阳历史上单

南山竹海景区

体投资规模最大的旅游项目——曹山未来城，落地"溧阳1号公路"。"溧阳1号公路"，不仅成为溧阳旅游业的"颜值担当"，更成为促进村民致富、推动乡村振兴的"实力担当"。

（五）以路为品，打造农路品牌新名片

"溧阳1号公路"在创建过程中，突出了品牌整体打造，并融入了乡村振兴、全域旅游、文化传承、生态涵养等新时代新元素。

"溧阳1号公路"品牌的核心理念是四个"1号"："旅游1号""生态1号""文化1号""富民1号"。其中，"旅游1号"是发展方式，"生态1号"是核心要义，"文化1号"是内涵拓展，"富民1号"是最终目

溧阳1号公路

标，四个"1号"是相互联系、相互促进的有机整体，缺一不可。

"溧阳1号公路"品牌在全国率先冠名京沪线等高铁列车，从车内到车外"溧阳1号公路"元素随处可见，车身彩贴、桌贴、海报、品牌天幕、门贴、语音播报、枕巾、LED显示屏等均由品牌标识以及宣传标语全方位覆盖，让乘客们在舒适的乘车环境中体验"溧阳1号公路"这一品牌的内涵和魅力。

为规范品牌使用、维护品牌价值，溧阳市已将"1号公路""1号旅游公路"作为注册商标报国家知识产权局批准，并将"1号公路"品牌标识成功申报国家版权局的著作权保护。

"溧阳1号公路"是县域小成本办大事的一个乡村振兴典范，在彰显生态特色，提升旅游内涵，丰富文化底蕴，加快城乡融合，提高富民实效方面先人一步。在乡村振兴的大背景下，溧阳将进一步推动"1号公路"与村庄环境整治、特色田园乡村建设、全域旅游发展等结合起来，统筹谋划、综合推进，整体提升城乡建设水平，真正让"网红路"成为促进城乡融合，实现高质量发展的引擎，成为广大人民群众的希望之路、富裕之路、幸福之路。

媒体展现

南京农业大学党委书记陈利根对话溧阳市委书记徐华勤

生态创新，探索城乡融合最优路径

6月5日，2020年度长三角地区主要领导座谈会在浙江湖州召开。

会议决定在包括江苏省溧阳市在内的"一岭六县"省际毗邻区域共建长三角产业合作区。此前，溧阳提出的"一岭六县"合作建设长三角产业合作区的建议，被纳入《长江三角洲区域一体化发展规划纲要》苏浙皖三省实施方案。2018 年底，由溧阳牵头编制的《苏皖合作示范区发展规划》获国家发改委函复。近年来，溧阳以"生态创新"践行"两山"理念，努力闯出一条从绿水青山通向金山银山的实践路径，为长三角生态绿色一体化发展提供了"溧阳方案"。为深度解读"溧阳方案"内涵，本期《智库周刊》邀请了南京农业大学党委书记、金善宝农业现代化发展研究院院长、教授陈利根和溧阳市委书记、市长徐华勤，展开"云对话"，共同探寻"溧阳方案"的样本意义。

把城市融入生态空间来谋划设计

陈利根： 从绿水青山到金山银山，中间有一个生态价值的释放过程。溧阳拥有丰富的生态资源，在推进乡村振兴和县域经济高质量发展过程中，溧阳如何把单纯的自然"原生态"创新为与生产、生活深度融合的"新生态"？

徐华勤： 溧阳生态环境优厚，"三山一水六分田"的资源禀赋造就了长三角地区最优美的自然生态。全市林木、耕地和水域总覆盖率达89.18％。近年来，溧阳像保护眼睛一样呵护生态资源，先后关停采石矿、砖瓦窑、码头等 190 余个，生态修复废弃矿山 50 余个，投资逾 40 亿元开展全域水体整治、污水治理，连续摘得国家生态市、国家生态文明建设示范市、中国长寿之乡、国家园林城市等"金字招牌"。

在此基础上，溧阳聚焦公园城市建设目标愿景，把城市融入生态空间来谋划和设计，精心打造以"溧阳 1 号公路"、溧阳琴廊、森林长廊"一路两廊"为骨架的生态"绿脉"，高起点建设以休闲康养为主体的天目湖"生命康原"，推动山水相汇、城景相融。把乡村作为令人留

"溧阳 1 号公路"

恋的艺术作品倾心打造，全面提升 2400 个自然村环境面貌，薯愿牛马塘、荷塘礼诗圩、蓝城杨家村等 6 个省级特色田园乡村全面建成，数量位居全省县市第一。投资 8 亿元实施"美意田园"建设行动，共育"乡"的韵味、"村"的秀美、"文"的浸润、"茶"的芬香，获评"中国美丽乡村建设示范县"。

陈利根：城市，让生活更美好。把城市融于生态空间谋划，是城乡空间再生产、景观格局再提升、城乡功能再优化的前瞻性理念。近年来，溧阳市坚定践行"两山"理念，充分发挥优越的自然和生态资源禀赋优势，通过"关停—修复—治理—保护—开发"等一系列举措，以生态资源价值转换为核心，创新性地实施了"生态产业化"和"产业生态化"的溧阳方案，优化了溧阳市的产业结构，取得了卓越成效。地方政府不仅拥有先进的区域发展理念，而且坚定地落实一体化的城乡规划方案，推动了市域范围内的城乡共同繁荣，成为以生态创新为特色的社会主义现代化建设典范。

以"生态创新"推动区域分工协作

陈利根：以城市群、都市圈、经济区为主要方式的区域一体化浪潮，正深刻改变着县域发展格局。随着生态价值的释放，地处长三角核心区域的溧阳，如何走出一条发挥生态优势、挖掘自身特质、符合长三角协作趋势的发展路径？

徐华勤：依托山水生态开展创造性实践，溧阳用生态叠加出形成全域旅游与乡村振兴的良性互动。2019 年，全市接待游客人次突破 2100 万人次，旅游总收入突破 200 亿元；旅游业增加值占全市经济总量的比重达 13.4%。天目湖集国家 5A 级景区、国家旅游度假区、国家生态旅游示范区于一体，已成为溧阳的旅游地标和城市名片。总投资 280 亿元的曹山未来城开工建设，长三角地区高品质的国际会议中心和生态文旅度假基地呼之欲出。

在这里，我介绍一下溧阳的"生态创新"理念，即在区域竞合中以生态作为基础变量、核心资源和比较优势，吸引产业、科技、人才等与其聚合裂变，带动城乡空间、公共服务、生活方面与其融合嬗变，从而在更大范围内实现以生态推动区域分工协作、城市能级提升的创造性实践。位于长三角地理中心的上海白茅岭农场和溧阳市、宜兴市，浙江省长兴县、安吉县，安徽省郎溪县、广德市等"一岭六县"，是长三角三省一市无缝对接的天然功能区块。为此我们提出建议，探索规划"长三角生态创新实验区"，这一建议案被列入 2019 年全国人大的重点建议案。在刚刚举行的 2020 长三角地区主要领导座谈会上，也提出共同放大长三角生态绿色一体化发展示范区引领作用，在"一岭六县"省级毗邻区域共建长三角产业合作区。

陈利根：在区域一体化加速的背景下，溧阳市政府立足自身发展优势，采取生态叠加与区域协作策略，主动作为。不仅推进了全域旅游发展与乡村振兴，而且推动了高端产业发展。在助力当地高质量发展的同时，发挥了自身在区域发展中的"头雁"作用。以"聚合"促"创新"，夯实区域经济发展极、催生区域产业集聚群、引进创新集成要素，展示了开放的视野、深邃的远见、创新的魄力，值得其他地区学习。

"三权分置"改革让乡村空间增值

陈利根：乡村振兴的过程，是乡村空间在县域经济价值链上不断增值的过程。近年来，溧阳围绕"生态创新"，持续探索"城乡融合"的最优路径。2020年全国两会上，您作为全国人大代表，又提出了"从国家层面进一步推进宅基地'三权分置'改革"的建议。这是基于怎样的考虑？为推进乡村空间增值，溧阳进行了怎样的探索？

徐华勤：近年来，溧阳乡村空间的增值步伐正在加速，在宅基地盘活利用等方面，实施了宅基地村内异地置换、跨村集中置换以及宅基地换股换租换保障等多种改革。而探索宅基地所有权、资格权、使用权"三权分置"改革，也是乡村振兴的重要内容。2020年3月20日，溧阳印发试行的"三权分置"实施意见，选择了天目湖镇三胜村、南渡镇庆丰村以及竹箦镇水西村作为试点，重点开展宅基地公开竞价、有偿使用、宅基地资格权置换和迁移、宅基地使用权流转等具体工作。

为此我们建议，要把农村宅基地所有权、资格权、使用权"三权分置"改革作为推动县域城乡融合发展的突破口，以县域为单元，提升改革能级，鼓励有条件地区，深化探索、闯出新路、实现突破。在严守土地公有制性质不改变、耕地红线不突破、农民利益不受损"三条底线"，保障农民"户有所居"的基础上，进一步探索宅基地"三权分置"的实现形式，推动农村土地资源社会效益和经济效益"双提升"，实现国家、集体、个人利益"多方共赢"，重塑城乡土地权利关系。

陈利根："三权分置"是中国特色社会主义理论的重大创新。"三权分置"改革是继家庭联产承包责任制后农村改革领域的又一项重大制度创新。其内涵是：落实宅基地集体所有权、保障宅基地农户资格权、放活宅基地使用权。其要义在于：在坚守"三条底线"的前提下，顺应城乡关系的新变化，以有效的市场和有为的政府，有序显化农村宅基地的价值，以资源要素市场化，提升社会经济效率，推动区域经济社会高质量发展。溧阳市的"三权分置"实施意见全面系统、积极审慎且富有创新性。通过宅基地"三权分置"改革，溧阳一定能释放出区域发展的新动能。

把生态优势转化为创新力量

陈利根：保护生态不是不要发展，更不是不要工业，关键是什么样的发展、什么样的工业。在"生态创新"驱动下，溧阳是如何依托良好生态基底，把生态优势转化为科技、人才等创新力量，在更高层次实现生态价值的？

徐华勤：近年来，溧阳深入推进供给侧结构性改革，构建了以先进制造经济、高端休闲经济、现代健康经济和新型智慧经济为主体的"四大经济"体系。目前"四大经济"占比突破50%，较2016年上升13.6个百分点，制造业税收占全部税收收入的43.5%。依托江苏中关村集聚先进动力电池产业链项目46个，计划总投资超600亿元。2020年1—4月，产值逆势增长37%，加快向具有全球影响力的千亿级绿色储能基地目标迈进。

与此同时，溧阳还创新企业精准扶持、资源节约集约利用和要素差别化配置政策，为企业发展提供最强支撑。其中2019年兑现各类涉企扶持资金超9亿元，减税降费15.6亿元。持续深化"放管服"改革，推动行政审批从"3550"向"1230"常态化迈进，打响"溧即办"政务服务品牌，县域营商环境指数跃居全省"第一方阵"。创新能级持续提升，江苏中关村创新驱动评价指数位居全省省级高新区第一，向着国家级高新区创建目标全力冲刺。溧阳荣膺第十八届中国经济论坛"2019中国创新榜样"。这种"环境更友好、发展可持续、群众得实惠、政府有收益"的"幸福经济"正在溧阳呈现精彩的现实模样。

陈利根：生态是一种共享资源。一个地区一旦在区域格局中确立了自身的生态优势，生态优势就转化成为其他地区无可比拟的绿色基础设施，能够为绿色高端产业集聚提供持久的动力，有效支撑本地多种高附加值产业发展，也有利于当地形成"生态产业化"和"产业生态化"的共生格局，进一步发挥协同效应。当然，一个地区的全面发展除了需要优美的自然生态环境支撑外，还依赖于清明的政治生态、文明的生活环境、公正的法治环境、优质的政务环境。溧阳的实践无疑是最生动的例证！最有价值的探索！

（原文刊载于 2020 年 6 月 9 日《新华日报》 记者：蔡炜　李先昭）

第四章　创新治理体系　走乡村善治之路

一、"三治融合"打通乡村善治路

在 2020 年 12 月 28 日至 29 日召开的中央农村工作会议上，习近平总书记强调，要加强和改进乡村治理，加快构建党组织领导的乡村治理体系，深入推进平安乡村建设，创新乡村治理方式，提高乡村善治水平。实现乡村振兴，加强和改进乡村治理既是重要内容，也是重要基础和保障。为推进乡村治理体系和治理能力现代化，2019 年底，中央农办、农业农村部牵头，会同多个部委在全国确定了 115 个县（市、区）开展乡村治理体系建设试点示范。

溧阳作为全国首批乡村治理体系建设试点示范，近年来，紧紧围绕乡村振兴战略总体部署和试点要求，积极创新乡村治理方式，以切实增强广大农民的获得感、幸福感和安全感为前提，不断优化治理体系，提升治理能力，着力打通自治、法治、德治融合路径，力求构建和谐有序、充满活力的乡村社会，塑造了良好的乡村治理生态，有效回应了农村现实问题，为乡村善治提供"溧阳方案"，为以更大力度推动乡村振兴提供了"溧阳借鉴"。

（一）完善多元治理，在治理体系上做到持续优化

国家层面为乡村治理提供了制度框架，全国各地在创新乡村治理方式上进行了积极尝试，为乡村善治开展了具体可落地的探索。实践证明，实现自治、法治和德治的有效结合，首先必须加强党的领导。自乡村治理体系建设试点工作开展以来，溧阳市委、市政府坚持党建统领全局，把党组织建设作为推动乡村治理的"第一抓手"和"红色引擎"，推动基层组织建设和乡村治理深度融合、齐头并进，积极引导党员、乡贤、专家、群众和社会组织等多方参与，能够有效纾解乡村治理中的难点、痛点和堵点，加快构建共建共治共享的乡村治理格局。

下移组织重心，强化党建引领。有效的乡村治理不是空中楼阁，它需要解决"谁来治理""治理什么""如何治理"这三个问题。溧阳迅速构建市委书记、镇党委书记、村书记"三级书记"联动抓治理的责任体系，用高质量党建激活乡村治理的"一池春水"。基层党组织是乡村治理的"压舱石""定盘星""掌舵人"，主导乡村治理的发展方向。夯实党组织网格基础，突出"组织建在网格上"，在全市554个农村网格中同步建立党支部（党小组），网格党组织书记与网格长同步匹配，发动基层党员担任网格员，统筹好网格内党的建设、基层治理、公共服务等各项工作，确保组织架构和治理网格全面融合。建强农村基层党组织，让其成为宣传党的方针政策、落实党的决策部署、领导乡村治理、推动乡村振兴的坚强战斗堡垒。锻造基层治理铁军，立足严管厚爱，每3年评选"为民务实清廉十佳村书记""耕耘奉献奖"等一批先进典型，近3年共评定5A村书记101人次，不断锤炼村书记"主心骨"。构建选拔任用、培训管理、激励保障"三位一体"的村干部专职化管理体系，进一步增强村干部的领导力、号召力和组织动员能力。坚持分级培养、分层比选、分类管理，实现村书记轮训全覆盖，推行优秀村干部跟班锻

炼机制，加大招录力度，4 年累计引进 40 名"定制村官"，有力提升了农村后备干部队伍水平。持续开展机关干部"第一书记"驻村结对帮扶，选派机关干部 37 名，带动资源和政策下乡，推动经济薄弱村经济发展、农民致富，发挥农村基层党组织在乡村振兴中的主导作用，为乡村治理提供坚强组织保证。辐射党员服务能量。积极推行党员中心户，以党小组为单位，从致富能手、村组干部、基层代表、退伍军人等群体中择优选定党员家庭为"党员中心户"，悬挂牌匾亮明身份，一人联十人，十人联百户。推行党员服务代理机制，成立村级党员服务代理站，梳理出 10 大类 74 项便民服务事项，让党员代替群众跑。创建"红管家"党建工作品牌，挑选年轻党员担任村党组织的"红管家"，进一步提升基层支部战斗力。建立"老支书服务站"，邀请 150 名老支书和乡土人才，专业指导农民 5800 余人次。同时设立 10 个红色电商服务中心，利用"溧阳智慧城市""淘宝兴农扶贫"等平台展示时令产品，做到线上线下同步销售。

下沉专业要素，汇聚专家智慧。随着乡村经济社会的快速发展和社会结构的日渐开放，各种合作社等经济组织、志愿者团体等社会组织，以及企业等市场主体也逐渐参与到乡村治理之中。这些多元主体的参与为乡村治理贡献了积极力量，以"百姓议事堂"为载体树立本土乡贤威信。主要遴选为人公道正派、责任心强、威信高的农村家族长辈，在村内有一定威望、敢讲公道话的人士担任理事，灵活运用树下议事、茶馆评理、板凳会议等乡村传统模式，把村民的议事场所搬到了田间地头，化"行政权力硬性管理"为"榜样示范韧性沟通"，引导周边农民了解和参与乡村治理。目前，溧阳共有"百议堂"理事 3508 人。以乡土人才为纽带畅通政府沟通农民。组织实施两轮"天目湖英才榜"乡土专家培育三年行动，选拔并亮明"土专家""田秀才"身份，激励他们用自身本领、手中绝活带领周边农户共同致富。目前累计确定了粮食、水产、畜禽、苗木、园艺、茶叶等6个专业乡土专家180名，后备人才83名，培养了一支能适应农业农村发展的高素质乡土人才队伍，为溧阳乡村振兴提供了强有力的人才保障。以"三官一律"为支撑打造治理专家库。集合政法专业人才，深入开展"百名法官进百村"暨"审务进基层、法官进网格"行动，选派100名员额法官、法官助理，挂钩镇街219个村居，每1—3个村居设定1名联系干警，送审务进基层，融法官、检察官、律师进网格，为村级重大事务决策、重点项目和合同协议、农村纠纷解决提供个性化服务和咨询。组建以来已参与化解纠纷380余件，开展法治宣传36场、受众1500余人。以网格化管理为手段推进智慧防控。下足网格化社会治理的绣花功夫，推进智慧防控。全市共划分网格980个，其中，村、社区综合网格754个，学校、医院、企业、园区、大型商业综合体等专属网格226个，配备267名专职网格员（其中镇级配备专职网格员148名，市级中心配备网格监督员119名）、1952名兼职网格员。将涉及基层社会治理的30个职能部门工作纳入网格，结合实际形成具有溧阳特色的网格事项清单，建立上下贯通、左右衔接的一体化信息系统，谋划推进"智慧脑"和"智能针"的试点建设，实现社会治理基础数据、服务项目等资源的信息共享，切实提升溧阳在社会治理方面的信息应用、研判分析、预警防控能力，打造"上面千条线、下面一张网"的工作格局，推动乡村治理的全面有序开展，为乡村治理提供智力支撑。搭建乡村秩序建构的平台载体。实践探索表明，"百姓议事堂"等不仅为村民参与的乡村治理提供了多元化渠道，而且规范了基层的权力运行，形成了正确价值导向，化解了矛盾纠纷，继而为形成良好的乡村秩序提供有力支撑。

紧密依靠群众，营造共享氛围。人民群众是历史的创造者，广大村民是乡村治理的重要力量，要充分激发村民参与乡村治理的主观自觉性。牢牢树立乡村治理为群众的思想，坚持从群众中来，到群众中去的工作方法。密切干群关系，在农村土地确权、集体产权制度改革、人口普查等公共政策贯彻中，加大走访力度，摸排农民需求，化解群众矛盾。完善联防联控，总结新冠肺炎疫情防控经验，建立巩固"网格化＋楼长制"，形成市、镇（街道）、村（社区）、网格、楼栋五级主体体系。重点聚焦农村基本公共服务供给、加强互帮互助社会网络建设、传承农村优秀传统文化、加强生态环境治理等，都是与乡村秩序建设直接相关的问题。目前，溧阳4035名机关企事业单位人员参与大棚城区4071栋楼宇"楼长制"工作，推动强化网格服务功能。讲好"小城故事"，大力挖掘和宣传身边涌现的凡人善举、好人好事。以"光脚妈妈""溧阳托举哥""深山沟故事"等一批正能量典型事迹和人物，滋养溧阳整体人格。应变局、开新局，溧阳加快数字化建设步伐，架构至市网格化平台，作为居民版网格通，进一步拓展人民群众参与网格化社会治理的渠道，激发群众共治潜能，形成了"人人都是网格员、个个都是志愿者"的良好氛围，推动乡村治理智能化、精细化、专业化。

（二）强化多措并举，在治理目标上瞄准靶向发力

民惟邦本，本固邦宁。实施有效的乡村治理本身就是一项长期性战略。只有方式科学、方法合理，才能事半功倍。综观各种实践探索发现，坚持自治、法治、德治"三治融合"是契合乡村治理需求的有效方式。聚力"三治融合"，因地制宜，精准施策，通过改进管理体系、促进民主管理、推动依法治理、强化道德渗透，着力打通三治融合路径，构建以自治"化解矛盾"、以法治"定纷止争"、以德治"春风化雨"的一体化治理模式，推动溧阳乡村治理更加规范化、现代化。

推进"村改居"治理模式。溧阳按照公共服务和社会治理要求，探索"撤村建居"，积极推进管理体系变革。稳步推进溧城镇北水西村、

昆仑街道胥泊村开展试点，探索居民化服务体系，加快城乡融合发展，适应城市社会发展需求。围绕"撤村"，北水西村量化资产总额 2272.52 万元，确定股东数 3208 名；胥泊村核实资产总额 2029.53 万元，股东数 2419 名，按人均 1 股确定股份。完成集体产权制度改革后，两村村民代表大会高票通过"撤村"事宜。围绕"建居"，溧城镇出台了《溧城镇撤村建居试点工作方案（试行）》和工作流程，探索组织覆盖融合、党群服务融入、党员作用融汇、网格要素融通，共建"美意家园"、共守"美丽约定"、共有"美智服务"、共享"美好生活"的"四融四美"治理路径。昆仑街道试点工作方案也已经基本完成，加强摸排调研、优化区域设置，为下一步全面推开奠定了良好基础。

深化村民自治实践。自治是基础，其优势是在确保党和国家政策得到落实的同时，能减少乡村治理成本；在保障乡村社会和谐稳定的同时，能激发乡村社会活力。溧阳加强农村群众性自治组织建设，全面推行村党组织书记、村委会主任"一肩挑"，强化村民角色。把社会主义核心价值观、移风易俗、民法价值等内容纳入村规民约，将村集体股份经济合作社分红权与遵守村规民约挂钩，不断提升村规民约的执行力和约束力。加强和规范村务监督委员会，明确其人员组成、职责权限、监督内容、工作方式、管理考核等内容，促进村级民主管理。强化农村"三资"管理，全面实施村级资金非现金结算，建立以资金、资产、资源、合同管理和产权交易等为主要内容的"一库九平台"集体"三资"阳光管理系统。进一步深化农村集体产权制度改革，赋予农民对集体资产更多权能，激发农民参与乡村治理的积极性，推动形成多层次自治格局。

加快法治乡村建设。法治是保障，它在减少村民行为不规范性、铲除黑恶势力等方面具有重要价值。溧阳突出农村基层法治建设重点，坚持法治思维和法治方式精准推进，坚持一个清单管到底。制定《法治乡村建设责任清单》，健全乡村法治建设组织保障和落实机制，统筹涉农执法司法守法、职责一体、整体推进。用好两种援助方式，借助线上"12348"平台和线下法律服务队提供给农村群众自主选择，"12348"平台咨询数量连续五年直线上升。强化五支队伍支撑，发动法官、民警、法律顾问、普法志愿者、人民调解员"五员"为法治乡村保驾护航。开展法官、法官助理对接网格员行动，推行"警官兼村官"制度，实现了一村（社区）一法律顾问全覆盖，为依法治村提供专业支撑。目前，共建有各类人民调解组织 305 个，配备人民调解员 1174 名，其中，专职人民调解员 357 名。2016—2020 年，溧阳市、镇、村各级普法志愿者累计服务时间分别为 18754 小时、19588 小时和 14257 小时。打造具有影响力的普法品牌。开办了《清风溧阳》《法治大讲堂》《天平》《政风热线》《环保》《法润溧阳》等专版专栏。创作《丁丁说警事》《丽丽阳阳学法季》《绿色出行》等 19 部法治动漫与微电影，积极营造法律就在身边的浓厚氛围。

强化文化道德浸润。德治是灵魂，它通过价值引领和风尚传扬，能从思想观念、价值取向、行为选择等方面对村民进行规劝和引导，进而自觉遵守乡村社会规范，共同营造良好的乡村秩序。溧阳深化新时代文明实践中心建设，把营造向上向善的社会风气作为创新乡村治理的重要内容。溧阳坚持以群众需求为导向，以志愿服务为基本形式，提升拓展道德讲堂、百姓议事堂、文化小礼堂、如意小食堂、幼童小学堂、爱心工作站"五堂一站"品牌内涵，弘扬道德精神。立足将社会主义核心价值观落细落小落实，创新健康服务站、小城故事等阵地建设，着眼成风化俗，凝聚民智民力，凝练集体人格，提升群众归属感和幸福感，形成推动乡村治理的强大正能量和焕发溧阳之治的精神力量。

（三）聚焦和谐发展，在治理成效上力求人民满意

没有良好的秩序，则很难实现产业振兴、人才振兴、文化振兴、生态振兴等全面振兴的目标。而有效的乡村治理恰恰是建构良好秩序的源头活水。溧阳市委、市政府在乡村治理体系建设试点示范初期就明确了工作目标，将农民群众过上好日子作为检验成效的试金石，切实加强组织领导，细化方案落实，以和谐发展助推环境整治、产业发展、乡风文明等方面的融合发展，确保试点工作取得实效。

协同机制有效构建。溧阳成立了以市委书记为组长、分管领导为副组长的领导小组，主要领导亲自部署，一线指挥，设立了工作专班，并将乡村治理工作纳入市重点工程和年度考核。农业农村和组织、宣传、政法、民政、司法等部门多方联动、协同运行、强化合力。9 个牵头部门立足自身职能，制定"时间表"、划定"路线图"，向 16 个方面全面发力，稳步有序地推进试点任务，农村硬环境和软实力不断提升。

人居环境优美舒畅。环境是诗意的灵魂，更是一座城市的软实力。一个地区经营好生态环境、文化环境，才会在更大的范围内配置资源，吸引更多的人流、物流、资金流。自溧阳乡村治理工作开展以来，农村基础设施建设不断加强，开展全域农村生活污水治理、美意田园行动，整体打造贯穿全域的"溧阳 1 号公路"，实现农田变景点、农村变景区，农村生态底色亮丽多彩。

精神风貌向善向好。溧阳深刻认识农村精神文明建设在实施乡村振兴战略中的重要地位，准确把握做好新时代农村精神文明建设的基本任务和要求，大力加强农村精神文明建设，切实提升农民精神风貌，为乡村振兴提供坚强的思想保证、强大的精神力量、丰润的道德滋养、良好的文化条件。截至 2020 年底，溧阳全市注册志愿者达 14 万余人，占溧阳常住人口比例接近 18%。先后涌现出"投身公益 20 年，志愿服务

近千小时"的中国好人潘伟、累计"无偿献血 150 余次，血量 3 万余升"的献血达人史建中等优秀志愿者，打造了全国最佳志愿服务项目"风信子"、江苏省志交会金奖项目"心愿树"等优秀志愿服务项目。汇众社、聚惠、晨曦等志愿服务组织不断壮大，"爱公益、爱生活、爱溧阳"在溧阳成为新的追求。

媒体展现

上兴镇："美德积分" 激活乡村治理 "一池春水"

为进一步创新乡村治理方式，在全镇营造涵养文明、崇德向善的浓厚氛围，以榜样的力量助力乡村振兴，自 2019 年起，上兴镇通过实行以"兴善、兴学、兴业"为主题的"美德积分"活动，形成量化评价体系，用"小积分"汇聚"大文明"，并固定以"点赞大舞台"文艺表演进村（居）形式，对先进人物进行现场表彰，不仅激发了广大基层群众参与社会治理热情，更激活了乡村治理的"一池春水"。

"点赞大舞台" 让百姓学榜样

"龙峰村郑小胜十多年来全心全意敬老爱老，投身公益事业；万家边村向家田几十年如一日照顾岳父一家；缪巷村委上强村芮俊见义勇为，勇救多名落水者……让我们一起为他们点赞！"在上兴镇龙峰村党群服务中心前的广场上，一场以"讲述身边故事，点赞先进人物"为主题的"点赞大舞台"文艺演出吸引了不少村民驻足观看，基层宣讲员奚冬云正号召村民为基层先进人物点赞。这是上兴镇探索实施"美德积分"，以榜样的力量助力乡村振兴的一个精彩镜头。

"文艺演出我看过不少，但像今天这种以'为先进人物、先进事迹点赞'形式的活动倒是第一次见，我觉得这种形式非常好。"作为一名普通的龙峰村村民，也是点赞召集人的奚冬云认为，以"点赞"形式对基层各类先进人物进行表彰，并以现场宣讲的方式，将村民自己的故事讲给百姓听，既增强了先进人物的自身荣誉感，也给村民们树立了学习榜样。

"榜样的力量是无穷的，借助'点赞大舞台'，引导广大百姓积极向上向善，才能汇聚起乡风文明的正能量。"上兴镇党委宣传委员徐婷说，目前"点赞大舞台"系列活动已在上兴全面开花，接下来，将借助现有资源及平台继续提升"点赞大舞台"活动内涵，让榜样的故事传播得更远、更广、更深入人心。

"美德积分"让德者亦有"得"

牙膏2分、酱油5分、食用油10分……在上兴镇新时代文明实践广场的"博爱超市"里，货架上整整齐齐地摆放着牙膏、毛巾以及油盐酱醋等生活用品，和一般超市不同，这些东西都没有标注价格，只有分值。原来，这里就是上兴镇"美德积分"积分兑换点，个人可凭积分存折在此兑换商品。

"这里的商品不能用钱买，想要东西，只能用'美德积分'来换。"负责登记、摆放商品的志愿者王晶说，不论是在外工作生活的上兴籍人士，还是在上兴工作生活的新上兴人，只要是在助人为乐、见义勇为、诚实守信、敬业奉献、孝老爱亲、勤劳致富、热心公益、低碳环保等8个方面表现突出的先进人物，都可以成为"美德积分"实施对象。而他们在日常生活中的文明行为都可以量化为"美德积分"，不同的积分可以在超市里兑换价值不同的商品。

每年各村（居）都会深入挖掘辖区范围内的各类先进人物及其事迹，并进行书面申报，经镇"美德积分"工作小组审核后，会为符合条件的先进人物设立个人美德积分存折并存入相应积分。个人可凭积分存折至积分兑换点进行兑换，而各先进人物的美德积分累计总和为村（居）集体积分，年度积分前三名的村（居）将给予一定奖励。"用美德换取积分，让有德之人亦有得，这是我们开展'美德积分'活动的一个重要理念"，徐婷说。

"'美德积分'推行后，村民们攒积分、比积分、亮积分，参与村庄治理的积极性高了，各村日常治理工作也明显顺畅了。"徐婷表示，今后，上兴镇将持续开展美德积分活动，力争在全镇范围内形成人人弘扬传统美德、家家树立文明新风的生动局面，为推动乡村治理、实现乡村振兴注入源源不断的生机与活力。

（原文刊载于 2019 年 10 月 17 日《溧阳时报》

记者：许燕　李金堂　宋林珍　小波）

二、"四一三"工程构建乡村治理大格局

2013 年 12 月 23 日，习近平总书记在中央农村工作会议上指出："加强和创新农村社会管理，要以保障和改善农村民生为优先方向，树立系统治理、依法治理、综合治理、源头治理理念，确保广大农民安居乐业、农村社会安定有序。"

近年来，溧阳坚决把基层治理作为乡村振兴的"第一抓手"和"最大引擎"，推动乡村振兴与基层治理"深度融合"。溧阳埭头镇紧紧围绕

"党建、多元化化解、综合治理及文明乡风培育"等四个方面开展乡村治理体系建设，推进党建"一雁三制"、调解"一贤三域"、综治"一打三管"、文明"一组三引"的"四一三"工程，从群众视角找准创新社会治理的突破口，以"网格化"管理提档升级为抓手，打好基层社会治理"组合拳"，全力构建乡村治理大格局。

（一）党建"一雁三制"，扛起干事创业"硬担子"

溧阳着力提升农村基层党组织的组织力，努力把好事办好，提高群众获得感、认可度。走进埭头镇余家坝村的如意小食堂，村支部书记朱俊正给前来吃饭的老人们讲解健康知识，"餐前 10 分钟"宣讲越来越受到大家喜爱。"每次来小食堂，我们都特别期待 10 分钟的宣讲，健康养老、安全防护、政策实事等内容贴近实际，让我们受益匪浅"，82 岁的村民史田生连连称赞道。

突出政治引领，强化理论武装。群众需要什么，党员干部就讲什么。埭头镇"充分强化'头雁矩阵'建设，每月固定召开一次'书记讲坛'，由镇属各部门、村党组织负责人轮流根据工作实际，向镇村两级的年轻干部讲授工作经验、方法和心得，向居民群众送上理论宣讲、生态环保、文明家风、文化惠民、移风易俗等知识，确保一个声音传到底"。埭头镇党委副书记范国芝说。

面对党员管理中出现的"作用难发挥、表现难评价、效果难长效"等问题，溧阳市埭头镇全面推广党员积分制，做到一事一记录、一月一审核、一季一公示、一年一核算，全面提高党员参与治理的积极性。

"党员身上有担子、心中有压力、工作有动力，促使其主动扛起责任、积极联系群众，尽自己最大力量办实事、办好事。"镇组织委员狄颖静说："余家坝村实施党员评星定级制以来，党员干部理论学习更加自觉，三会一课、主题教育等学习参与率均达100%；党员先锋模范作用更凸显，2020年党员干部自行组织志愿活动达20余次，获得了群众的普遍赞扬；全村干事创业的合力更强，带动了更多人主动参与村级事务、帮扶困难群众。"

在此基础上，埭头镇通过选树一批党员先锋模范和群众满意党员典型，使民心聚集在村社党组织，进一步增强基层党员的归属感。埭头镇埭头村通过树立典型、评选优秀党小组长和积分制等措施激发党员的积极性，党员发挥模范作用的自觉性进一步提高，党群关系更加密切，乡村治理效能进一步提升。

（二）调解"一贤三域"，社会矛盾化解"不上交"

法治乡村建设既是全面依法治国的重要组成部分，也是实施乡村振兴战略的重要抓手和根本保障。"因地制宜摸索有效化解模式""借力乡贤成立乡贤调解组织""建立专业调解组织化解专业领域矛盾"，这是埭头镇近年来化解社会矛盾探索出的"妙方"。

"像埭头村化解矛盾'票决制'、余家坝村委'矛盾化解4步法'等，都是根据自身实际和矛盾的个性化情况，在夯实和规范村级人民调解委员会、百姓议事堂建设的基础上积极探索出的行之有效的矛盾化解方法与模式。"溧阳市埭头镇政法和社会事业局芮云凯说。

加强党的领导，统一组织机构。工作网格下沉到村，溧阳形成各级联动的工作模式，为加强乡村法治文化建设提供组织保障。"依靠埭头人、办好埭头事"，按照这一原则，2020年4月溧阳市公安局埭头派出所推出的一项新机制——依托公调对接平台建立"乡贤调解"机制。该机制旨在坚持和发展新时代的"枫桥经验"，摸索乡村治理中矛盾化解新方法，在化解矛盾纠纷时引入公检法机构的骨干专家和乡村贤能之士的力量，建立乡贤驻派出所工作机制，形成由派出所主导、骨干专家和乡贤人员进行配合参与的矛盾纠纷多元调解新格局。截至目前，"乡贤调解"共协助埭头派出所调处各类矛盾纠纷23起，调处成功23起，调解成功率达100%，有效地维护了社会稳定，群众满意度也显著提升。

溧阳打造专兼结合的农村普法队伍，完善多元化纠纷解决机制。对于专业性较强的纠纷，一方面全面提升公调、诉调、交通事故调解、消费纠纷调解平台的工作水平，推动审务下基层进网格，将调解的触角延伸到每个角落，将每个村的"三官一律"联系方式上墙公示，便于群众能在有需要时第一时间找到专业援助；另一方面针对埭头镇农村养殖水面多、种植大户多的特点，由农业部门牵头成立了土地确权、承包、劳资等一系列调解小组，由专业人士去化解疑难复杂的涉农纠纷。"这既提升了调解成效，增强了党员责任感，也提升了基层党支部战斗力"，芮云凯说。

（三）综治"一打三管"，隐患消除解决"不留根"

溧阳统筹推进综治、维稳的管理及网格治理工程，深入持续推进扫黑除恶专项斗争，着力构建乡村治理新体系，切实维护农村和谐稳定和提高文明水平。突出企业、重点地区和安全薄弱环节，进一步明确各部门责任，全面实现"网格"包联，确保平安防控无死角、无漏洞。成立网格服务站，形成"一张网"服务格局。着重信息采集、便民服务、矛盾化解、隐患排查、治安防范、人口管理、法理宣传、心理疏导，做实网格等八大职能。同时，进一步加强网格员配优、配全及工作业务培训力度，定期召开"优秀网格员"和"优秀网格长"讲坛，切实提升网格员的业务素质及日常工作处置能力。

"社会治理由显性问题解决向预警问题解决转变，切实做到'一张网'服务到底，人在网中行、事在网格办的社会治理格局。"埭头镇政法委员周和平说："把党组织与村级网格同步设置，使网格化党建与社会治理同步推进，积极构建科学合理、健全完善的基层党建网格化管理服务体系，形成横向到边、纵向到底、条块结合的基层党建工作网络，进一步促进基层党建全覆盖、社会动态情况全掌握、公共服务无遗漏、社会管理无缝隙的社会管理目标。"提高"初信初访"办理满意率，进一步夯实信访工作首问负责制和领导包案制。埭头镇以抓铁有痕的力度开展农村地区"黄赌毒"整治、非法宗教整治等专项行动，始终保持对刑事犯罪打击的高压态势，努力压降发案数、提高破案率，增强人民群众的安全感。

切实提升农村法治文化品质，提高农民尊法学法守法用法意识，溧阳将法治乡村建设推向深入。"风清气正、社会安定、邻里和谐，我们的乡村治理得一天比一天好"，这是老百姓最朴实，也是最能体现幸福感、获得感、安全感的评价。

（四）文明"一组三引"，德治教化引领"新风尚"

在法治乡村建设中，文化建设是核心问题，溧阳在乡村治理的进程中，提升了村民的精神面貌，树立了全新的社会风尚。2020年11月，埭头镇富润水郡小区旁，一对母女在寻找走失的宠物猫途中起了争执，在牵拉推搡中女儿不幸落入了河中，情况十分危急。不会游泳的母亲在呼救完后毫不犹豫地跳入河中救女儿。听到呼救声后，戴鑫龙直接从围栏上翻越过去，以百米冲刺的速度跑到河边，随后跳入冰冷的河水展开救援，因施救及时，这对母女并无大碍。当被问及时，戴鑫龙笑道："恰好我遇上，不能见死不救，这是应该的，换了谁都会这么做的。"这份见义勇为的果敢，舍己为人的担当，引得众人交口称赞，其实这仅仅是溧阳文明乡风的一个缩影。

近年来，溧阳坚持以习近平新时代中国特色社会主义思想为指导，以培育和践行社会主义核心价值观为主线，坚定"移"心，善用"巧"力。埭头镇通过深入挖掘乡风文明的闪光点，全面奏响风清气正的最强音，深刻诠释了埭头镇作为"史氏发祥地"、全国文明镇、国家卫生镇、全国环境优美乡镇的题中应有之义和内涵，努力打造文明乡风的"埭头样板"。

坚持思想引领，依托"中国好人"计耀明、"江苏好人"朱俊，依托宣传栏、文化墙、微信公众号等宣传媒介，努力打造"埭你听""埭演人"等特色宣讲品牌，用贴近群众、贴近实际的家常话，进一步凝聚思想共识，不断激发移风易俗内生动力。依托道德讲堂、文化小礼堂等阵地广泛开展群众喜闻乐见的新时代文明实践活动，以优秀传统文化潜移默化地引导群众形成新风尚；强化制度约束，制定出台《关于进一步深化移风易俗工作意见》《移风易俗八提倡八反对》，实施承诺制、备案制、公示制、责任制、监督制、问责制"六项制度"，明确办理婚丧嫁娶"十不准"，划定"人情上限"，规定"操办红线"，落实"责任底线"，算好"经济账""长远账"，积极营造风清气正良好生态；抓好示范带动，抓牢党员干部这一突破口，层层签订移风易俗承诺书，带头抵制不良风气，并自觉接受社会监督，力争以优良的党风政风带动社风民风。深入挖掘移风易俗工作中涌现的好做法、好人物，通过召开座谈会等方式，总结学习推广先进经验，多渠道讲好榜样故事，以点带面，用有形的正能量、鲜活的价值观引领人们向上向善。

治理强、发展强，溧阳夯实支撑点、找准着力点、突出落脚点、把握关键点，用高质量治理推动乡村振兴高质量发展。全国文明乡镇埭头，正持续创新深化乡村治理建设，加快推进乡村治理体系和治理能力现代化。从乡村组织振兴入手，激发巩固拓展脱贫攻坚成果同乡村振兴有效衔接的"组织动能"，努力提升文明村镇创建水平，因地制宜、多管齐下，努力打造环境美、景色美、风尚美、风气美的精美埭头，从党员干部到基层群众，从集镇到乡村，婚事新办、丧事简办、孝老爱亲的社会风尚愈加浓厚，群众精神面貌焕然一新。全面深化乡村治理新格局，埭头正全力展现作为全国文明乡镇的风采，完善乡村治理组织体系，全面提升乡村治理效能，切实助力乡村振兴。

媒体展现

被命名 107 个全国文明村镇　文明聚起江苏乡村 "精气神"（摘编）

在近日举行的全国精神文明建设表彰大会上，南京竹镇镇、常州仙姑村等 107 个江苏村镇被命名为"全国文明村镇"，比 2017 年增加了 27 个。

"全国文明村镇"每三年表彰一次，是综合评价一个村镇物质文明、政治文明、精神文明、社会文明、生态文明水平的最高荣誉。暖暖远人村，依依墟里烟。在文明擦亮的金字招牌下，一幅水清、岸绿、景美、人暖的乡村振兴人文画卷徐徐展开，聚起江苏乡村"精气神"。

依托载体，让无形变有形

思想引领，文明塑魂。近年来，江苏省把理论宣讲和惠民服务、文化生活等有机融合，在乡镇组建多层次、多样化的宣讲队伍，打造板凳课堂、百姓茶馆、群众舞台等品牌项目，让党的创新理论和精神文明理念"飞入寻常百姓家"。

把思想、道德、观念等无形的东西转化为有形的项目、载体和抓手，新时代文明实践如滚滚春潮，激荡着江苏钟灵毓秀的土地，滋润着基层人民的心田。江苏省从"爱、敬、诚、善"入手深化社会主义主流价值建设，激发了基层志愿服务潜能，形成崇德向善的浓厚氛围。

据不完全统计，全省共组建近 12.9 万支文明实践志愿服务队伍，680 多万名注册志愿者开展集中性文明实践志愿服务活动 103 万场次。一组组数据令人鼓舞，一个个变化更是引人赞叹，文明日益成为江苏城乡大地的亮丽风景。

移风易俗，破旧立新暖人心

江苏省推动移风易俗工作深度融入文明创建和文明实践。坚持自治、法治、德治相结合，开展封建迷信、厚葬薄养、高额彩礼、黄赌毒、非法宗教等专项整治，有效净化社会风气。

新农村有新变化，新农民享受新生活。在自我管理、自我服务、自我教育、自我监督之中，农民精神风貌和乡村社会文明程度不断提高。

溧阳市埭头镇余家坝村推行墓穴迁移政策，规定凡是余家坝村居民去世后统一安置在生态公墓且达到村里丧事简办标准要求的，主家只需交纳 500 元墓穴成本费，同时村里还免费配套 1 块墓碑。村里还新建"家宴中心"，凡本村居民举办红白事符合村里规定的简办标准的，均可免费使用场地，并由村集体提供免费厨师、鼓乐、志愿文艺演出等，以优惠政策转变村民观念。

好民风、好家风、好乡风，让人们在日常生活中感悟道德力量和伦理温度。

"三美融合",绿满山川画卷舒

生态文明建设绘就了美丽乡村新画卷。从美丽生态,到美丽经济,再到美丽生活,"三美融合"给江苏镇村带来勃勃生机。

以生态文明理念,引领新时代乡村振兴。随着文明程度的不断提高,环境优美、生态宜居、底蕴深厚、各具特色的江苏美丽乡村展现出新的活力。

(原文刊载于 2020 年 12 月 4 日《新华日报》 记者:陈洁)

三、"百议堂"开启乡村治理新模式

乡村治,百姓安、国家稳。党的十九大报告对实施乡村振兴战略提出了"产业兴旺、生态宜居、乡风文明、治理有效、生活富裕"的总要求。其中,"治理有效"作为推动乡村振兴的保障性要素,在诸因素之中发挥着举足轻重的作用。乡村振兴,"治理有效"是基础和根基。2014 年,溧阳市古县街道新桥村按照"试点先行、探索经验、逐步推广"的思路,在全国首开先河,创立"百议堂"(百姓议事堂),创新村级社会治理模式,全方面治理村庄,助推乡村和谐振兴。

(一)因地制宜,创设百姓议事堂

溧阳新桥村共有 11 个自然村,1000 多户家庭,3600 多人口。近年来,农村多数年轻人常年在外工作,逢年过节偶尔回家,基本不参与农村基层组织事务。留守村里的则是为数不多的老人和妇女,他们看家不作主。群众对村级组织的归属感淡薄，平时村里组织会议或开展活动，参加者寥寥无几，活动效果欠佳。

农村工作面对的是基层群众，在集体土地一二轮承包、征地拆迁、筑路浚河、村道通达、行政村合并等具体工作中，有些小事、易事，因处理不及时、方法欠妥或手续不完备，日久年长，村干部或当事人几经更替，逐渐拖成大事、难事。如，在2014年，对农村土地确权和农村经济组织成员界定中，因多牵涉到村民利益，仅凭村组干部去做工作，难度相当大，群众会觉得村组干部有意维护官方。加之，常年在外工作人员，接触面广，获取的信息量多，法律是其常用的武器。留守的老人和妇女，也通过媒体学法知法，凡事爱用法律较真。全民普法懂法，是社会的进步，同时对基层干部开展群众工作带来新挑战。

近些年，村镇几经撤并，有些行政村规模相当于过去一个小乡。村干部职数相对偏少，工作面广量大。同时，上级各部门强调"工作向基层延伸"，村级事务繁杂琐碎，基层治理制度建设尚不成熟完善。村级自治组织会不自觉地以上级党委政府"操办者""执行者"的角色展现在群众面前，"自治色彩"弱化。下级村民小组职能难以发挥，甚至名存实亡，为数不多的村干部疲于应付日常事务，没有更多精力走家串户了解民情，久而久之，群众和基层干部隔阂日渐明显，导致有些基层矛盾久拖不决，甚至出现越级上访的现象，影响农村稳定大局。

村民委员会作为我国最基层的一级政权组织，与机关单位工作不同，其面对的是基层群众，每项工作都直接和百姓打交道。所以，在基层工作，光干活不行，能否得到群众的理解和支持，才是工作制胜的法宝。为此，在溧阳市委市政府的指导下，新桥村积极开始基层治理新模式，通过在上级政府及行政村设立"百姓议事堂"机构，零距离贴近百姓，广泛察民情、听民声、纳民意、聚民智，着力把"百姓议事堂"打造成务实为民的"五大平台"：一是密切联系群众的连心桥，二是反映社情民意的晴雨表，三是调解群众矛盾的主阵地，四是主动服务群众的快车道，五是基层民主自治的阳光房。

（二）百姓参与，架起党群连心桥

提升乡村德治水平。深入挖掘乡村熟人社会蕴含的道德规范，结合时代要求进行创新，强化道德教化作用。溧阳市古县街道新桥村建立"百姓议事堂"机构，把群众信赖的、有一定威望的人士组织起来，担当"村民代表"和"群众代理"的角色，最大限度调动他们的积极性，参与基层社会事务的管理。他们既可以出面与政府部门沟通，又可以出面调解群众矛盾，逐步建立基层社会治理与群众有效衔接和良性互动的机制，大力提升基层自治能力，最大限度激发群众创造活力，促进干群之间和群众之间的和谐。

2014 年，戴埠镇在全市率先进行"百议堂"村级自治模式创新试点

从群众中来，到群众中去，是溧阳设立"百议堂"最基本原则。"百议堂"理事大多来自群众，平时生活在群众之中，最大的优势就是可以工作在群众之中，可以把工作做在前头，把功夫用在平时，通过地头田间的交流、街头村尾的闲聊、入户召开板凳会议、结对开展夜访民情等多种形式，贴心倾听民意、面对面议民事、背靠背征真言，第一时间掌握群众的思想动态和利益诉求，牢牢把握工作主动权，有效处置影响社会稳定的热点敏感问题，筑牢维护社会和谐稳定的第一道防线，实现"小事不出组、大事不出村、矛盾不激化、问题不上交"的既定目标。

形成多层次的基层协商格局，创新村民有效自治的有效形式。农村矛盾纠纷枝节盘根、纷繁琐碎、错综复杂，有时清官也难断家务事，溧阳"百议堂"针对农村实际，坚持走群众路线，充分相信群众，发挥群众的主体作用，依靠群众身边人、知心人来调解矛盾，切实提高矛盾调处的时效性，形成"依靠群众、源头预防、依法治理、促进和谐"的新格局。

广大党员干部全面提高服务群众主动性，但如何提早介入、主动服务，需要第一时间掌握群众需求。溧阳"百议堂"把工作触角延伸至每一个群众，第一时间倾听群众呼声、了解群众需求，从而更加广泛地为群众办实事、做好事、解难题，努力创造"听百姓声音、请百姓参与、为百姓服务、让百姓满意"的新经验，智慧汲取毛泽东同志"把支部建在连上"的宝贵经验。

溧阳"百议堂"为群众提供了能说话、说心里话的平台，通过以平等参与、互动交流、现场办公等多种形式，让老百姓参与其中，敞开心扉说真话，向上级政府反映问题、建言献策，共同协调解决老百姓最关心、最直接、最现实的问题。更打开了基层政府部门工作的大门，把群众"请上来"参与基层管理，探索建立村民参与式治理之路的创新之举，强化基层自治功能，确保社会和谐稳定。

（三）完善制度，处理事务透明化

群众是基层治理的主体，百姓的事情百姓议，村里的事越议越透明。"百议堂"作为新的农村基层民主议事制度，使村民们在实践中逐步形成了有事要商量、有事好商量、有事多商量的共识。为推进基层治理精细化、构建全面共建共享的社会治理格局创造了有益经验。溧阳新桥村"百议堂"不设理事长等职务，设联络员 1 名，由村党总支部书记兼任，负责组织、协调、记录等工作，突出理事公正、独立地开展工作，让群众真切地感受到理事是自己的"代理人"，理事不仅要能够在群众身边，更要能走进群众心里；按各村民小组人口比例，聘请 30 名左右理事，主要遴选为人公道正派、责任心强、有威望、敢讲公话的人士进入理事队伍，并要实现"三个全覆盖"：每个村民小组，每个家族，每个退休老党员、老干部、老教师全覆盖。

平时，"百议堂"主要受理土地流转、邻里纠纷、婚姻赡养等农村常见矛盾纠纷。理事们深入基层走访，听取收集群众意见和建议，及时了解社情民意，掌握经济社会发展新情况，发现群众矛盾的苗头后第一时间上报。联络员根据实际矛盾、涉及内容，选择了解情况的理事，将各种问题、意见摆上台面，民主协商，有效沟通，切实做到"意见受尊重，诉求有回应"，将问题解决在萌芽状态，让群众解决自己的问题。同时，"百议堂"接受群众民主监督，每年定期召开不少于 3 次的扩大会议。由"百议堂"联络人负责召集全体理事（以及不在理事名单内的村民代表）参加会议，必要时可根据议题内容邀请上级村领导参与，民主协商本村年度经济社会发展计划、重点工程建设、村级财务支出，以及群众关注的其他重大事项，接受群众现场质询、批评建议，通过观点交锋、讨论争辩，统一思想、达成共识，做出科学决策。村委干部能现场解决的现场解决，不能现场解决的安排专人办理，并在 10 个工作日内将办理情况书面答复理事；对暂时不能解决的，在 5 个工作日内向其本人解释说明，并与其签订"理解承诺书"，确保事事有回复，件件有落实。各类会议、调解活动，全程记录，连同各位理事日常记录的"民情日志"，装订成卷，统一存档保存，既是档案，也备日后查阅。

（四）干群合力，处置乡村疑难案

从"议事"到"办事"，从"盆景"到"风景"，基层鲜活经验转化为接地气、惠民生的长效机制，溧阳全市也形成了党群干部同频共振、互促共进的议事、干事、成事的良好生态。

邻里纠纷是农村较为普遍的矛盾，开始可能是小矛盾，但是若不加以正确引导，可能会引发恶性事件，影响到农村的稳定局面。"百议堂"的理事们第一时间主动介入，开导调解，晓之以理，动之以情，一些矛盾随之化解，维护友好和睦的邻里关系，树立善良和谐的村风民风。

"百议堂"使村民自治真正变成了村民自己的生活实践，村民事务的决定和处理变成了从个体到公众的直接选择，"议事"不仅可以消除自治过程中自治组织机构的疏离，更体现出村民意志和民心的走向。"百议堂"依靠群众身边人做工作，依靠了解情况的权威人士调解，讲村民听得进的话，设身处地化解矛盾，提高调处时效性，千方百计把问题解决在基层，解决在当地，营造群众和谐共处的农村环境。

了解村情大小事。"百议堂"成为反映社情民意、转变干部作风、密切干群关系和干部不忘初心服务群众的平台。在处理土地确权工作中，因承包期限长，村民之间出租转让等情况复杂，且大多是口头协议，调处相当艰难。村委利用"百议堂"开展"百人议百事"活动，用群众喜闻乐见的方式解决群众生产中的困难和矛盾，做到"民事民治、民事民议、民事民办、民事民评",极大地丰富了"政社互动"和"协商民主"的内涵,更好地解决了疑难矛盾纠纷。有4户家庭在10多年前转包了近120农户的180多亩农田,开塘养鱼,后因亏损,鱼塘废弃。前些年,农户要求养鱼户复垦还田。养鱼户据理力争,想到二轮承包结束归还,矛盾尖锐。"百议堂"理事耐心说服劝解,同时经上级、村里两级政府协调,并向上级土管部门申报土地复垦项目,有效化解了矛盾。垢山一组村民要求将集体部分土地的征用费分给各户,这与基层财经制度有冲突。群众不理解,到村委闹事,"百议堂"及时召开村民会议,举例其他组类似情况的处置办法。最后征地费记在集体账上,用于公益事业,专款专用、公开透明,接受村民全程监督,事态得以平息。

"百议堂"作为沟通干部群众的重要纽带,不仅处理村里的各种矛盾事务,更是在村级事务管理中发挥着独特的作用。"百议堂"的理事们不仅是工作人员,也是当事群众,群众利益也是他们的利益。他们作为当事人,能够更好地成为群众的"利益代表",群众对他们更加信任,处理事务时更易沟通,事情更容易得到解决。

凝聚民心解民忧。据不完全统计,新桥村"百议堂"建立以来,调处化解各种矛盾180多起,其中有关土地确权的36起,且大多是涉及历史的疑难问题,许多信访老户纷纷停诉息访;进省赴京的信访事件一直保持零纪录。"百议堂"真正成为老百姓说话的地方,倍受百姓欢迎!

7年来,溧阳新桥村"百议堂"已成为文明实践好形式的模范,激活了乡村治理一池春水!"百议堂"已成为溧阳村民想在一起、干在一起的好载体;协商于民、协商为民的好载体;依法治理、源头治理的好载体;管牢权力、管控风险的好载体,成为溧阳构建新时代乡村治理体系的务实之举。

"你若盛开,蝴蝶自来。"新桥村"百议堂"先后获得江苏省民主法治示范村、江苏省和谐社区建设示范村、溧阳市优秀人民调解委员会等各类荣誉，已成为溧阳、全省，乃至全国乡村治理的一面鲜艳闪亮的旗帜！

人民网、央广网、新浪网、《法制日报》、《江苏法制报》、《常州日报》等多家媒体争相报道"新桥模式"，多地多部门纷纷前往学习取经：2015 年 3 月，江苏省委组织部专程到新桥村摄制"百议堂"微电影，江苏省民政厅赴新桥村"百议堂"调研；2016 年 1 月，江苏省委宣传部参观"百议堂"；2016 年 5 月，山东省济宁市兖州区组织部参观"百议堂"；2017 年，苏州市政协参观"百议堂"；溧阳市委党校每年都组织学员们前往参观学习……

"路漫漫其修远兮，吾将上下而求索。"如何更好地处理群众矛盾，办理村庄事务，全方位建设美丽新农村，溧阳新桥村"百议堂"在上级部门的领导下，将整合公检法司力量，开展法律咨询、法制宣传教育、人民调解、法律援助和提供法律意见等各项服务，为矛盾化解工作提供法律服务保障，引导群众依法表达诉求，依法维护群众合法权益；培养更多的群众理事生力军，考虑对群众理事进行授证、表彰，予以物质保障，建立科学合理的激励保障机制和工作绩效考核机制，持续提高理事工作规范性和积极性；整合便民服务站、党员义工队伍，以及各条线部门在基层设立的群众工作资源，让"百议堂"成为基层社会治理与群众有效衔接、和良性互动的更加完善有效的机构，从而更好地联系群众、服务群众，努力探索"听百姓声音、请百姓参与、为百姓服务、让百姓满意"的新经验。溧阳着力振兴和发展乡土文化，深化基层治理，培育"议事文化"，强化为民服务，打通乡村有效治理的"最后一纳米"，驶入乡村全面振兴的"快车道"。

常州溧阳村村都设"百姓议事堂"
村民调处纠纷的"草药方"

江苏省溧阳市近年经济社会发展迅速，经济总量位列全国百强县。与此同时，基层社会矛盾纠纷也进入高发期，如何用法治思维和法治方式调处纠纷？5月中旬，记者来到江苏省溧阳市，实地了解农村法治建设现状。

百姓的事百姓议

凡是关涉群众切身利益的问题，都由"百姓议事堂"协商讨论。

在溧阳，农村改革正如火如荼地展开。

"农村土地经过三轮承包改革，如今进入土地确权阶段。与此前相比，附着在土地上的拆迁补偿等利益很大，土地确权工作在推进中遇到的矛盾纠纷很多。"在溧阳市戴埠镇新桥村，村支书陈朝辉向记者介绍当前农村社会矛盾的聚焦点。

"原来分的柴火山常年没人去打理，有的连东南西北的'四至点'都搞不清楚。现在土地要确权，曾经的荒凉地有可能就是明天的金银山，有的群众争得厉害。"

"当年分承包地时，树多的地少分，树少的地多分，现在，要确权，分到地少的群众不满意。"

……

采访中，村民们七嘴八舌地议论。面对这些复杂问题，陈朝辉说：

"国家政策规定得很原则，老百姓的诉求又非常具体。历史遗留问题该怎么解决？等政策、靠政策、要政策，是不行的。"

说一千道一万，老百姓最终看的是矛盾纠纷能不能解决，合理诉求能不能满足，利益分配能不能公平。为此，新桥村请来村里德高望重的老人，帮助村"两委"拿出解决问题的办法。戴康留就是其中一位。

"我们这些老家伙，大多是老党员，做过多年的村干部，对村里集体土地的历次承包分配，情况比较熟悉，东家长西家短搞得比较清楚。村'两委'让我们来做调解，拿出具体的确权标准，村民们大都很信服。"戴康留说。

"百姓百性百条心"，面对利益分配，各家有各家的想法。在戴康留看来，要做通各家的思想工作，关键靠自身做事公道，只有这样，调解工作才能腰杆硬。

从最初的几位年长老人主持调解，到后来越来越多的村民参与讨论，新桥村正式建立"百姓议事堂"，凡是有关土地确权、流转、承包、征收等关涉群众切身利益的问题，都由"百姓议事堂"协商讨论。"百姓议事堂"也渐渐成为新桥村、戴埠镇乃至整个溧阳市农村社会治理的品牌。

如今，溧阳全市 173 个行政村均成立了"百姓议事堂"，邀请大家信得过的百姓代表，采用身边人理身边事的方式，闻民声、解民忧、议村务、促新风，成为密切党群干群关系的"连心桥"，反映社情民意的"晴雨表"，调处群众矛盾纠纷的"草药方"，基层民主法治的"阳光房"。

普法宣传新平台

充分发挥政策解释、法律咨询等功能，堵住了矛盾纠纷产生的源头。

"陶老师，您评评理，儿子儿媳不赡养我，我不如死了拉倒。"一天，新桥村陈阿婆神情沮丧，哭哭啼啼来到"百姓议事堂"，向新桥村退休老师陶正华诉苦。

原来，81 岁的陈阿婆年轻时就丧夫，好不容易把唯一的儿子养大成人。谁知，儿媳黎某嫌婆婆整天唠叨，一气之下将其拒之门外。陈阿婆的儿子慑于妻子的霸道，竟默许了妻子的做法。

"堂前椅子轮流坐，媳妇也要做婆婆。你们对母亲不孝，子女会看在眼里，记在心里。"陶老师找来陈阿婆的儿子儿媳，当面谈话，讲述老人的辛酸与委屈。

"妻贤夫祸少，子孝母心宽。"陶老师阐释传统孝道和婚姻法、老年人权益保障法，指出为人子女不赡养老人、虐待老人、遗弃老人应当承担的民事和刑事责任。

经过两个多小时耐心细致的调解，老人的儿媳认识到自己的错误，保证以后善待婆婆。一起赡养纠纷案成功调解。

"不由政府一家'登台唱戏'，而是充分考虑社会组织参与管理。'百姓议事堂'具有亲民性、草根性、本土性，在开展矛盾纠纷化解、法治宣传、特殊人群管理等司法行政工作中发挥作用大。"溧阳市司法局局长戴一平认为。

清官难断家务事，"百姓议事堂"抽调法律顾问、退休老干部、老教师和公道正派、威望高的家族长辈等群众工作骨干力量，充分发挥政策解释、法律咨询等功能，回应群众诉求，堵住了矛盾纠纷产生的源头，也成为农村法治宣传教育的有效平台。

除了"百姓议事堂"以案释法、一案一议的普法模式，溧阳市司法局等部门还根据普法对象需求实施"订单式"普法，推行法律"一对一"服务，由一个部门针对一类群体"小灶普法"，实行滴灌式普法，提升普法针对性。

"溧阳具有深厚文化底蕴及法治文化传统，历史上著名的孟郊名诗《游子吟》、民间故事'乌饭救母'和'伍子胥千金报德'就发生在这里。

我们坚持法德并重，弘扬法治精神，把高尚道德情操和现代法治文明相互融合。"溧阳市委常委、政法委书记邵钦华介绍。

特色法治文化、本地诚信文化、现代德孝文化、尊老道德文化、"法治信义"品牌文化……在溧阳乡村，法治宣传教育由"广撒网"变为了"精聚焦"。

群众参与动真格

扩大议事堂矛盾纠纷调处范围，构成"多元化"调解机制。

农村法治建设离不开村民的自觉参与和积极行动。溧阳市别桥镇党委书记姚觉成在介绍当地"百姓议事堂"的经验做法时说："'百姓议事堂'的实质是让群众民主管理、民主决策、民主监督。"

在农村治安防控方面，群众参与、群防群治的优势十分明显。溧阳依托"百姓议事堂"等载体，扩大议事堂矛盾纠纷调处范围，拓展治安防范等功能，落实"派驻式"人民调解室建设，推动建立由司法招录培训派驻、财政渠道保障经费、公安机关管理使用的人民调解员队伍，协同多部门联动，构成"多元化"调解机制。

溧阳市委组织部的同志介绍，不久前举行的基层换届选举不仅实现了零上访，而且村民参与热情高涨。"许多在外面打工的村民、党员买了飞机票都要回来参加选举。这和'百姓议事堂'等社会组织作用发挥有关系。大家看到了参与民主政治是动真格的，协商议政是有实效的，所以积极性很高。"

村干部由村民选出，他们的一言一行对村民影响很大。他们也是党和政府密切联系群众的桥梁和纽带，是建设法治农村的关键少数。

"农村法治建设的成败，关键在党员领导干部，在当家人、带头人。"邵钦华说，只有村两委坚强有力、风清气正、厉行法治，这个村的风气才好、人心才齐、力量才大。

为此，溧阳市组建了普法宣讲团，定期和不定期相结合，根据"两委"干部法律需求，开展送法下乡活动；组建了法律顾问团，为每个村聘任一名法律顾问，定期组织"两委"干部上法治课，并提供免费的法律咨询。

此外，溧阳还聘任大学生村官担任普法宣传员，在日常工作中潜移默化地引导村干部带头尊法学法，提高依法办事的能力。

随着全面依法治国的推进，农村法治生态也在发生可喜的变化。在溧阳市竹箦镇派出所，记者看到，全新的现代化办公办案设备投入使用。嫌疑人从进入派出所的那一刻，就全程录音录像，保障了人权，防止了刑讯逼供。

"过去，农村征地拆迁，派出所会出警维持秩序，如今，出警前，派出所领导班子都很谨慎，要问清楚征地拆迁的手续是否齐全、程序是否合法。绝不会为非法拆迁、野蛮拆迁提供保护。"竹箦镇派出所所长王峰说。

（原文刊载于 2017 年 6 月 7 日《人民日报》

记者：张鑫　唐璐璐）

四、"小网格"架起服务群众"连心桥"

2018 年 1 月，《中共中央国务院关于实施乡村振兴战略的意见》明确提出："加强农村基层基础工作，构建乡村治理新体系。"构建乡村治理新体系，就是把夯实基层基础作为固本之策，建立健全党委领导、政府负责、社会协同、公众参与、法治保障的现代乡村社会治理体制，坚持自治、法治、德治相结合，确保乡村社会充满活力、和谐有序。2020

年初，溧阳市委市政府推行乡村治理系建设试点示范工作。金庄村借鉴城市社区管理经验，在乡村网格化服务管理的道路上先行"试水"，以党建为引领，积极实践"三实四化"网格化治理体系，将党的建设与基层社会治理深度融合，用一个个"小网格"架起了服务群众的"连心桥"，不断推动乡村振兴迈出新步伐。

（一）先行先试，启动网格化乡村治理模式

位于茅山革命老区的溧阳社渚镇金庄村，辖区面积广，自然村分散，留守人口多。该村共辖 25 个自然村，37 个村民小组，有 1335 户、4320 人，党员 123 名。自 2020 年以来，在社渚镇党委、政府的指导下，金庄村党总支统筹考虑自然村位置、人口数量等因素，尝试在辖区建立网格联络员、网格长、网格员、十户长、楼栋长、网格志愿者、村民共建共管的网格化服务管理模式，统筹开展党的建设、社会保障、城乡一体化、公共服务、社会救助、普法宣传等工作。

金庄村把全村划分为四个基础网格，原彭庄片区 4 个自然村设为第一网格；下庄片区 8 个自然村设为第二网格；上店片区 6 个自然村设为第三网格；6 个搬迁安置村设为第四网格。该村建立了网格联动工作指挥室，党总支书记任总网格长。4 个网格分别设立网格长，由村两委党员干部担任；网格员由部门干部兼任。同时，根据村民居住范围、人数，每 10—20 户设置"十户长"，共 58 人，由中共党员、村民小组长或 10—20 户村民推选德才兼备者担任。

分工一经明确，他们各司其职，在各自网格内有序开展村民信息登记、社情民意收集、社会治安巡查、应急管理、矛盾纠纷调解、政策法规宣传，以及组织村民参加相关活动。同时，积极开展便民利民服务，面向空巢老年人、留守儿童、五保户、残疾人、家庭困难居民等弱

势群体，开展上门送温暖、康复指导等服务。

（二）凝心聚力，构筑网格化联动坚实堡垒

加强农村基层党组织建设。扎实推进抓党建促乡村振兴，突出政治功能，提升组织力，抓乡促村，把农村基层党组织建成坚强战斗堡垒。"乡村是最基本的治理单元，既是产生利益冲突和引发社会矛盾的重要源头，也是协调利益关系和化解社会矛盾的关键环节。"溧阳金庄村党总支书记丁国平介绍，自 2020 年以来，该村通过建设网格化联动工作站，按照"三官一律"进网格的组织模式，以党建为引领、以法治为保障、以德治为基础、以自治为关键的差异化治理，实现了"小事不出村、大事不出镇、矛盾不上交"。同时，建设改造党群服务大厅、党员活动室、党员会议室、新时代文明实践站、图书阅览室、健身室、儿童活动室、老年活动室、公开栏等，并优化功能室配置，提高服务群众利用效率。

金庄村网格化联动工作相关负责人陈恩源介绍，该村还积极打造了网格化联动工作室，主要用于网格化联动工作的指挥调度、统筹安排，及时发现处置网格内的各类问题隐患等。工作室配置了 LED 显示屏，视频电话等设备，安装了蓝天卫士千里眼及治安监控"天眼"系统；蓝天卫士千里眼可以巡查全村大部分区域，在秸秆禁烧期间发挥了重要作用。治安监控系统可以控制全村 12 个路口摄像头，同时与社渚镇派出所、镇网格中心联动处置突发事件。

值得一提的是，在具体的工作实践中，金庄村还形成了"三个一"（即"一格、一访、一党员"）工作法。所谓"一格"，是指划分网格、定人、定岗、定责，将管理和服务工作全部下沉到网格内，切实做到事事有人管、人人有责任。"一访"是指网格员巡查必访空巢老人、留守

儿童、残疾人、优抚对象、流动人口、困难居民等，每月走访覆盖一遍普通居民家庭。"一党员"则是指每个网格内根据党员数量，每5—15户设立一个"党员中心户"，积极发挥党员先锋模范作用，协助网格员开展好各项工作。

（三）网格联动，打通服务群众"最后一纳米"

构建乡村治理新体系，对于推进乡村治理创新和转型，提升乡村治理能力，满足国家治理的现实要求，维护人民群众的基本权益与利益需求，都具有十分重要的意义。为此，溧阳打出乡村治理的"组合拳"，运用网格联动提高乡村治理和服务水平，寓管理于服务之中，在完善服务中提高管理效能，在加强管理中提高服务水平。

据溧阳金庄村党总支书记丁国平介绍，"村里很多年轻人都外出工作，留守的大多是老人、孩子。以前因为信息不畅通，一些惠民政策、重要信息常常会'丢三落四'，不仅影响到村民的利益，也会造成村干部和群众之间的误解。"村两委在充分征求村民意见后，全面采集每户的基本信息，邀请每户家庭的一名代表加入网格化服务管理工作微信群。截至目前，全村建立22个微信群，加入群户数达95%以上，能够及时掌握各类不安全、不稳定因素和群众关心、关注的热点、难点问题，做到第一时间发现，高质高效处置。与此同时，对于低保、五保等特殊家庭建立清单，并由网格员提供上门服务。2021年春节疫情常态化防控期间，通过全村22个村民微信群，每日发布最新风险等级提醒，做到精细化防控，全力落实网格责任，由网格员实时解答外出务工、学习人员提出的返乡期间的防控政策规定。按照社渚镇疫情防控指挥部工作部署，严格执行"五包一"要求，建立由固定村领导、村卫生室医务人员、网格员、民警及志愿者共同组成"五包一"的金庄村防控工作组，构筑起了保障村民身体健康的第一道屏障。

不久前，溧阳一家医院找到金庄村工作人员，打算免费为村里65周岁以上的老年人以及有眼疾的村民开展普查义诊活动。相关事宜通过村里的网格化服务管理工作群迅速传递到家家户户，确保不漏一户、不掉一人。从便民通知到政策传达，从农技讲座到教育培训，从文化娱乐到百姓议事……上有千条线，我有一张网。小小的"网格"，打通了服务群众的"最后一纳米"。

据统计，溧阳金庄村网格化服务管理工作实施以来，通过来访来电、网格巡查、微信群采集等方式，每月办理村民困难申请、户籍迁移、土地征租用、医疗救助、法律援助、疫情防控、咨询服务等660余件；网格员收集社情民意100余条，真正做到了村民需求，事事有回音、件件有落实。

如今的金庄村通过小网格，架起了服务群众的"连心桥"，打开了乡村善治的新路径。

五、探寻乡村善治的硬核力量

乡村治理是一项复杂的系统工程，关系基层的改革发展稳定和乡村振兴战略能否实现。打造诗意县域，不仅仅是留住中华民族农业文明的根，也是为现代城市留一条回乡的心灵之路。要实现乡村治理"上面千条线、下面一张网"，那这张网就必须要做到全时空布局、全要素汇集、全方位保障、全过程覆盖。近年来，江苏省溧阳市高质量融合全科要素，高效能整合资源配置，针对基层社会矛盾纠纷多发的实际，在全市所有行政村（社区）探索推广了"民事民议、民事民办、民事民评"

的"百议堂"（百姓议事堂）群众自治新方式，百姓诉求实现"全覆盖"，有效拓宽了群众参与基层社会治理的渠道，成为创新基层社会治理的一个成功范本，荣获"中国十大社会治理创新奖"。

（一）激发民主活力，百姓的事百姓议

融合化雨露滋润，乡村治理主体的多元化，使溧阳的乡村振兴生机勃发。2014 年，溧阳市戴埠镇新桥村被列为常州市唯一的土地确权颁证试点村。由于当时农村种粮效益低，很多农户都把田地抛荒或者送给其他农户耕种，而且大部分都是口头约定，这就给确权带来很大难度。

新桥村 4 户村民十几年前转包了村里 120 多户 180 多亩田地开塘养鱼，确权时，原承包户要求"田归原主"，但养殖户坚持要按协议拖到承包结束，双方矛盾十分尖锐。时任村支书的陈朝辉感到压力很大。

乡村治理，关键在人，重点要发挥人才的支撑作用。新乡贤在乡村治理中被赋予了新的使命担当。新桥村延续当地"吃讲茶、讲公话"的传统，请村里威望高、群众信得过的老干部、老党员、老教师等担任理事，组成"百议堂"，集体商议解决矛盾纠纷。结果，不到一个月时间，全村 24 个村民小组 1070 户群众 3267.67 亩土地确权工作顺利按期完成。

民事民议、民事民办、民事民评，凡是涉及群众切身利益的问题，都由"百议堂"协商讨论解决——"百议堂"在新桥村一炮打响，一跃成为溧阳全市行政村（社区）的基层治理标杆，并以"民事民议、民事民办、民事民评"的特点广受社会各界赞誉！

溧阳抓住这一契机，迅速在全市范围内推广，并将"百议堂"作为基础型社会组织予以培育孵化，在溧阳 227 个行政村（社区）进行推

广。很快，"百议堂"成为新桥村、戴埠镇乃至整个溧阳市农村社会治理的一个品牌，凡是有关土地确权、流转、承包、征收等关涉群众切身利益的问题，都由"百议堂"协商讨论。

溧阳市上兴镇牛马塘村是一个有84户村民的小自然村。几年前，村里计划打造"曹山花居"高端民宿，牵涉到村民土地问题。由于村民意见不同，拆迁补助方案迟迟定不下来，村委会提议通过"百议堂"来解决。议事之前，身为"百议堂"理事的族中长老易景明立下规矩："关闭电话，现场讨论；合理合法表达诉求；少数服从多数，一锤定音。"3个多小时的集体商议和民主讨论，所有流程公开透明。最终，26票同意、9票反对，补助方案顺利获得通过……如今的牛马塘村已成为江苏省省级特色田园乡村，旅游度假区的红利优势给广大村民带来诸多实惠。

"自从有了'百议堂'，矛盾纠纷一扫光；村里事务大家议，民主决策心亮堂。"牛马塘村村民自编自唱的这首歌谣，反映了广大群众对"百议堂"的认可。如今，溧阳227个行政村（社区）均成立了"百议堂"，邀请大家信得过的百姓代表，采用身边人理身边事的方式，闻民声、解民忧、议村务、促新风，成为密切党群干群关系的"连心桥"，反映社情民意的"晴雨表"，调处群众矛盾纠纷的"草药方"，基层民主法治的"阳光房"，实现乡村振兴的"助推器"。

（二）堵住矛盾纠纷源头，构建普法宣传新平台

道德是提升乡村治理效能不可或缺的重要因素，不仅为制度提供价值导向，也为制度执行提供精神保障。溧阳注重发挥乡贤力量，依托"百议堂"收集社情民意、宣讲政策法规、提供法律咨询、营造文明乡风，助力乡村治理，促进乡村振兴。

加大普法力度，消除乡村"法律盲区"，提高村民法治素养。溧阳戴埠镇李家园村"百议堂"理事江鹏飞，多年来一直工作在农村一线。一次闲谈聊天中，他听说附近的庄园和酒店有侵犯村民合法权益的现象。江鹏飞第一时间到辖区找群众了解情况，原来，李家园村位于景区周边，附近的旅游类庄园和酒店较多，其用工主要是附近的村民。由于缺乏法律保护意识，一些村民单纯地按照口头协议的方式到附近的庄园和酒店上岗。因为没有合同保障，一旦出现劳资或工伤纠纷，村民就处于"有理说不清"的劣势。掌握情况后，江鹏飞一边给群众宣讲法律知识，增强他们用法律保护自身正当权益的意识；一边找到涉事的庄园和酒店进行沟通，从企业自身形象和长远发展等方面做工作，很快化解了多起矛盾纠纷。

"不是由政府一家'登台唱戏'，而是要吸纳社会组织参与治理。"溧阳市司法局局长孙斌介绍，"百议堂"具有亲民性、草根性、本土性，在收集社情民意、开展普法宣传、管理特殊人群等司法行政工作中能发挥重要作用。

基于此，"百议堂"继承和弘扬优秀传统乡贤文化，发挥新乡贤的有益力量。将老党员、老教师、老干部、法律顾问、种养大户、各类合作社和专业协会负责人、志愿者等吸纳进来，充分利用他们人熟、地熟、情况熟、接地气、群众基础好的优势，发挥政策宣讲、法律咨询、矛盾纠纷化解、营造文明乡风等功能，回应群众诉求，堵住矛盾纠纷产生的源头，成为农村法治宣传教育的有效平台。

在溧阳溧城街道八字桥村的"百议堂"里，摆放着一张长桌和几张凳子，"人人有责、人人尽责、人人享有"的标语悬挂在墙上。一大早，10多位村民走进了"百议堂"，在村干部和老党员的带领下，商讨起村里招租投标的事情。

原来，村子门口的集体资产店铺需要对外招租，用来增加村集体收入。由于牵涉利益较多，村民们对招租方案各有看法，多次"翻烧饼"，一直统一不了意见。

聚拢乡愁文脉，留住乡村记忆，"我们溧阳具有深厚文化底蕴和法治文化传统，历史上著名的孟郊名诗《游子吟》、民间故事'乌饭救母'和'伍子胥千金报德'就发生在我们溧阳，今天我们依然要发扬这种传统和精神！"敬畏历史、敬畏传统、敬畏自然方能涵育乡风。议事之前，"百议堂"的理事特意组织大家回顾了溧阳的法治文化，随后同村干部邀请的农业专家、党员代表以及村监会负责人和群众代表一起讨论招租问题。经过大家的商讨和表决，投标过程顺利进行。

提升乡村治理效能需要发挥道德与法治的支撑作用。近年来，常州溧阳市依托"百议堂"这个新载体，进一步弘扬法治精神，坚持法德并重，让高尚道德情操和现代法治文明相互融合，特色法治文化、本地诚信文化、现代德孝文化、尊老道德文化、"法治信义"品牌文化……如今在溧阳乡村，法治宣传教育由"广撒网"变为了"精聚焦"。

（三）推进现代治理，打造百姓议事升级版

法律的生命力在于实施，法律的权威也在于实施。随着形势的发展，原本只为解决土地权益问题而设的"百议堂"，需要一套更加科学管用的机制进行完善。如今，"百议堂"被溧阳市委市政府赋予了新使命、新内涵，搭建工作平台、建立人才智库、拓宽议事范围、提供线上服务、构建多元机制，将法治理念贯穿乡村治理的全过程。

构建现代乡村治理体系，需要法治的保驾护航。作为牵头部门，溧阳市司法局从搭建工作平台、建立人才智库、培训专业理事、拓宽议事范围、汇编典型案例、提供线上服务等方面入手，打造"百议堂"的升级版。他们从行政机关、律师事务所、调解组织中遴选出 100 名懂政策、会调解的业务骨干，组建"百议堂"专家库，随时接受"百议堂"理事咨询答疑；与法院、公安等部门一起到基层一线开展诉源治理和社区警务创新升级；定期组织"百议堂"理事业务培训，汇编法律读本赠送给"百议堂"理事……

与此同时，溧阳市还持续优化乡村人民调解工作机制，不断扩大"百议堂"的矛盾纠纷调处范围。比如，拓展治安防范等功能，落实"派驻式"人民调解室建设，推动建立由司法招录培训派驻、财政渠道保障经费、公安机关管理使用的人民调解员队伍，协同多部门联动，构建"多元化"调解机制。

让法治精神、法治观念在广大农村生根发芽，将法律资源下沉到基层一线，让政法干部和群众面对面沟通交流，帮助群众解决挠头事，打通了服务群众的"最后一公里"；专家库成员进基层、进"百议堂"，为群众提供精准化、精细化服务，实现了"小事不出村、大事不出镇、矛盾不上交、问题就地解"。近年来，溧阳市大力开展的"美意田园"五项行动，很多前期工作中出现的问题都是借助"百议堂"引导群众正确地"看"，理性地"办"，将利益表达行为控制在法律与政策的框架之内，不仅实现了"大事化小、小事化了"，而且有效促进了家庭和睦、邻里和谐和社会稳定。

推动人民调解工作，更好服务农村群众。溧阳市埭头镇余家坝村一对邻居的土地纠纷长达8年，村里多次调解未果，村干部将"百议堂"理事名录拿出来，请两家人通过"点菜"的方式遴选自己认可的理事进行调解，年近六旬的理事戴顺金先后4次到律师事务所和市有关部门请教专业人员，6次到当事人家里进行解释，最终解决了这起拖了8年的纠纷。

除了提供"菜单式"服务模式，溧阳"百议堂"还提供预约上门服务、线上"云服务"：群众没空来村委，理事们就"上门服务"；农忙时节，只需要一个电话，理事们就可以"预约服务"；登录"智慧百议堂"微信小程序，法官、检察官、律师、专职人民调解员随时随地帮你打开心结……

健全农村公共法律服务体系，提升乡村执法水平。据统计，三年多来，溧阳全市通过"百议堂"调处化解各类矛盾纠纷 13800 余起，有效化解了一批疑难矛盾纠纷和信访积案。如今，"百议堂"已是调解矛盾纠纷的"润滑剂"、促进和谐的"加速器"、法治宣传的"直通车"，成为乡村善治真正的硬核力量，有力地促进了乡村振兴建设。

媒体展现

溧阳"百姓议事堂"议出新气象

在市级层面成立"百姓议事堂"工作指导委员会保障工作顺利推进；在全市选出 100 名法律工作背景专业人员组成专家库开展专业咨询服务；将回乡居住的离退休干部、老党员、老教师等乡贤和专兼职网格员、志愿者吸纳为理事，发挥好党支部堡垒作用……江苏省溧阳市自 2015 年起创新发展"枫桥经验"、探索设立村级"百姓议事堂"的乡村治理经验，在新时代又有新发展。

记者了解到，按照党的十九大报告提出的"健全自治、法治、德治相结合的乡村治理体系"要求，溧阳市委、市政府高度重视提升"百姓议事堂"在社会治理工作中的地位作用。2019 年 1 月至 9 月，全市村级"百姓议事堂"共化解各类纠纷 3686 起，同比上升 16.7%，有力维护了基层社会和谐稳定。

时代背景催生治理新模式

我国农村历经几轮行政村合并，服务地域扩大，因事多人少使得一些村干部疲于应付日常事务，群众与基层干部的隔阂渐显。"一些问题矛盾久拖不决，甚至出现越级上访的现象，从而影响到农村的稳定。"溧阳市委常委、政法委书记王朝晖介绍。

2015年年初，溧阳市司法局和试点镇及时开展有效探索，设立村级"百姓议事堂"，通过法律政策的宣传教育、矛盾纠纷的化解、引导依法维权等制度措施落实"百姓议事堂"工作。

被列为常州市唯一的土地确权颁证试点村的溧阳市戴埠镇新桥村，在"百姓议事堂"的机制保障下，全村1070户群众3267.67亩土地确权顺利按期完成。王朝晖介绍，溧阳市相关部门，包括市委组织部、市委政法委、农工办、信访局、文明办、司法局和民政局等，围绕各自职能分工，积极参与和推动了建章立制等提升工作。

2015年11月，溧阳市委、市政府出台《关于建立"百姓议事堂"的意见》《关于进一步深化"百姓议事堂"建设的工作意见》，对新时期"百姓议事堂"的功能定位、规范运行以及下一步工作要求等作出制度性安排。

2018年，溧阳市先后被确定为全国新时代文明实践和全省率先实现现代化"两个试点"县市，溧阳市司法局被省司法厅确定为"发挥'百姓议事堂'作用，促进法治社会建设"试点单位。溧阳市司法局抓住这一契机，将"百姓议事堂"工作作为创新乡村治理、促进法治社会建设的重要内容，主动融入到全国新时代文明实践和全省率先实现现代化试点的大局中。

乡村建设协商议事定方案

鱼米之乡的溧阳，横亘在宁杭生态经济带之上，乡村振兴的内在要求催生了溧阳特色田园乡村建设。

在省级特色田园乡村建设试点村——上兴镇牛马塘村，"百姓议事堂"在建设初期发挥了不可或缺的作用。牛马塘是一个84户的小自然村，村里打造高端民宿——"曹山花居"建设牵涉到村民土地问题，村民们对土地补助方案意见不同，多次"翻烧饼"，一个多月下来也无法统一。

由于牵涉利益方较多，村里摆上一场由族中长老、村民代表、生产队长等35名成员组成的"百姓议事堂"。开始之前，村党支部定下规矩：引导大家合法合理表达利益诉求；电话关闭、现场讨论；少数服从多数一锤定音。3个多小时过后，26票同意，9票反对，拆迁补助方案获得通过。

"农村工作难开展，很多情况是大家形成不了统一意见，而村党支部倡议组织'百姓议事堂'来协商，顺民意，接地气，有助于问题的解决。"牛马塘所在余巷行政村党总书记蒋志敏感触很深。

据了解，溧阳市大力开展的"美意田园"五项行动，很多前期工作都上"百姓议事堂"解决。

村民遇上挠头事有人帮解

埭头镇是溧阳市首个全国文明镇，其基层社会治理创新一直走在全市乃至全国前列。该镇埭头村曾经创出一套"三制"治村良策，"三制"即村级事务参事制、重大事务票决制、考评村干部上下双票制。

该镇余家坝村一对兄弟共有一块土地被征用，补偿款一直分配不下来，同村人帮忙劝解也没用，拖了8年后，兄弟俩请村委会出面协调。村党支部书记朱俊考虑到即使请本自然村的"百姓议事堂"理事出面，恐怕也于事无补，便将整个行政村数十名"百姓议事堂"理事名录拿出，请兄弟俩通过"点菜"方式，选出住在周围自然村的七八名理事参与调解，很快解决了问题。

除了"菜单式"选择"百姓议事堂"理事帮助协处矛盾纠纷，余家坝村"百姓议事堂"还提供上门服务、预约服务，尽可能把矛盾化解在基层、消除在萌芽状态。

"近两年来，我们镇没有一件市级上访案例，这得益于我们过去在民主治理方面积累的一些经验，也得益于'百姓议事堂'在全镇推开。"埭头镇司法所所长芮云凯说。

"百姓议事堂"激活一池春水

2014年，"百姓议事堂"在戴埠镇新桥村一炮打响，"新桥模式"一时间成为溧阳市173个行政村的标杆。该村党总支副书记、"百姓议事堂"主创人员之一的王根荣告诉记者，当初土地确权工作布置下来，由于当年种粮的效益比较低，很多农户都把田抛荒，或者送给其他农户耕种，大部分都是农户之间的口头约定，确权难度很大。在镇党委支持下，新桥村创新提出"百姓议事堂"这一做法，很快将24个村民小组的土地确权问题解决了，继而引起市委、市政府的关注，将"百姓议事堂"在全市推广。

而今，"百姓议事堂"被市委、市政府赋予了新内涵。溧阳市司法局副局长吴旭辉告诉记者，为深化"百姓议事堂"工作，溧阳市抽调法律顾问、退休老干部、老教师和公道正派、威望高的家族长辈等群众工作骨干力量，充分发挥政策解释、法律咨询等功能，回应群众诉求，堵住矛盾纠纷产生的源头。通过择优遴选理事、分类化解纠纷、广泛协商议事、推进法治建设等方式，开展议事堂活动，营造文明和谐乡风。在此基础上，与全市网格化治理相结合，突出"百姓议事堂"在调处化解矛盾纠纷方面的基础作用，兼具收集社情民意、开展议事协商、营造文明乡风等功能，做到基层治理"耳聪目明"，将矛盾发现在基层、化解在一线。

　　溧阳市司法局局长沈健清介绍，溧阳市推广"百姓议事堂"基层治理模式3年多来，累计调解纠纷8700多起，实现民生实事项目与群众需求的对接，有力助推乡村振兴，"百姓议事堂"议出乡村治理新气象。

（原文刊载于2019年11月10日《法制日报》

记者：丁国锋　通讯员：张全连　史裕华）

第五章　振兴乡村产业　走产业兴旺之路

一、茅山老区的"青虾富民经"

"治国之道，富民为始。"消除贫困、改善民生、逐步实现共同富裕，是社会主义的本质要求，是我们党的重要使命。建设绿色安全、优质高效的乡村产业体系，促进产业振兴与乡村振兴同轴共转，实现农村经济发展、农业增效、农民增收。在常州溧阳社渚镇，可不要小瞧了那一只只晶莹剔透、籽满体肥的青虾，它可一头连着1300多户养殖户的日常劳作，另一头连着他们心中所期盼的"金山银山"。

社渚镇位于苏皖交界之处，属于茅山老区，也是"宣郎广"的下游，客水过境"山水田"资源丰富，从20世纪90年代初第一批青虾养殖户算起，这笔营生社渚人做了30年！

6.5万亩养殖面积，年产高品质青虾5000多吨，产值6.5亿元……社渚青虾产业为什么越做越大？

该镇农村工作局副局长张益林道出了茅山老区人的"青虾富民经"：生态养殖是要诀，水草加配料荤素搭配，虾塘生物承载力达到均衡，实现了生态价值和经济效益最大化。

（一）聚力提质增效，从智慧养殖到融合创新

产业兴，则经济兴、农村兴。长三角地区历来是青虾繁衍生息的

主要区域，得天独厚的自然禀赋资源使得青虾成为社渚镇传统优势养殖项目，据有着 20 多年鱼虾养殖指导经验的张益林介绍，最早的青虾养殖出现在社渚镇的河口村周边。在稻米油菜大宗农产品大行其道的 20 世纪 90 年代，河口村已经养殖有 300 多亩青虾。青虾品种来自河塘，不是良种，还是传统的自繁自育，当时青虾产量虽然不高，但一年下来，经济效益比稻米油菜高上三成。

为解决各村乡村产业振兴缺少思路、农民缺少技术的问题，这么多年下来，经过社渚镇养殖户、农技推广人员和国内养殖专家的共同努力，一套生态养殖青虾方式在社渚蔚然成风。"先种草，再养虾，等虾收获后，还能把草收了喂螃蟹……"这是养殖户口中的一句口头禅。这种草就是轮叶黑藻，水塘内随处可见的一种藻类植物，对社渚养殖户来说却是个宝。

学习现代农业产业发展技术，增强乡村产业振兴本领。虽然青虾经济效益好，但养殖是个技术活。青虾对水质要求特别高，"肥活嫩爽"少一个字养不成虾，也养不好虾。一旦塘里水质发生变化，青虾就会出现大量死亡，而轮叶黑藻既可以改善水质，又可为青虾提供养料。每年虾塘投过苗之后，社渚镇 6.5 万亩水面就是一幅"水下养虾、水面种草"和谐共生图。

每天巡塘数次，成了青虾养殖户史保华的必修课，他有着 1000 多亩虾塘水面。养殖青虾，史保华的经验是，一定要看看水，就知道虾长得好不好。水看上去要舒服，要肥而不腻，要嫩，不能太清，但是要有相当高的透明度，有让人想跳下去游泳的欲望。至于水怎么才是肥而不腻，怎么才算嫩，真的就像中医把脉那样，只可意会不可言传。他说，每天坚持巡塘几次，看看虾是不是缺氧了，如果缺氧、一小时之内不增氧的话，就会全军覆没。现在养殖青虾还有很多黑科技"加持"，比如，便携式水质检测仪可以帮助虾农迅速判读水质；纳米级增氧管也已经普及，水中翻腾的水泡就是它正为虾塘均匀输送着氧气。

溧阳积极培育本土致富能手，组织数字化养殖"新农人"、农业技术人才、致富能人等外出参观学习，促使群众开阔眼界、增长见识，壮大致富带头人队伍，努力实现"培育一人，带富一片"的目标。有的青虾养殖户，甚至还探索建立以"进排水渠道分离建设＋养殖池塘综合处理＋人工生态湿地强化处理"为核心，形成一套更为高级的循环水养殖技术体系。

（二）聚焦产业活力，科技赋能现代农业

随着产业融合和产业创新的发展，溧阳在统筹资源上求突破，在激发产业活力上做文章。在一般人的认知里，水产只适宜在平原水网地区养殖，其实在溧阳社渚镇，在自然水面和粮田保护受到约束的情况下，养殖户们总结出了一套山上养虾的经验。

草是第一步，这第二步就是青虾"上山"，多年来，溧阳社渚镇的虾农们早已摒弃大排大灌养殖模式，通过生物生态调水让青虾"上山"成为可能。由于丘陵山区的土质沙性大，淤泥少，微量元素、矿物质含量比较高，此外，水源要么从水库引过来，要么是降雨积蓄的，没有污染，这是大部分平原水网地区不具备的条件。

在这种环境里养出来的青虾，个头大、产量高、颜色好看，活虾的颜色乍一看是青色的，仔细看带有金黄色，烧熟后红色中还带着金黄色，味道鲜甜，这就是土壤条件造就的。"有专家专门来我们溧阳社渚镇抽样检验，发现对人体有益的微量元素特别丰富。"张益林介绍道。

溧阳积极转变产业发展思路，山上养虾扩大了养殖面积，在此基础上，2010年，社渚镇党委政府制定了《现代渔业发展规划》，确定了"做大做强青虾产业，打造社渚青虾名镇"的发展目标，制定政策，组

建机构，整合资源，鼓励和引导农民发展青虾产业，养殖规模不断扩大，2010—2020 年这 10 年间，全镇青虾养殖规模从 1.6 万亩扩大到现在的 6.5 万亩。

近年来，社渚镇与中国水产科学研究院淡水渔业研究中心合作，建立"太湖 2 号"杂交青虾原种基地 300 亩，建立"太湖 2 号"良种扩繁场 2850 亩，不但实现全镇青虾良种面积的全覆盖，而且还可向域外每年提供虾苗 5 万亩以上。

在实施过程中，社渚镇邀请国家级专家傅洪拓教授、龚永生研究员、蒋速飞专家等多次到社渚镇举办青虾健康养殖技术培训班，培训了一大批懂技术、会管理、善经营的青虾养殖骨干。

实施标准化生产，养殖户们严格按照常州市地方标准《无公害青虾池塘养殖技术规范》组织和指导生产，从虾池建设、虾苗放养、水草栽种、水质调节、饲料投放、虾池增氧、防病、捕捞等生产过程，严格执行规范的标准。

（三）聚合苏皖资源，协奏富民小康美音

从现代农业发展来看，产业兴旺是农民过上富裕幸福生活的基础和前提。溧阳社渚青虾已蜚声全国，一亩青虾能为农民带来可观的效益。据社渚镇农村工作局掌握的资料显示：现在全镇建有 2 个万亩和 15 个千亩以上青虾养殖示范基地，青虾养殖亩均产量超过 100 公斤，最高亩产超过 200 公斤。一般养殖户亩均产值 5000—8000 元，最高的超过万元，减去成本亩均效益达 3000 元左右。

每年社渚镇出产青虾 5000 吨，都卖去哪儿？ 2016 年 9 月，一个占地面积 13000 平方米，同时可容纳 10 万斤青虾进场销售的社渚镇青虾批发交易市场在社渚镇建起来了。青虾批发市场通过 5 年的建设与运

营,已经远远地超过了创建初期的预定目标,现市场高峰期日销量已超10万斤,日交易额达到400万元之多,并成功地将青虾销往北京、天津、山东、河南、河北、湖北、安徽、福建、浙江、上海等各大省市终端市场,增加了销量,扩大了销售半径。

产业项目蓬勃兴起,为群众增收、乡村振兴聚集了力量。这两年,社渚青虾致富的消息不胫而走,财富效应迅速扩散开来!现在,在安徽省郎溪县凌笪乡方里村村民眼中,周学军也是一位成功人物,他在2015年流转了100亩土地,跨过省界在溧阳养殖大户那里学起了青虾养殖。持续可观的收益引起村民们的注意,很多村民都跟着他投身到特色水产养殖的潮流中。

立足现有产业布局特点,溧阳看准时机,积极整合产业资源,推进长三角一体化发展战略,越过239省道,与社渚镇搭界的安徽郎溪县梅渚镇协同养殖青虾。据张益林估算,梅渚镇目前青虾养殖面积不低于10000亩,借助社渚的技术培训和市场通道,两边的养殖户们基本实现亩产、效益同步化。社渚青虾让安徽农民也走上了致富路。真可谓,苏皖聚力合作,协奏富民小康美音。

乡村振兴,产业先行。溧阳发展特色产业,走出了一条人无我有、科学发展、符合自身实际的道路,交出了产业兴旺、提质增效的漂亮答卷。2014年,"溧阳青虾"成功通过国家工商总局审批,成为国家地理标志产品。2016年,社渚镇正式被中国渔业协会授予"中国青虾第一镇"称号。对此,中国渔业协会会长赵兴武这样评价道:"社渚镇青虾布局合理、产业链完善、组织化程度高、示范引领作用强。这为该镇青虾产业可持续发展,完整打造青虾产业链,带动农民走上致富之路打下了坚实的基础。"

三访苏皖山两边

——壮阔东方潮 奋进新时代·庆祝改革开放40年

在苏皖边界，天目山余脉往东延伸，形成一座伍员山。水从天目山主峰蜿蜒而来，途经安徽省郎溪县和广德县，穿越伍员山，往东汇流于江苏省溧阳市的天目湖。

山的两边，有两个小山村，溧阳这边的是金山村洑家组，郎溪这边唤作下吴村。1995年和1998年，人民日报记者两次走访大山两边，在《人民日报》发表两篇通讯，报道了两个村在改革开放大潮中解放思想、你追我赶的发展之路。文章发表后，两村之间的发展差距引人深思，时任安徽省委主要负责人决定"在全省开展思想解放大讨论"。

20年后的山两边发展得怎么样？合作发展迎来哪些新契机？人民日报记者近日重返溧阳和郎溪采访，再次走访了山两边的两个村。

山这边的青虾产业链延伸到山那边

现在，经过行政区划调整，山这边的周城镇早已与邻近的社渚镇合并，洑家村也已经并入金山村；山那边的岗南乡和下吴村多年前也已经并入凌笪乡。

在金山村洑家组深处一片山上，记者见到了当时洑家村的党支部书记王海清。当年在王海清的带领下，洑家村发展迅速，成为当地有名的丘陵山地开发村。如今已退休9年的王海清仍在思考如何让村里发展得更好。

多年前，毕业于上海水产学院的王海清的儿子王春红辞去农业技术推广员这个铁饭碗，一头扎进了深山之中，引进了温泉养殖青虾的技术，使青虾亩产由原来 200 多斤增产到 300 斤以上，平均增产 50%，早繁青虾高产养殖方法被授予国家专利。在王春红带动下，社渚成为养殖青虾特色镇，拥有 6.5 万亩青虾养殖面积，从事青虾养殖的农户达 1300 多户，年产值 5.7 亿元，基本形成育苗、养殖、技术、市场一条完整的产业链。

这条产业链如今如同修建的"溧阳 1 号公路"一般，延伸到了郎溪县的下吴村。

车子从金山村出发，沿着"溧阳 1 号公路"拐了个弯，就来到下吴村党群服务中心。路两边大部分是农田，眼下水稻早已收割。一列整齐的浅塘，是村民养殖青虾的虾塘。村党总支书记蒋福金告诉记者，下吴青虾养殖就是看着狄家起步的。村民连生强 2014 年开始养殖青虾，短短几年间，规模从几十亩扩大到近 200 亩，青虾每年能卖春、秋两季，养殖得好亩效益在 4000 元以上。"青虾产业链辐射带动作用逐步扩大，形成联动溧阳、郎溪的局面。"连生强说。

除了青虾养殖，两个村的合作早已日益深入。溧阳这边的好项目，很快传到了下吴村；社渚镇举办青虾养殖培训班，也会通知下吴村的养殖大户……得益于和山这边的广泛交流，取长补短，一些富裕起来的下吴村民开始在山这边的集镇买房置业。

教育、医保、就业合作形成示范效应

2018 年以来，长三角区域经济一体化战略势头再起，一张沪苏浙皖一市三省更高水平发展的蓝图正在书写。早在 2016 年 9 月，苏皖三县市深度合作，溧阳倡导并与郎溪、广德签署关于共建"苏皖合作示范区"的框架协议，并编制了苏皖合作示范区发展规划。对于苏皖合作示范区建设，溧阳市委书记蒋锋说，长三角一体化正在成为国家战略，作为长三角的地理中心位置，这个合作区通过自发的合作共享和机制的创新，力争成为长三角一体化的先行区。

郎溪县下吴村13岁男孩蒋杰，每天一早坐上开到村门口来接送学生的校车，前往20公里外的溧阳社渚镇社渚初级中学就读。这里比他去郎溪县城上学近了一半的路程。

校车所行驶的202省道郎溪凌笪段，是一条从山里开出来的路，直接连通着"溧阳1号公路"。沿着开阔平整的道路奔驰，路边一排排绿油油的茶树如同一个个里程碑，山两边的距离比以前更近了。

互通互联的道路搭建了便民惠民的桥梁。蒋锋介绍，苏皖合作示范区成立两年以来，三地成立了"胥河情"教育联盟，溧阳把学科带头人定期派往郎溪、广德，让孩子们在家门口的学校就能享受到更好的教学资源。"随着优质资源积极流动，山两边的教育质量特别是硬件条件正在不断缩小。"溧阳市殷桥小学副校长赵红兵是郎溪人，目前已成为溧阳市优秀教育工作者、常州市教学能手。

山两边还成立了苏皖合作示范区网上人才市场，为三地务工人员提供了更大就业平台。目前，郎溪、广德两地到溧阳就业人数有3000余人。此外，三地在异地医保结算上也按照国家和省卫生健康部门要求落地相关政策，为百姓提供更高质量和更加便捷的就医环境。

生态为底色，探索跨界融合发展新机制

沿着公路继续往西走，沿途标语很是醒目："践行新发展理念，学习对接沪苏浙。"在时任郎溪县委书记张千水的名片上，清楚地标注着距离沪苏浙主要城市的路线、距离与时间。张千水说，安徽宣城市提出"对接沪苏浙"发展战略，处在融入长三角重要位置的郎溪县，积极推

动铁路、公路、航道等跨界项目联网联通，力争到"十三五"末融入沪宁杭、苏锡常等长三角核心城市 1 小时交通圈。

合作的内容很广。目前，三县市已在环保共治、产业合作、设施互联、服务共享等方面取得一定进展。合作的成果让溧阳企业家黄业华很有获得感。几年前，他到郎溪县梅渚镇创办华菱精工，从事电梯部件配套，2018 年成为郎溪县首家上市公司。"两地地缘相近，人力资源优势明显，随着交通一体化加快，市场更加完善，将有越来越多的溧阳企业到郎溪建立物流仓储基地。"他说，未来苏皖合作的前景一定会更好。

"只有不断解放思想，才能实现新的超越，'山两边'的故事，耐人寻味，给人启示。"改革开放 40 年以来，山两边从比学赶帮到携手发展，用实践生动诠释了思想不断解放的过程。

得益于合作以来的尝试，2018 年 2 月，江苏、安徽分别将合作示范区方案上报国家发改委。全国两会期间，全国人大代表徐华勤联合两省多位全国人大代表共同提交建议，将《苏皖合作示范区发展规划》上升为国家级规划。徐华勤说，苏皖合作作为省际边界地区以县为单位、自发合作的试验区，正在探索以生态为底色、跨界融合发展的新机制。近日，好消息传来：国家发改委函复两省上报的《苏皖（溧阳、郎溪、广德）合作示范区发展规划》，合作发展迎来新契机。

在即将全面展开苏皖区域合作的大舞台上，远处伍员山的界限已然不如从前那般分明，苏皖合作示范区的新格局呼之欲出……

（原文刊载于 2018 年 12 月 14 日《人民日报》

记者：王伟健　姚雪青　孙振）

二、江苏中关村的溧阳特色

习近平总书记指出，要推动乡村产业振兴，紧紧围绕发展现代农业，围绕农村一、二、三产业融合发展，构建乡村产业体系，实现产业兴旺，把产业发展落到促进农民增收上来，全力以赴消除农村贫困，推动乡村生活富裕。新时代乡村振兴战略，催生了形式多样的农村新业态。新业态的"新"，最突出的特征表现为技术的进步、多功能的拓展以及新要素价值的凸显。数字乡村建设需要强大的科技引擎作支撑。作为中关村品牌走出北京、开展区域合作的首创之举，10多年来从无到有的成功实践，为中关村刻上"江苏"烙印、融合"溧阳"特色，依托专业优势助力乡村振兴。

江苏中关村成立以来走过了10多个年头，这10多年来，园区始终以"绿水青山就是金山银山"的生态文明理念为引领，以生态创新、绿色发展为重点，以做强平台建设、优化营商环境为抓手，积极拓宽思路创新方法，加快转型升级，打造以生态为基底、以科技为引领、以人民为中心的园区生态创新引擎，奋力书写园区高质量发展新篇章。

（一）坚守绿色发展，深化生态创新发展理念

以支撑供给侧结构性改革为主线，推动经济发展质量变革、效率变革、动力变革。2012年3月，在北京市委市政府和江苏省委省政府的大力支持下，江苏中关村科技产业园正式签约成立。江苏中关村园区坚持以习近平新时代中国特色社会主义思想为指导，紧紧围绕"两聚一高"新实践和建设"强富美高"新江苏的总体要求，谋定而后动。明目标、

清定位。秉承中关村改革创新精神，将中关村的技术优势、品牌优势与溧阳的区位优势、生态优势相结合，瞄准国家级高新区方向，坚定不移走高质量绿色发展之路。拓思路、优布局。依托溧阳市域山水入城的空间格局，统筹规划空间、功能和产业定位，建设软件园、长三角科创基地、"锂享"特色小镇等重大载体，打造高新区生态科创走廊，进一步提升土地利用率。看大势、谋战略。在深入研究国内经济新常态及国际新形势的基础上，坚决贯彻落实五大发展理念，增强发展信心，树立长远的战略眼光，瞄准新能源、新能源汽车等战略性新兴产业，以"十年磨一剑"的定力，围绕产业链部署创新链，围绕创新链布局产业链，加快向现代化科技园区转型发展。

（二）坚实产业发展，打造绿色发展增长极

产业是发展的根基，江苏中关村园区坚持高端化、绿色化、集群化的发展理念，把推动经济高质量发展的重点放在推动产业结构转型升级上，努力把实体经济做实做强做优，提升产业链供应链现代化水平。进军新兴产业，壮大发展动能。抓住新一轮科技革命的关键机遇，聚力发展新能源动力电池产业，针对动力电池产业链上的各个环节精准招商，推进产业链内部融会贯通，5 年 5 个百亿项目入驻园区，形成了以CATL、上汽集团为龙头、集聚璞泰来、北星、科达利、紫宸等近 50 家知名动力电池产业链企业，打造成为国内最完善的动力电池产业基地，并朝着具有世界影响力的千亿级绿色储能产业基地目标不断迈进。深耕传统产业，筑牢实业底盘。推动特色输变电产业转型升级，鼓励企业大力开展技术、模式、管理创新，不断提升企业核心竞争力，打造了在线缆行业排名全国第一、世界第七的江苏上上电缆，位列全国变压器行业民营企业第一的华朋集团，国内唯一专业的超高压电缆系统供应商江苏安靠智电等一批明星企业，目前输变电产业规模超 300 亿元，已成为全国知名的输变电设备制造基地。新技术与传统产业联结、融合，肩负生态文明建设使命，聚力长三角生态绿色一体化发展，不断释放"创新"内生变量动能，赋能传统产业转型升级、提质增效，全要素生产率不断提高，产业数字化行稳致远。

（三）坚定创新发展，塑造全球科创新中心

长江三角洲区域一体化是引领我国高质量发展、高品质生活、高水平治理的重大战略举措。江苏中关村园区加强长三角经济产业链协同治理，园区始终把自主创新作为引领区域发展的长远战略，坚定走"科创＋产业"道路，整合园区主导产业资源和高端科技创新资源，促进创新链与产业链深度融合。江苏中关村园区瞄准国际标准、打造核心优势、完善体制机制，全力打造全球有影响力的储能产业科创中心。聚才引智，构筑人才高地。牢固树立人才第一资源理念，充分利用各类创新创业平台，实施"项目＋人才"科技专项，靶向引进具有较高水平的科技人才，大力支持高科技企业项目落户。聚焦人才最关心的安居、教育医疗、创新创业等方面精准发力，持续强化政策激励，激发科研人才积极性和科技创新活力，优化人才生态环境，打造有园区特色的人才服务品牌，实现更精准引才、更长久留才。截至目前，园区已集聚院士 10 人、高级专家 16 人、省双创人才、双创博士等省级领军人才近 60 人，汇聚各类专业人才近 2 万人，正逐渐成为创新人才的"强磁场"。筑巢引凤，做强高端平台。紧紧围绕新能源、新能源汽车、输变电等特色产业创新需求，坚持开放的发展理念，携手国内外知名大院大所，共建五大平台：以中科院物理所长三角研究中心为核心，打造中国储能技术、清洁能源、高端装备等技术研发和产业转化基地；以天目湖先进储能技术研究院为龙头，打造全国最具专业化、特色化的锂电产业创新载体；以中英电动汽车联合创新中心为窗口，打造中英汽车产业对接和尖端技术研发的国际化窗口；以上海交大江苏中关村研究院、东南大学溧阳研究院为示范引领，打造数量多、氛围浓的众创空间、孵化器、加速器等平台。这五大平台共同构建起了一个多方位、多层次、多元化的创新平台体系，园区科技创新成果不断涌现，创新创业活力加速迸发。

（四）坚持可持续发展，营造一流服务生态圈

围绕产业链搭建服务链。营商环境就是生产力，优化营商环境是推进治理体系和治理能力现代化的必然要求，是城市竞争力的重要体现，是吸引和集聚优质资源要素的重要依托。江苏中关村园区紧跟时代潮流、把握发展脉搏，立足打造长三角知名的产城融合示范区，在打造一流营商环境上下功夫。坚持对标国际一流水平，凡事都要"多一点"：体制改革更大胆一点。坚持问题导向，着力破除与新时代要求、高质量发展不相适应的体制机制，大力度完成区街一体化改革，探索去行政化管理制度，率先实行招商人员聘任制，全面推行"不见面审批"模式，探索试行"区域评估""信用承诺制"，不断刷新"中关村速度"。企业服务更贴心一点。常态化坚持重大项目联席会议制度与挂钩联系企业（项目）制度，创造性实行项目经理负责制与"红黄绿灯管理"制度，为落户企业提供最快最好的服务。进一步营造尊重、关怀、支持企业家的社会环境，聚焦企业最关注的政策激励、减税降费、生产生活、用工招工等问题，研究制定系统规范的政策措施，让企业家、投资者有更多的获得感。城市建设更美好一点。坚持绿色发展理念，持续提升园区环境品质，探索"公园城市"模式，重点打造的焦尾琴公园、西山河公园、"世界运河第一坊"等将成为一道靓丽的风景线。全面布局新能源公交、

新能源汽车分时租赁等绿色出行体系。大力建设特色田园乡村，挖掘历史文化底蕴，推动"两山"转化实现绿色增值。全力以赴推动产城融合，丰富教育、医疗、商业、休闲等城市生活功能，着力实现从产业园区向宜居宜业新城的转型升级，一座集"山、水、文、绿、产、居"于一体的现代化生态科技新城正蓬勃兴起。

聚焦产业链供应链优化升级，溧阳高质量发展"成色"更足。在新时代乡村产业振兴多功能拓展与业态创新的浪潮中，江苏中关村园区将始终坚持以习近平新时代中国特色社会主义思想为指导，在乡村振兴的伟大事业中，全面贯彻新发展理念，牢固树立"两山"理念，擦亮溧阳生态品牌，打造生态特色，积极融入新发展格局，勇做新时代的"弄潮儿"，不忘初心，实干奋进，以"后浪"之姿笃行高质量发展之路。

三、小民宿育出农旅大业态

绿水青山如何变成金山银山？溧阳在实施乡村振兴推动乡村建设行动的实践中，始终坚持保护生态环境就是保护生产力、改善生态环境就是发展生产力的理念，以体制机制改革创新为核心，推进生态产业化和产业生态化，加快推动建立健全生态产品价值实现机制，不断完善政府主导、企业和社会各界参与、市场化运作、可持续发展的生态产品价值实现路径，促进生态价值转化，走出了一条生态优先、绿色发展的新路子。

聚焦"长三角生态创新示范城市"这一目标愿景，溧阳争创公园城市、全域旅游、乡村建设等"五个示范"，朝着世界级旅游度假区等新的示范标杆进军，从网红"溧阳1号公路"到全域公园城市，溧阳通过打造"十二望楼"景观廊、"生命康原"等生态场景，全面形成横贯东西，串接森林、湿地、湖泊的生态主轴，城区景区园区无缝衔接。365公里"彩虹路"串起98个行政村、312个自然村和220多个乡村旅游点，把生产、生活空间变成了可观赏、可旅游的生态空间。连续30年举办中国溧阳茶叶节、"爱情泼水节"、"宋团城"观灯节、"四美丰收节"等30余项节庆活动，每年吸引600多万游客徜徉在田园乡村之间，让更多人认识溧阳，走进田园，带来商机，近三年带动旅游消费超600亿元。

（一）网红民宿诞生记

溧阳在产业形态丰富上突出农旅融合方向，丰富星级"溧阳茶舍"、休闲驿站、度假酒店等多元化供给，促进三次产业融合发展。2019年4月12日，溧阳又一次出现在了央视新闻频道，这则长达两分钟的新闻，以谈丽娟为例来反映溧阳市茶场与民宿相结合的农旅融合新业态。谈丽娟是溧阳网红民宿岕宿·竹马岭的女主人，是一位返乡创业成功的85后青年。她的民宿位于溧阳市戴埠镇通往南山竹海的溧阳1号公路旁，一幢外观洋气、精致的白色三层楼，非常引人注目。每逢周末节假日和暑寒假，溧阳1号旅游公路两旁的民宿都是生意火爆一房难求，而竹马岭更是需要提早一至两周才能订上房。谈丽娟是溧阳较早进入民宿行业的，2017年五一长假岕宿·竹马岭开业时，附近还没有民宿，倒是她成功之后，1号公路沿线的民宿越开越多了。

2016年，谈丽娟注意到，在微信朋友圈和日常工作、生活中，越来越多的人谈起民宿，特别是莫干山、杭州、丽江这些地方的民宿风起云涌。谈丽娟心里一动，乡下的那套房子，蛮适合做个民宿，它的地理位置很好，环境优美，更为关键的是，溧阳市这些年来在乡村和旅游方

溧阳民宿

面的投入那么大，未来乡村旅游的前景一定会非常光明。谈丽娟先参加了一个丽江的民宿研学班，通过一段时间的学习，她更进一步地喜爱上了民宿这个行业。它是一份职业，也是一种令人羡慕的生活状态，洗尽铅华，返璞归真。

经过精心设计和装修之后，原本灰暗粗鄙、毫不起眼的一幢毛坯房焕然一新。欧式的外形，白墙黑瓦大落地窗，院子里还有一汪彩色马赛克的泳池，洋气极了。开车驰过门前的 1 号旅游大道，你绝对不会错过这么一幢如此招眼的小楼。2017 年五一长假，芥宿·竹马岭正式对外营业。

（二）女主人的生意经

民宿终于如愿以偿地开张了，但对谈丽娟来说将面临新的挑战。虽然上过丽江的民宿研学班，但无论是对于酒店管理还是旅游管理她都相当于一个白丁，需要学习的东西太多。能行吗？家里人都为她捏着把汗。谈丽娟自己倒是比较淡定，她想只要把客人当成朋友一样来对待就可以，朋友在你家做客时你会做什么，你就对客人做什么。但要说一点没压力也不可能，毕竟装修花的 300 万元都是从亲人那里借来的，不用急着还，但总是要还的。谈丽娟只挂了一家网络平台携程网。结果五一长假的生意就火爆得出乎她的预料，全满了，还有人打电话来询问，在路边看到房子之后停下车来问的也不少。全家人兴奋极了，撸起袖子齐上阵，谈丽娟和嫂子带着两个本村阿姨负责民宿的日常服务，婆婆烧得一手好菜，那就负责厨房，公公带着客人去菜地茶场果园体验采摘。

之后的每个周末，谈丽娟的竹马岭都是满房状态，慢慢地，周一到周五的入住率也上来了，特别是春秋季、暑寒假，房间尤为紧张。谈丽娟说，她开民宿之所以如此顺利，首先是因为溧阳市的乡村振兴和旅游大环境在外面的名声越来越大，特别是 1 号旅游公路开通之后，来溧阳旅游的人就更多了；其次是她们都把客人当朋友，客人也把她们当朋友，她家的回头客推荐入住的比例比较高，同一拨客人一年中来三次四次的很常见。

谈丽娟说，要做好一间民宿，无论大小，都是很辛苦、很累的。前阵子有个大学生找到谈丽娟，想通过做义工的方式换取住宿权，谈丽娟给他列了一个表，让他先考虑清楚。这张表列的是谈丽娟一天的日常工作：早上和阿姨一起准备早餐、帮着端早餐收早餐、客人退房后要收拾房间、下午办理入住登记、帮助清理泳池……大学生看了列表之后就没了回音。

辛苦归辛苦，谈丽娟还是乐在其中。过去是她每周两次从常州回溧阳看望家人，现在是每周两次去常州看望孩子和老公。出去回来，离乡返乡，谈丽娟说，这是她们这一代人成长的历程。因为民宿，她和很多客人成了朋友。有时候谈丽娟去别的城市出差或游玩，客人看到她发的微信朋友圈，都会邀请她吃饭。有一个小客人，特别喜欢竹马岭，跟着父母来过很多次，回去之后在作文中写他有两个家，另一个在竹马岭。两年多下来，谈丽娟的两部手机上两个微信积累了上万名好友。

（三）小平台催生大业态

农旅融合，需要关顾"三个点"：一是农产品质量立足点，质量与自然禀赋，有机、绿色、原生、原态、无污染，品质很重要；二是市场需求着眼点，农产品要成为旅游商品，契合吃住行游购娱旅游全要素市场升级需求，最好是成为中国地理标志产品，品牌很重要；三是文化结合点，农产品要赋予文化、讲好故事。关顾了农产品的"三个点"，就明白了应该融入哪些业态？自然就上升到旅游产品的"三个品级"。在经营民宿的同时，谈丽娟慢慢发现，这是一个富矿。一开始是茶叶季、竹笋季、板栗季，客人请谈丽娟代买这些土特产带走，尝了很满意，又让她邮寄。谈丽娟想，为什么不自己申请个品牌带着做一下农产品销售呢？于是就有了竹马岭的品牌，谈丽娟收购村民们的优质农产品进行包装，在自己的微信上推销，效果非常好。

由此，谈丽娟的经营理念开始转变，她想，她应该跳出原来单纯经营民宿的狭隘思维，把民宿当成一个平台来做，这样，不光是她自己多了一种业态，还可以帮助周围的老百姓把优质、生态的农产品销售出去。于是，竹马岭的网络销售平台开始搭建。因为竹马岭的示范效应，附近的村民纷纷效仿开起了民宿。对于上门取经的村民，谈丽娟也总是毫无保留地倾囊以授。

溧阳网红民宿女主人谈丽娟的创业经历，是溧阳尊重自然、顺应自然、保护自然，健全生态产品经营开发机制的一个缩影；是溧阳留存乡土味道，保留乡村风貌，留住青山绿水，记得住乡愁的生动践行。引领保护修复生态环境新风尚，打造人与自然和谐共生新方案，溧阳小民宿育出农旅大业态，拓展了生态产品价值实现模式，促进了生态产品价值增值。

媒体展现

创新农旅融合 溧阳田园生"金"

溧阳南山一隅的杨家村，稻田金黄，茶竹相映，游人络绎不绝。这里，不仅有被古井、场院、柴火灶唤起的乡愁，还有无限的风景。

农旅融合的杨家村，是溧阳乡村振兴实践的缩影。立足山水田园，溧阳探索走出了一条"田园生金"的乡村振兴之路。2017年，全市休闲农业和乡村旅游接待游客超过760万人次，实现农旅收入35亿元，带动5万农户增收。

多方联动，创新设计特色田园乡村

10月20日，蓝城·悠然南山首届金秋丰收庆典热闹非凡。一排排造型精巧的新农居，点缀在郁郁葱葱的水稻田与云雾涌动的群山丘陵之间，恰似一幅天然的水墨山居图。开放型的农家庭院成为接待游客的开放型客厅，村民们热情地把板栗、菜干、土鸡蛋、茶叶等特产陈列出来，向游客讲述悠远的南山故事。

让田园牧歌在乡村复兴，展现精神焕发的农村、活力四射的农民、生机勃勃的农业。溧阳采取设计大师、地方政府、机关部门、国有公司、乡村工匠、农民乡贤等多方联动的方式，打造特色田园乡村，其中和蓝城集团的合作，就是一次探索创新。在蓝城创始人宋卫平看来，从旅游度假产品到近郊生活，乡村不仅安放身体和需求，更是安放心灵的地方，要用田园美学唤醒乡村活力。蓝城集团生动地总结出"112566"战略：两个"1"——政府＋农民＋市民＋团队，融合为一；一个"2"——美好生活、美丽乡村；"5"是"美丽乡村、田园综合体、乡村振兴、乡村一体化、就地城镇化"；两个"6"，第一个"6"是三农和三生，第二个"6"是一产二产加三产。

走进戴埠镇杨家村，已有9个自然村的建筑和庭院美化完成，河道疏浚一新，乡间小路铺上了老石板游步道，破旧农屋翻新，掩映青山稻田间。"通过有机水稻、特色苗木、果蔬的种植改造，打造集生产、生活、生态于一体的新型乡村展览馆，秋天赶来拍照的游客多着咧。"村支书杨旭宇介绍，杨家村将专注科技农业，让生产点同时也成为观赏点。

以人为核，原住民笑脸成最美风景

走进上兴镇联丰村，废旧砖瓦经过改造成为村头小品，竹篱笆扎在土地里规规整整。乡村工匠易明平随手拿起一块瓦说，这些都是乡村工匠手里的"宝贝"，打造美丽乡村就像还原一幅久远的图画，要在接入现代设施的同时，用乡土材料、传统工艺重现老墙庭院、篱笆藤蔓、小桥流水的景象。

目前活跃在溧阳的乡村工匠团队已有10个，他们生于斯、长于斯，对脚下的这片乡土满怀深情。虽然没有高学历，做的事业不是"高精尖"，但个个身怀绝活，土木建筑、园林景观、混凝土仿制……每一个美丽乡村改造完成，就引回了一批在外打工的村民。精心搭建的乡村舞台有了演绎主角，乡村逐渐找回了活力。走进溧阳塘马村的本乡本土屋，一股原汁原味的乡土气息扑面而来。"到网红面馆吃碗面，在美音梨园唱段戏，去'以茶代酒'喝杯茶。"溧阳市住建委主任钱栋向大家发出邀请，"激发原住民的活力，让懂农村、爱农业、亲农民的人，一起为乡村振兴出一份力，为自己圆一个田园梦。"

让原住民的笑脸成为乡村最美的风景。农民不仅参与特色田园乡村的建设过程，还能享受现代农业产业效益、资产收益增长等带来的红利。在上兴镇龙峰村白露山生态园，老板余庆贵忙得不亦乐乎。生态园内建起了高端民宿，实现了游客从"看一看"到"坐一坐""留一留"。农业观光、水果采摘、休闲生态旅游，三产融合。2017年，白露山生态园营收8000万元。"龙峰村4000多名村民，只要想干活，就不怕找不到工作。"余庆贵说，白露山生态园85%的员工是本地村民，他们变身服务员、保洁员、驾驶员，每户每年增收至少3万元。

溧阳市还出台《天目湖英才榜三年行动计划》等系列人才政策，在乡情乡愁的联结下，吸引各方贤达投身乡村建设，鼓励引导外出务工人员回乡创业和在乡农民自主创业，培育新型农民，并吸引高校毕业生、城镇企业主、农业科技人员等各类人才下乡创业。同时计划通过度假、康养和乡村创客经济，引入适量都市人群，重构多元化的乡村田园产业结构，提升乡村经济活力。

以路为媒，核心公共资源处处见景

这个国庆，央视先后三次聚焦溧阳1号公路。行驶在这条公路上，天目湖的山水、瓦屋山的翠绿、神女湖的恬美、深溪岕的幽静……随处可感"显山露水、自然通透、乡村野趣"。旅途间隙，可在驿站小憩，亦可登上观景台，观赏山野美景。溧阳市政府将核心资源整合成开启农旅融合的"金钥匙"，在发展路径上追求处处见景，但不是村村点火，而是通过天目湖品牌、溧阳1号公路、溧阳茶舍等区域核心公共资源的整合打造，塑造农旅融合"新样板"。

以路为媒，打通了富民强村的新渠道。365公里的溧阳1号公路把主要的景区景点、文化遗存，220多个乡村旅游点，62个美丽乡村和特色田园乡村串联起来，沿线山水风光、田园风情、乡村野趣跃入眼帘，酒店民宿、房车营地、驿站驿亭走入画中，随手一拍便是风景，180多万游客慕名而来。

溧阳1号公路的通达，催生出260余家演绎"诗和远方"的溧阳新型茶舍，高端民宿、秀美山水的悠然恬适沁入人心。节假日，"闲庭""绿乡""竹马岭""香云小筑"等新一代"溧阳茶舍"更是一房难求。

溧阳还积极探索研究适用于乡村的风景道服务设施建设，规划设

溧阳民宿美岇山野

置了驿站、景观台、休憩点，兼具餐饮、住宿、旅游咨询、车辆租赁等功能，满足自助式旅游。路通了，景美了，游客越来越多。74 岁的平桥村村民陈其元说，每天有五六十辆来自外地的旅游车，游客超过1000 人。他出售自产的冬笋、百合干、豇豆干等，每天能赚 100 多元。

（原文刊载于中国江苏网，2021 年 3 月 4 日）

四、共享村落的"美丽经济"

推窗闻鸟鸣，开门见水乡，花香沁心脾，微风拂脸庞。在溧城街道礼诗圩村"共享农家厨房"1 号陆阿姨家，一边品尝原汁原味农家菜，一边欣赏礼诗圩乡村美景的游客陈女士忍不住感叹："这里，就是诗和远方。"

陈女士的感叹道出了许多游客的心声。据了解，每逢节假日，每天都有数千名游客来礼诗圩，体验乡野情趣，欣赏"礼诗荷韵"。游客的到来也给村民带来了不菲的经济收入。"这一切都是共享经济带来的生机和活力！"江苏礼诗荷韵建设发展有限公司总经理刘羽丰激动地说，"经过这几年的努力，礼诗圩村呈现出生态美、产业兴、农民富的美好景象。"溧阳市委市政府在严格保护生态环境前提下，鼓励采取多样化模式和路径，科学合理推动生态产品价值实现。依托不同地区独特的自然禀赋，采取人放天养、自繁自养等原生态种养模式，提高生态产品价值。

（一）生态为基，建设"水乡荷韵"秀美村庄

赏荷塘月色，吃农家美食，听文教故事。溧阳礼诗圩村是全国文明村、全国美丽宜居示范村八字桥下属的最大的一个自然村，地处溧阳市溧城街道东郊，距离城区 5 公里，有农户 265 户，815 人，村庄总面积 1600 余亩，其中水面 350 余亩。村庄四面环水，村内水系、田园交错，T 型礼诗大河贯穿村中心，两岸民居错落有致，是典型的江南水乡，这里已成为溧阳乡村振兴工作的又一块金字招牌。

以花为媒，激活乡村振兴新引擎，为放大资源优势，自 2017 年以来，借着乡村振兴的强劲东风，溧城街道依托江苏礼诗荷韵建设发展有限公司，以特色田园乡村建设为契机，紧扣"共享村落，礼诗生活"发展定位，围绕"村庄生态美、乡风产业好、集体农民强"的目标，依托水乡特有的生态资源和礼诗圩深厚的文化底蕴，在建设美丽村庄、发展休闲经济、带动富民增收等方面积极探索实践。

溧阳优化人居环境，使"家园"变成"花园"，生动诠释以人民为中心的发展理念。在完整保留村庄原生态的前提下，围绕礼诗圩的"水系"和"荷花"两篇"文章"，系统实施了 4 大类 13 个项目，因地制宜打造美丽村庄。打造通畅的农村路网。连通城区的张巷路纳入了"溧阳1 号公路"，道路拓宽至 7.5 米，增设 115 个荷花造型的节能路灯；村内主干道路、宅间路均铺设沥青并拓宽绿化，实现全村路网环通。打造精致的水乡村落。拆除翻新破旧房屋 30 多户，统一白墙黛瓦，房前屋后配饰老物件、青石板，村民菜园统一竹篱笆、小矮墙，呈现乡村庭院景观，做到"一户一处一景"；围绕村中河、礼诗河两大水系实施水环境整治提升，建成滨河广场，呈现"水清岸绿堤固"。打造完善的配套设施。新建一座集办公、阅览、医务、超市、舞台等功能为一体的四合院式文化礼堂，实施自来水、雨污管网、电力电视和公厕改造，建设生态

停车场 5 处，车位 200 多个，配置共享单车和观光游览车，为群众提供便利齐全的服务设施。

经过三年的精心打造，一个"水乡荷韵"秀美村庄呈现在世人眼前。每当荷花盛开时节，礼诗圩村的荷花亭亭玉立，走在荷塘中央一条长长的曲折的木桥上，身边围绕着田田荷叶的翠绿，微风袭来，送来阵阵清香，来赏花的游客赞不绝口。溧城街道八字桥村党总支书记周华说："现在荷花已经达到了 200 余亩 40 多个品种，每年花季，前来赏花的游客不少于 20 万人次，最多的时候一天达 2 万人次。"

（二）文化为魂，塑造"礼诗荷韵"文化品牌

习近平总书记强调："要推动乡村文化振兴，加强农村思想道德建设和公共文化建设，以社会主义核心价值观为引领，深入挖掘优秀传统农耕文化蕴含的思想观念、人文精神、道德规范，培育挖掘乡土文化人才，弘扬主旋律和社会正气，培育文明乡风、良好家风、淳朴民风，改善农民精神风貌，提高乡村社会文明程度，焕发乡村文明新气象。"

"仁爱忠厚传家远，礼乐诗书继世长。"溧阳自古崇文尚教、人才辈出、淳朴善良、勤勉坚忍、宽厚仁慈，不畏艰难，坚持着对理想的追求，代代相传，在礼诗圩这个小小的村落，走出了 15 名知名教授，是远近闻名的"教授村"。

在美丽乡村建设中，该村深挖"礼耕传家、水乡荷韵"文化内涵，通过体验民间艺术、开展文化活动等，加强乡风民俗的保护推广。传承地方历史文化。成立虞晓勇书法工作室、焦尾琴艺术展示馆、礼诗乡贤馆，搭设艺术研究、工艺体验、文化传承的推广平台；开发知青下乡点、举办荷塘月色诗词展、讲好青石船码头故事，打造乡村文化"网红打卡地"。

礼诗圩村

　　办一场活动，兴一片区域，礼诗圩丰富村民文化生活，为村民提供沉浸式体验，"仁义礼智信"五常广场、"游胡一叙"、"银杏茶园"、"共享棋社"已成为村民休闲娱乐的好去处；水乡厨娘大赛、荷塘诗会、邻里卡拉OK等活动，进一步提升农村精神文明建设水平。

　　此外，该村深耕文明实践内涵。开展道德讲堂、文明家庭评选、美丽乡村"五最"评比等多样化的文明道德宣传，深化新时代文明实践，形成了崇德向善、文明友爱的邻里风尚。

　　这里水连着路，路围着村，房屋、小桥、流水相得益彰，徜徉于此，好一派礼诗生活。村民们晒着暖阳，拉着家常，话语之间，笑语盈盈、幸福溢满。在他们身边，青山叠翠、花香芬芳、产业兴旺、乡风文明，现代田园风光浑然天成。这样的景致在溧阳乡村举目皆是，编织成一幅幅色彩斑斓、充满希望的山水长卷。

（三）富民为本，发展"共享村落"农旅经济

培育新经济业态，溧阳发展再展新篇。为带动农民就业增收，促进农旅融合发展，该村实行新型集体经济模型专业合作社，以休闲农业、旅游观光、康养度假带动乡村发展，实现增收致富，助力乡村振兴。

搭建共享平台，促进农村振兴。成立"溧阳市百众土地农地专业合作社"，统一流转村内闲置农房农田，为发展休闲、餐饮、民宿、购物、娱乐等腾出空间。村民相继成立了荷塘月色瓜果种植、沁华兰园花木等专业合作社和家庭农场，促进了农村经营模式的多元化发展。拓宽经营渠道，带动农业发展。引进农业龙头企业"优鲜到家"，开设农产品展销厅回购本地产品，推出"莲恋不舍""映日荷花""青春有藕"等5款特色产品，发展"水八仙"特色产业；携手金瓜子联盟共建"李小白共享邻里平台"，利用互联网直接将农副产品配送到城市居民家中，实现线上线下同步销售；联手"喝了没"平台首创"共享农家厨房"5家，盘活了百姓厨房和菜园，满足了城市居民对农家土灶传统美食的需求。多样化渠道促进了现代农业的振兴。

推动农旅融合，实现富民强村。着力发展现代农业和休闲经济，吸引社会资本和各类人才投资创业，促进富民强村。与中商投实业控股有限公司等社会资本合作，开发建设2000亩"礼诗江南、美意田园"为主题的荷塘月色、浪漫花海、果林采摘项目，荷花盛开时节，日均接待游客约6000人次，已成为浙江、上海、安徽、南京等周边省市旅客的又一旅游景点；美爷礼诗庭精品乡村酒店、九间房特色餐饮、礼诗人家土菜馆、优鲜到家、苏悠花园、风知道、梧桐细雨等农旅商业的兴起，为村集体带来房租受益的同时，也为当地村民拓宽了就业增收渠道。此外，"共享菜园"一期20亩，村级年收益约40万元；"共享农家

厨房"每年每户可增收 4 万元。人才和项目的进入，为农村建设发展注入了新的活力。据统计，2020 年八字桥村经济收入达 280 余万元。溧城街道人大工委主任陈建国说："通过'共享村落'建设，激活了村里的'闲'置资源，让产业和生态共生共融，让农民获得了最大利益。"

"共享村落"带来了美丽的共享经济，让小村人过上了安居乐业的幸福生活，也让溧阳逐步走出了一条"生态生产生活"相融为路径、"全景全时全龄"共享为目标的全域旅游发展之路。

媒体展现

常州溧阳：萤火虫点亮"山野"文化

夏夜里，飘忽的萤火光点，承载着许多人童年的回忆。近日，常州溧阳首届赏萤节在美岕山野温泉度假村拉开序幕，在国内首家野生萤火虫生态夜公园里赏萤火虫，成为溧阳生态夜游的新体验。值得关注的是，美岕山野温泉度假村还发布了一系列萤火虫主题产品，而以萤火虫为核心的超级 IP 计划正在进行中，小小的萤火虫成了美岕点亮"山野"文化招牌的启明星。

10 年不懈守护山间精灵

对美岕山野温泉度假村而言，以萤火虫为核心打造超级 IP 并非"一时兴起"，而是历经了 10 年的"深思熟虑"。2009 年溧阳美岕山野温泉度假村建设伊始，工作人员在度假村的湖岸边发现了第一只野生萤火虫，从那时起美岕山野温泉度假村便开启了萤火虫保护计划。2011 年，为了保护萤火虫的栖息地，度假村在花园酒店规划建设和运营过程中，划定了一些区域不安装路灯，临近的茶园也不允许使用农药、化肥和除草剂，以确保萤火虫栖息地不受声光及化学污染。

美岕有心的呵护很快得到了这些小精灵们的"认可"，工作人员发现度假村内萤火虫不仅成群出没，小精灵们出现的范围也逐渐扩大，那片杜绝化学污染的茶园更成了萤火虫的乐园，茶园在 2014 年被正式命名为"火虫茶园"。2015 年，度假村树屋正式建成营业，原本以"住树屋、泡温泉"为亮点吸引消费者的美岕，却因第一批客人意外邂逅了萤火虫，而成为溧阳旅游最早一批"网红"打卡点，"住树屋、泡温泉、观萤火"成了美岕山野温泉度假村夏季特色体验。

漫山的流萤足以成为吸引眼球的噱头，彼时的美岕山野温泉度假村却没有急于做宣传组织赏萤活动，而是继续开展萤火虫栖息地保护工作，为这些"原住民"营造良好的生存环境。2018 年，中国萤火虫保护联盟在美岕正式成立，致力于中国的萤火虫保护和自然科普的"美岕—守望萤火"科学站同时落成。2019 年，度假村内发现萤火虫后的第十个年头，在萤火虫种群得到充分的恢复后，美岕打造的国内首个萤火虫生态夜公园正式开放，美岕终于面向游客开放了这个"大自然课堂"。

打造萤火虫超级 IP

依托萤火虫生态夜公园，2020 年举办的首届赏萤节期间，美岕山野温泉旅游度假村推出了特色赏萤线路。出行前度假村讲解员会抛出一个又一个问题，并在寻找萤火虫的过程中一一为游客解答。为增加体验感，度假村内还设置了萤火虫飞行棋、萤火虫 VR 游戏、文创产品集市等，而这只是美岕山野温泉度假村萤火虫超级 IP 计划的一部分。

"超级 IP 不仅仅是一个可爱的 logo 或一个流行的卡通形象，还蕴含着一系列文化和故事，并不断衍生丰富，产生无限变化。"美岕山野温泉度假村相关工作人员景磊说。在赏萤节开幕式上，美岕推出了萤火虫 IP 形象 "Twinkle"，并发布了原创萤火虫儿童绘本《Twinkle 历险记》、萤火虫主题钢琴曲《听见微光》，以及印有 "Twinkle" 形象的抱枕、餐垫、漫步包等文创产品。

与此同时，美岕山野温泉度假村还将萤火虫 IP 基因注入各种体验环节。如在树屋内做萤火虫主题装饰，加设孩子喜欢的露营小帐篷；在酒店里设置萤火虫书屋，供客人自由阅读；推出萤火虫主题餐饮，将与萤火虫栖息地及其成长过程息息相关的茶、竹笋、田螺、虾子等作为主要食材，让客人在品尝美味的同时了解萤火虫的生存环境。

在打造萤火虫超级 IP 的过程中，度假村深挖"小小萤火虫，生态大指标"背后的内涵，开启了跨界合作探索之路。据美岕山野温泉度假村品牌市场总监许子敬介绍，为积极宣传生态环保理念，2020 年美岕与滴滴出行展开合作，共同推广新能源汽车，倡导人们绿色出行；为进一步做好自然科普，美岕还积极与国家地理杂志对接，拟在度假区内打造一所自然地理学校，为拓展研学旅游奠定基础。

"萤火虫文化 IP 的挖掘和变现需要一个过程，我们的 IP 之路才刚刚开始。"美岕山野温泉度假村创始人仲春明表示，接下来还将借助美岕独一无二的自然生态资源和成熟的度假业态，通过萤火虫 IP 的创造和衍生，研发出美岕独有的萤火虫文创体系和度假理念，将美岕打造成为国内首家萤火虫主题度假村。

擦亮"山野"文化招牌

坐落于溧阳市区与国家 5A 级旅游景区南山竹海景区之间的美岕山野温泉度假村，周边旅游资源丰富，美岕不满足于做"住宿配套"，而是在萤火虫保护、萤火虫超级 IP 打造上倾注大量精力，所为何求？

"世界上从来不缺奢华的酒店，住宿配套的可复制性太强。美岕坐拥 2500 亩山野,却只建设了 31 栋树屋,我们希望客人不仅仅是住在美岕,而是到美岕体验野外游玩,感受这里的'山野'文化。"许子敬说。

为此,美岕推出了《山民野玩手册》,为客人列出了一份"野玩"指南。2017 年,美岕"神马农场"正式开放,并成立活动体验部,由专员带领客人种菜、喂动物、做手工、山野徒步等。为给客人提供更好的山野体验,美岕还为员工科普动植物知识,并不定期安排现场考核,"美岕的创始人仲春明博士经常会带着员工在山里边走边问,所以每位员工对美岕的动植物都有基本的了解,能解答大部分客人的提问,活动体验部的工作人员则会更加专业。"许子敬介绍,目前活动体验部有专员正对美岕的动植物进行梳理,未来将形成图鉴,从而帮助客人更全面地了解美岕的动植物资源。

仲春明在赏萤节开幕式上表示,美岕的故事发于山野,萤火虫是美岕目前最有特色的山野元素之一,而打造萤火虫超级 IP 的目的是,发展美岕特有的在地文化,擦亮美岕"山野"文化招牌,提升美岕核心竞争力,同时吸引亲子家庭到溧阳与大自然进行亲密接触,引导孩子通过对自然的观察学习获得灵感,将环保理念植入人心。

(原文刊载于 2020 年 6 月 16 日《中国旅游报》 记者:袁婷婷)

五、26 载村支书的治村故事

习近平总书记指出:"我国有几百万农村基层干部,常年风里来雨里去,同农民直接打交道,是推动农村发展、维护社会稳定的基本力量。这支队伍总体是好的,是信得过、靠得住、有战斗力的。"2020 年

12 月 28 日，习近平总书记在中央农村工作会议上强调："要建设一支政治过硬、本领过硬、作风过硬的乡村振兴干部队伍，选派一批优秀干部到乡村振兴一线岗位，把乡村振兴作为培养锻炼干部的广阔舞台。"

依托产业，乡村发展才有生命力。产业是乡村振兴的重点，因地制宜探索适合的发展新模式，让乡村农业、旅游观光、生态、文化等协同发展，构建乡村经济发展的新格局，乡村发展方可驶入高质量的快车道。

从昔日的"穷乡僻壤"，到今日的"金山银山"，利用"高颜值"提高"产值"，让溧阳乡村经济实现了从传统农业到现代农业的华丽转变，使整个合心村乡村产业发展呈现出从零星发展到集群扩张的喜人态势。稻田屯白鹭，雨中独幽处。干净整洁的道路、三五唠家常的老人、大片绿油油的稻田、整齐的虾蟹养殖基地，走进溧阳昆仑街道合心村，随处感受到的是省级卫生村、省级文明村的高质量和高标准。然而 26 年前，刚刚在此接棒的年轻书记黄生平面对的是村企倒闭、驻沪办事处解散、近百万负债、党组织涣散等棘手问题。30 岁出头的他受命于危难中，凭着初生牛犊不怕虎的干劲，毅然挑起重担，开始了他 26 载的治村历程。

（一）重塑村庄产业，提振集体经济

农民要富裕，村里要发展，产业是基础。黄生平上任后做的第一件事就是恢复村办企业，增加集体收入。在走访和调查中，他发现村企电镀厂倒闭的主要原因是管理混乱经营不善，于是提出另聘厂长恢复合心电镀厂的想法。通过多方调查和民意推选，有管理经验的老厂长张福生是最好人选。然而张福生时任横涧乡电镀厂厂长，并不愿意接手。黄生平以"三顾茅庐"的执着，一次又一次到横涧乡说情，最终打动张福生。

要恢复一个倒闭企业比新办一个企业难得多。原企业倒闭留下了许多后遗症，又恰逢村里经济极度困难，创业难度可想而知。黄生平白天在外挨个部门奔波求情，晚上到电镀厂与老厂长探讨规划。每每拖着疲惫的身子回家中，家人都劝黄生平放弃，而黄生平却说："既然选择了这条路，我就一定会走到底，一定要把合心的经济搞上去！"功夫不负有心人，1996 年合心电镀厂终于正式恢复生产，当年便实现上交村集体利润 5 万元，至今业绩蒸蒸日上。

针对村里滩涂、荒地、水面等自然资源以及集体闲置的房屋、场地等资产，黄生平采取公开招投标、租赁承包等多种方式进行盘活，实现集体资产的保值增值，增加村集体收入。同时，将耕地向种田能手集中，为有农技特长的村民提供种养殖基地。目前，合心村现有省级农机专业合作社示范点 1 个、家庭农场 6 个，无公害水稻种植基地 1900 余亩，鱼塘蟹塘等水产养殖面积 1300 多亩。

（二）建立"合心"标准，立根固本促发展

坚持党建引领，健全乡村治理体系，用"共识"推动"共治"。以"关键少数"引领"绝大多数"的模式，解决了社会治理、为民服务、产业发展等问题，成为溧阳破解村级组织软弱涣散难题的重要举措，让农村基层党组织焕发新的生命力，激发了溧阳乡村振兴的新活力。在工作中，黄生平深切体会到，想要把村庄建设好，首要条件是建立一支以村党组织为"关键少数"的管理队伍。为此，黄生平提出"合心"标准：建设一个作风过硬的支部班子，带出一支技术过硬的村务工作队伍，健全一套运行有效的工作机制，创建一个整洁优美的村内环境。

针对遗留的组织涣散问题，黄生平组织多次支部座谈会、支部大

会和群众代表会讨论协商后，提出成立民主理财小组、民主监督领导小组，成员由有较高威信和精通财务的老同志组成，监督村支委的工作和村组财务，使得村风民风和干群关系有了很大的改善。在抓好内部团结的同时，黄生平注重强化各项制度的落实，规范上下班制度，增加周末代办制度，解决了群众办事难的问题；他坚持村务、财务公开制度和项目申报招标审计制度，让群众明白、还干部清白；同时坚持例会学习制度，建立村干部责任考核制度等来改善村干部的工作形象。

在黄生平的带领下，班子成员形成了联户联心工作制度，以书记为领导的班子成员经常走村入户了解民意，切实帮助群众解决实际问题。从两委例会、电话沟通到QQ连线、微信群联，工作方式随着时代而改变，不变的是队伍的严谨态度和执行速度。

（三）多方筹资慰民生，铺就百姓幸福路

建设好家乡，是所有人的共同愿望。随着村集体经济不断壮大，2000年，黄生平大胆提出大兴公益民生建设，计划用5—7年时间为每个自然村通上水泥路。由于合心村比较分散，由20多个大小不一的自然村组成，要实现这一目标，以村里有限的资金谈何容易？在村两委通过后的第二天，黄生平和村里的老主任急忙赶到上海、南京等地，向一批致富不忘桑梓的乡贤们求援，在他一心为民的精神感召下，不少人慷慨解囊，鼎力支持。参与人居环境整治也成为溧阳新"时尚"，做到"自己的事自己定""自己的活自己干""自己的村庄自己建"，实现了从"要我做"到"我要做"、从"愿意做"到"乐意做"的转变。7年里，黄生平陆续筹资200余万元，实现了他的承诺，为21个自然村都换上了整洁干净的水泥路，也铺就了百姓的幸福路。

随着村级服务功能的转变，美化村庄环境成了农村工作的中心工

作。2007 年，合心村在三清一绿工程中共清除露天粪缸 1200 余只，建垃圾房 53 处，公共厕所 25 个，完成初步的环境整治；2012 年，合心村投入 200 多万元对龙潭村、草溪圩、高家桥、圩庄里、魏家五个自然村进行三星级和二星级康居示范村的改造，一次性通过江苏省和常州市验收，并于 2013 年代表溧阳市高分通过了江苏省环境整治领导小组的现场验收考核。星光不负赶路人，时光不负有心人，溧阳用心做好美化文章，凸显乡村品位，促进了土地集约大提效，人居环境大提质，合心村从"脏乱差"华丽转身为"青绿美"。

（四）坚守岗位践初心，恪尽职守作表率

从 2001 年起，宁杭高速、S239、杨溧高速、宁杭高铁、常溧高速、金峰钢帘线等众多省市重点工程都从合心村通过，面对困难和纠纷，黄生平不分昼夜亲临第一线攻克难关，每次都高标准完成拆迁征地工作。

2009 年正逢宁杭高铁 1.5 公里合心段征地拆迁期间，已经连续走访调解 3 个月的黄生平突然昏倒在办公室，在同事和家人的劝说下才去医院进行了全面检查。令人痛心是，黄生平被查出患有鼻咽癌，他不得不放下手中的工作前往南京接受治疗。在医院治疗期间，黄生平还是整天唠叨着村里的工作，前期不顾医生的反对每隔半个月回村一趟，听取工作汇报，处理一些难度较大的问题。在两个多月的住院期间，只要村两委的同志来看望他，他总是第一时间询问村里的情况。治疗刚一结束，医生建议黄生平休息一年，但正值年终分配关键时刻，他不顾家人和亲朋好友的劝阻，拖着病体坚持回到工作岗位上。

2016 年，在罕见的抗洪救灾现场，已经十天十夜没有回家的黄生平又患上了感冒，曾患鼻咽癌的他必须格外小心呼吸道的感染。然而他白天在指挥现场加固圩堤，晚上在圩堤上巡逻，没有一丝一毫的松懈。

面对家人的劝说，他这样说道："这个村就像我的孩子，我始终放心不下，只有在这里工作才是治愈我的最好方式。"

4年团支书，26年村支书，多年来风风雨雨、磕磕绊绊，黄生平将根基薄弱的家乡建设成为全国建筑之乡带头人的发源地，将贫瘠的土地滋养成为无公害农产品示范基地，将涣散的组织凝聚成为连续10年的先进基层党组织……以自己的"辛苦指数"换取群众的"幸福指数"，可谓一生都奉献给了合心村。

青山不负英雄志，流水有情入心田。26年青丝变白发，26载旧貌变新颜，但始终不变的是老书记俯首甘为"老黄牛"的默默付出，是群众一张张满意的笑脸和一声声啧啧的称赞。

媒体展现

"村书记话小康"产业振兴系列报道

1. "村书记话小康"之龙峰村：小浆果大产业，穷山沟变身小康村

通过黑莓、蓝莓等林果种植，上兴镇龙峰村完成了从一个村民饭都吃不饱的荒山到网红小康村的华丽转身。而作为这场变革的掌舵人，龙峰村党总支书记余庆贵回忆了这个小山村激情澎湃的创业史。

过去：对于贫穷的记忆刻骨铭心

龙峰村是溧阳市上兴镇的一个行政村，地处白露山脚下，和南京

溧水区接壤，是个典型的山村。上世纪 80 年代，由于地处偏远、交通不便，龙峰村是当地有名的贫困村，去常州城里办个事都要乘坐四五个小时的公交车。"当初饭都吃不饱，只有干活的人才能吃米饭，不干活的人只能吃山芋丝。"作为土生土长的龙峰村人，余庆贵对于贫穷的记忆刻骨铭心。

1986 年，从部队退伍后，余庆贵被分配到国营常州面粉厂工作，端上了铁饭碗，成了左邻右舍羡慕的对象。此后，他结婚生子，组建了一个幸福的小家庭。但每当回乡时看到荒草丛生的龙峰村，余庆贵的心里总是五味杂陈，有一种说不出来的滋味。改革开放初期，余庆贵让妻子回村里开办了一家粮油店。2000 年前后，常州面粉厂面临关停，反复思考后，余庆贵不顾亲人反对，放弃把户口迁入城里的机会，毅然回到家乡开始创业，他想改变家乡面貌。经过不断摸索，余庆贵的面条厂有了起色，家里也有了稳定可观的收入。

"回溧阳的时候是骑着自行车的，看到有人开摩托车，当时就想这辈子能买一辆摩托车也就满足了。没想到的是，这个梦想很快就实现了，而且摩托车买完没多久就换了货车，紧接着就买了小轿车。"余庆贵说，初次创业成功让自己的生活日新月异，但龙峰村却依旧是过去那副旧容颜。

如今：成远近闻名的网红小康村

尝到创业甜头的余庆贵，一心想带着村邻共同致富。2003 年 9 月，37 岁的余庆贵被推选为龙峰村主任，几个月后，村里的老支书退休，他又被推选担任该村党支部书记。"当了村干部，就一定要带着老百姓一起致富。"上任后不久，余庆贵就带着村里党员干部和辖区 20 个村民小组开展土地平整工作，以便于进行机械化大规模种植。

为做好示范带头作用，余庆贵带头承包村集体土地，种植黑莓、蓝莓等经济林果，开发水果饮料、冻干粉等深加工产品。眼看着经济林果逐渐产生了效益，村民的干劲一下子被调动起来，龙峰村找到了壮大集体经济、村民致富的路子。作为龙峰村的一面旗帜，余庆贵还创办了龙凤经济林果专业合作社，引导群众实行标准化、规模化、集约化生产。近年来，龙峰村生产的黑莓、蓝莓等系列饮品已经通过互联网平台，销售到全国各地。

"土地平整好，我们再把果树也种好，然后公开对外发包，价格也逐年提高。"余庆贵清楚地记得，刚上任时，龙峰村集体账户非但没有盈余，还背负了16万元的债务。如今，龙峰村的经济林果种植面积达到了67%以上，村集体账户已经有了几百万的盈余，2020年光村集体经营性收入就有110万元左右。

眼看着龙峰村旧貌换新颜，以前外出谋生的村民也纷纷回乡，参与到创业行列中来。近年来，村里相继涌现出日日春、天之福、紫竹林、芳芝林等四大排头兵农企，年实现利税上千万元，可为当地农民带来近千个就业岗位。如今的龙峰村早就摘掉了穷帽子，成了远近闻名的小康村，还是溧阳市七彩曹山田园综合体项目所在村。

随着新时代到来，龙峰村紧抓溧阳发展全域旅游的新机遇，努力打造莓竹相依、农旅融合的新名片，描绘出了一幅"北有十里莓林，南有万亩竹海"的诗画美景。此外，龙峰村还率先在江苏省内成立蓝莓产业联合体，通过标准化种植、规模化经营、产业化开发，实现从原来的带富一村到带富一方的目标。

"我坚信农业大有发展，我看到了龙峰村的前景，也看到了中国农村的未来！"谈起山村的未来，54岁的余庆贵自信满满。

（原文刊载于2020年12月25日《现代快报》

记者：徐婷　许燕　宋体佳）

2."村书记话小康"之赵沛村：只要肯努力，就能过上小康生活

"我们注册了百年留云文旅品牌，接下来会结合地方特色，打好农旅融合发展这张牌。"作为溧阳市上兴镇赵沛村党总支书记，谈起小村子的未来发展规划，51岁的何忠华充满自信，仿佛一幅美丽田园乡村的画卷正在面前展开。回到20年前，当何忠华坐在柴火堆上参加了村委的第一次会议时，他就坚定地相信，只要肯努力，赵沛村也能过上广播里说的小康生活。

过去：村干部坐在柴火堆上开会

何忠华原为上兴镇留云村人，20年前，留云村并入赵沛村，也正是在那一年，何忠华进了村委工作。"那时候村里太穷了，没有一条好路，家家户户都是守着几亩薄田过日子。"何忠华回忆，两村合并后召开了一次村干部会议，"办公用房是上级部门协调来的，里面堆满柴草，连个凳子都没有。"何忠华说，就这样，两村合并后的第一次村干部会议，竟然是坐在柴火堆上开完的。

人都说靠山吃山靠水吃水，但赵沛村不靠山也不临水，村里连条像样的路都没有。全村7000多亩土地都是普通农田，村民们忙来忙去也只够糊口。在当时的赵沛村，如果有人说起小康，周围人肯定会哄笑声一片，对于这个贫穷落后的小村子来说，小康是一个非常遥远的词，就像做梦一样。

何忠华的父亲就是村里的老干部，曾把小村庄管理得井井有条，何忠华进入村委后，也希望能像父亲一样有所作为。也正因此，听着广播站的大喇叭里传出来的"小康"，别人觉得好笑，但何忠华不这么

认为，他坚信美好的小康生活就在眼前，只要努力去争取，就一定会实现。

如今：小康梦照进了现实生活

迈入新世纪后，在当地政府扶持引领下，赵沛村引导村民种植中草药及其他经济作物，开展水产养殖。自从 10 年前接任村书记一职后，何忠华更是将赵沛村的发展视为人生最大的梦想。他带着村干部从外地引进农业和水产养殖企业，带动当地村民共同致富，将 2000 多亩良田总体规划流转发包，放大土地效能。

经过 10 多年的努力，村民收入逐年提高，生活条件也得到明显改善。村里的臭水沟得到了清理，还新建了健身广场。2005 年，赵沛村修建了第一条水泥路，如今已基本实现水泥路户户连通。

留云酒是当地知名特产，有不少经营数十年甚至上百年的酿酒作坊，这些坚持传统工艺酿酒的老作坊以前未能得到很好的发展。如今，赵沛村注册了百年留云农旅品牌，加大了对地方文化的挖掘力度，让留云酒、留云茶焕发出新的生机。

"以后我们这里肯定要建成美丽田园乡村，一定会有很多人慕名而来，最终喜欢上这里……"谈起村庄的未来发展规划，何忠华还像 20 年前刚入村委工作时那样充满激情，他坚信新时代的赵沛村一定会更好！

（原文刊载于 2020 年 12 月 28 日《现代快报》

记者：徐婷　许燕　宋体佳）

3."村书记话小康"之永和村：原来穷山村，
如今家家户户开小车

在溧阳市上兴镇，位于瓦屋山脚下的永和村曾是出了名的穷地方，过去村民一年忙到头只能勉强混个饱肚子。最近这十多年来，在当地政府及村委的带动引领下，永和村利用自然资源优势，发展壮大苗木种植产业，成为华东地区最大的绿化榉树产地，走出了一条别具特色的乡村振兴之路。

如今的永和村修建了总长52公里的水泥路，家家户户都开上了小轿车，彻底摆脱了穷面貌，过上了幸福安稳的小康生活。作为永和村现任党总支书记，2020年40岁的董明洪已在村委工作了整整17个年头，他亲历了这个小山村的蜕变。

过去：一年到头勉强混个饱

在溧阳上兴镇，永和村是地理位置较为偏远的一个行政村，从这里开车到小镇上，至少也要25分钟。位于瓦屋山脚下的永和村，东面和金坛接壤，北面则是镇江的句容。由于位置较为偏僻，在过去，交通出行是村民们的头等难题。

1981年出生的董明洪是土生土长的永和村人，对于山村过去的穷困状态，他至今刻骨铭心。"小的时候就感觉老百姓生活非常不容易，特别是交通方面，出个门要跑好几公里的山路。雨天一身泥、晴天一身灰，别提多难过。"董明洪回忆，过去的永和村基本上都是土路，交通出行除了自行车就基本上靠两条腿走，到镇里赶个集就像出了趟远门，要走好几公里的土路去等车。遇到下雨天，常常会弄得一身泥水。

"那时候家里有辆自行车就不错了，全村只有一台拖拉机，能坐上一回都感觉很拉风。"另一个让董明洪印象深刻的记忆是，因为属于丘陵山区，上世纪90年代，永和村基本上以棉花、红薯等基本农作物种植为主。受地理环境影响，作物产量低下，村民们一年忙到头也只能勉强混个饱肚子，日子过得极为艰辛。

日子过得贫苦，"逃"出小山村成了很多人最大的心愿。当初，董明洪也是带着同样的期待离家去参军的，但退伍工作两年后，董明洪又回到了永和村。"退伍后在无锡打过两年工，那时候村里大部分青壮劳力都在外面做泥瓦匠，但我总感觉不对劲，觉得我们这里不应该这样。"董明洪清楚地记得，2004年3月，他回到永和村担任村会计时，村里很多人都在外务工，生活条件虽然比过去有所改善，但永和村却空了。其后那几年，这种状况愈演愈烈，村干部着了急，"没有人还谈什么发展呢？没有发展，永和村不就成了只有老人和孩子留守的打工村了。"

如今：小山村成了"华东榉树第一村"

董明洪说，小山村的真正蜕变是从绿化树木种植开始的。所谓靠山吃山靠水吃水，依靠着瓦屋山的永和村虽然不太适合苗木种植，但是山上的树木较多，而且各个树种都有。在过去，这些树木都被做成了姑娘陪嫁的箱子了。迈入新世纪后，城市绿化逐渐得到重视，山上的这些苗木就成了宝贝。

"原生的不够用，就开始种植，绿化苗木最怕水淹，山地恰恰不存在这个危险。这么多年，苗木的种类不断变化，种植面积也不断扩大。"董明洪回忆，敏锐捕捉到绿化苗木产业的发展空间后，村里通过引进种植大户等各种手段，引领村民参与苗木种植及相关产业。

"开始种的人不多，赚到钱以后，很多村民都回来开始承包土地种植苗木，规模就逐渐形成了。"董明洪介绍，在村委的带动引领之下，永和村的苗木种植规模越来越大，全村70%以上土地都种上了苗木，甚至一度成为整个华东地区规模最大的榉树苗木供应产地。

苗木种植产业的逐渐壮大为当地提供了非常多的就业机会,越来越多在外打工的村民回到家乡工作,如今的永和村,登记在册的4000多位村民中,有一半人直接或间接从事苗木种植、运输等相关产业。钱袋子鼓起来了,村民的小日子也越发滋润。村里铺上了总长52公里的水泥路,几乎家家户户都买了小轿车,小山村再也不见当初灰头土脸的模样。

从2004年算到今天,董明洪在永和村委工作了17年之久,目睹并参与了这个小山村的华丽蜕变。2018年,董明洪当选为永和村的党总支书记,也是从这一刻起,他开始琢磨山村新的发展思路。"我们村委除了引进种植大户来激活苗木种植产业外,还要发挥引领作用,搜集各方面的信息,引导村民种植高附加值的苗木,帮他们获得更大的收益。"伴随着新时代的到来,永和村正在利用现有的水库、丘陵等自然资源优势,依托溧阳1号公路的旅游品牌效应,探索农旅结合的发展新思路,"永和村才刚刚步入乡村振兴的快车道,你下次再来,一定会有新变化!"董明洪满脸自信地说。

(原文刊载于2020年12月29日《现代快报》

记者:徐婷 许燕 宋体佳)

4."村书记话小康"之老河村:从靠天吃饭到村集体存款几千万元

位于溧阳市上兴镇核心区域的老河村是个典型的"城中村",也正是因为独特的地理区位,老河村的发展和上兴镇的崛起紧密相连。上兴镇老河村党总支书记邹荣国说，过去，老河村一个普通家庭辛苦种田也供不起两个上学的孩子，他甚至因为过年没衣服穿找人借钱买衣服。如今的老河村早已摘掉了"穷帽子"，光村集体账户存款就有 3500 多万元，村民人均年收入在当地遥遥领先。

伴随着上兴打造宁南生态创新城的步伐，老河村也在思考自己的未来发展，"我们计划购置一些店面房，进一步带动村民创业致富！"谈到未来规划，邹荣国信心满满。

过去：夫妻俩供不起两上学娃

"我 19 岁那一年，还因为没衣服穿，到我姐姐家里借钱买衣服，那个时候村里大部分人家的状况跟我们也差不多。"对于老河村过去的贫穷，50 岁的邹荣国印象深刻。

作为土生土长的老河村人，邹荣国高中毕业后就被推选为村民小组组长，此后 30 年间，他的职务从小组长变成了村党总支书记，人也从当年那个毛头小伙子变成了中年大叔，用邹荣国的话说，他的整个青春都在围着老河村的老百姓打转。

虽然地理位置上贴近上兴镇中心，但在靠天吃饭的年代，老河村的土地并不比其他地方更肥沃，所以日子过得和周围村庄一样，都紧巴巴的，温饱不成问题，但想要太多也没有。"不是不想干，也不是脑子不够用，是不知道怎么干，浑身都是劲，但就是不知道往哪里使。"邹荣国说，老百姓的无奈可以从种田这件事情上看出来。出去务工的村民能赚到些钱，但留在家种田的人，仍然过着苦日子，"村里有对夫妻，两口子辛苦耕种了 10 亩田，结果一年到头还供不起两个孩子上学，要借钱。"尴尬的现实曾让邹荣国非常苦恼，同时也在他心里埋下了一颗产业富民的"种子"。

现在：村集体账户存款几千万

"其实过去上兴镇也有过以纺织起家的能人，当时有一些村民就跟着开起了生产小作坊，靠天吃饭的状态有了点改变。"邹荣国说，真正的变化是从 2003 年开始的。当年，溧阳市在上兴镇规划布局了工业园区，陆续有企业把工厂搬到这里。工业园区 80% 的土地都在老河村境内，市里划拨的土地征用补偿款让老河村享受到了第一笔红利。

此后，随着企业大规模进驻，邹荣国领着老河村村民紧抓机遇，积极为入驻企业做好配套服务，号召村民回村工作，这样不但解决了企业的用工难题，还让村民的收入有了明显提高，"每年的工资收入基本上都在 8 万元以上"。此外，村里还引导、扶持当地村民创业致富，培养了一个又一个白手起家创业致富的"神话"，从根本上解决老百姓的经济难题。

如今，老河村登记在册的 3580 人中，除去老弱不能工作的，有 800 多人都在当地企业找到了合适的工作。据邹荣国介绍，如今老河村的集体账户上还有着 3500 多万元的存款，每年还有 200 多万元的进账。

"现在随着工业园区的东进，镇区要求退二进三，进行产业调整，今后会有很多商业综合体在这里拔地而起。"邹荣国说，村民的平均年收入早已遥遥领先，眼下最要紧的就是利用村集体账户的这点余钱，多渠道"造血"，引领百姓增收致富。

（原文刊载于 2020 年 12 月 30 日《现代快报》

记者：徐婷　许燕　宋体佳）

第六章　提升乡风文明　走文化繁荣之路

一、新时代文明实践活动点亮"强富美高"新溧阳

习近平总书记强调："我国农耕文明源远流长、博大精深，是中华优秀传统文化的根。我国很多村庄有几百年甚至上千年的历史，至今保持完整。很多风俗习惯、村规民约等具有深厚的优秀传统文化基因，至今仍然发挥着重要作用。要在实行自治和法治的同时，注重发挥好德治的作用，推动礼仪之邦、优秀传统文化和法治社会建设相辅相成。要继续进行这方面的探索和创新，并不断总结推广。"

溧阳，一座具有 1535 平方公里、80 万人口的江南小城，在短短的几年里，获得了全国新时代文明实践中心试点城市、国家城乡融合发展试验区、全国乡村治理体系建设试点县、江苏省社会主义现代化建设试点城市"四大试点"殊荣，这既是溧阳人民不忘初心、砥砺前行、接续奋斗的结果，也是溧阳市新时代文明实践中心与社会治理创新实践成果的生动体现。

建设新时代文明实践中心，是以习近平同志为核心的党中央从战略和全局上作出的一项重大决策，也是打通宣传群众、教育群众、关心群众、服务群众"最后一公里"的重要举措。作为全国 51 个试点城市之一，也是常州市唯一一个全国试点城市，2018 年以来，溧阳坚决夯实工作基础，坚持强化"答卷"意识，以文明实践助力乡村振兴，充分

发挥自身优势，挖掘资源，在实践中探索，在探索中创新，在创新中提高，推动试点工作走深走实，让新时代文明实践工作真正接地气、聚人气、鼓士气，努力形成可复制、可推广的"溧阳经验"和城市品牌，不断推动新时代文明实践中心建设试点工作走在全省、全国前列，推动"强富美高"新溧阳建设不断取得新成果。

（一）聚焦任务，狠抓四大目标建设

1.举旗帜，把中心建成学习传播科学理论思想的大众平台

始终高举习近平新时代中国特色社会主义思想的伟大旗帜，贴近农民思想实际和生产生活实际，采取新的组织形式、传播手段、话语方式，通过丰富多彩的宣传教育和实践活动，让身边人说身边事，用百姓话说百姓事，用大白话说天下事，使理论宣传和思想教育更接地气、更有活力、更有温度。通过组织开展多种形式的文明实践活动，把国家大政方略和科学理论思想宣讲与惠民服务、文化生活、情景体验、情感交流等相结合，让群众在参与和体验中增进了解、增强理解，并做到内化于心、外化于行，努力把全市人民的思想和行动统一到市委市政府的重大决策部署和重要工作中来，真正使中心成为受老百姓欢迎和喜爱的学习传播科学理论思想的大众平台。

2.讲政治，把中心建成加强基层思想政治工作的坚强阵地

市、镇（街道）、村（社区）党（工）委、党组织主要负责同志作为中心（所、站）建设的第一责任人，应从讲政治的高度，切实履行好第一责任。统筹谋划、靠前指挥、主动上阵，把基层思想政治工作有机融入脱贫攻坚、乡村振兴、基层党建和城乡经济社会发展之中，形成三级书记带头抓、多个部门一起干的工作态势，努力把中心建成加强基层

思想政治工作的坚强阵地。充分发挥中心统筹整合、指挥调度的作用，整合基层综合文化服务中心（文化小礼堂）、道德讲堂、百姓议事堂、心愿树爱心工作站、农家书屋等基层思想政治工作阵地，融合爱国主义教育基地、纪念场馆、名人故居、烈士陵园等红色资源，调动群团组织、企事业单位以及"五老"人员、公益人士等各方面力量。打破部门利益和条块分割，提高市镇村三级公共服务资源的综合使用效益，积极开展各种形式的基层思想政治工作，针对不同群体、不同对象的思想实际和现实需求，把解决思想问题与解决实际问题结合起来，不断提高工作实效。

3. 树正气，把中心建成育时代新人展时代新风的精神家园

贯彻落实好《新时代爱国主义教育实施纲要》，精心设计"我和我的祖国""祖国在我心中"等群众性活动载体，开展多种形式的爱国主义教育活动。以《新时代公民道德建设实施纲要》为指引，注重立德树人，大力弘扬社会主义核心价值观，发挥先进模范、身边好人的示范引领作用，树立社会正气，让模范人物更好带动群众，让群众敬好人、学好人、做好人。广泛开展群众便于参与、乐于参与的文化活动，让群众在多姿多彩、喜闻乐见的文化活动中获得精神滋养、增强精神力量。大力倡导科学精神，科学宣传疫情防护知识，提高公众自我保护意识。开展移风易俗、弘扬时代新风行动，推动完善村规民约、行为规范，引导群众自觉抵制封建迷信、宗教渗透、宗族势力等，抵制陈规陋习以及腐朽落后文化侵蚀，涵育文明乡风、良好家风、淳朴民风，让中心真正成为树新人新风的新时代精神家园。

4. 建机制，把中心建成开展中国特色志愿服务的广阔舞台

深入挖掘"学雷锋志愿服务"的深刻内涵和精神实质，大力弘扬"奉

献、友爱、互助、进步"的志愿服务精神，积极探索新时代文明实践志愿服务的有效路径。建立健全机制，强化志愿服务"五化建设"。一是组织化。积极动员组织党员干部和专业人员争做志愿者，加入志愿服务组织。志愿服务总队（支队、大队）要做实建强，切实提高志愿服务的组织化程度。二是项目化。加强对志愿服务的组织引导，有针对性地进行孵化培育，重点打造群众急需、特色鲜明、高质量的志愿服务项目。三是专业化。加强对志愿服务者和服务组织的专业化培训，提高专业化服务的水平，促进供需对接，不断提升服务质量。四是精准化。积极探索百姓"点单"、中心"派单"、志愿者"接单"、群众"评单"相贯通的工作模式，不断提高服务项目的精准化程度。五是平台化。依托"志愿江苏""志愿溧阳"等信息平台，常态化制度化地组织开展有人员、有项目、有规划、有特色、便捷高效的志愿服务。通过建机制、强"五化"，努力把中心建成志愿者施展才华、奉献自我、彰显价值的具有中国特色志愿服务的广阔舞台。

（二）聚合力量，强化五大抓手落实

1.注重宣传强声音

（1）发挥媒体作用，传播积极影响。充分依托市融媒体中心，系统深入地报道全市各地各部门文明实践工作的有效做法和鲜活经验，引导广大群众积极参与文明实践活动，大力宣传文明实践工作中涌现出来的先进集体、先进个人，在全社会营造浓厚氛围。同时注重运用网络、微信、抖音等新媒体，拓宽对外宣传渠道，积极宣传推介本市的特色做法和突出成绩，传播积极影响和正能量，不断提升品牌影响力和美誉度。

（2）紧扣方针政策，提高宣传成效。以党的十九大精神宣讲为主线，积极宣传阐释党中央、国务院大政方针和省、市为民利民惠民政策，帮助农村干部群众了解熟悉政策、掌握政策，特别是围绕实施乡村振兴战略，把脱贫攻坚、致富兴业、农村改革、民生保障、生态环保等与农民利益密切相关的政策讲清楚讲明白。以庆祝改革开放 40 周年和新中国成立 70 周年等重要时间节点为契机，广泛开展了群众性主题教育活动，把讲道理与讲故事结合起来，与国家的发展、民族的梦想联系起来，引导人们诚实劳动、不懈奋斗，用自己的双手创造美好生活。这些宣讲，不仅紧扣了党和国家的大政方针，有高度，也联系到城市的发展和广大群众的工作、生活实际，接地气，有温度，提高了宣传成效。

（3）打造宣传品牌，扩大社会影响。"小城故事"是市文明实践中心建设中推出的一个宣传载体，目前已逐渐成为一个深受老百姓喜爱的宣传品牌。两年来，溧阳以"小城故事　美音溧阳"为主题，通过建立常态化"小城故事"挖掘、报送机制，组建百名"小城故事"宣讲员，进一步完善视听说"五个一"，不断挖掘身边发生的善行义举、好人好事，在全市老百姓中进行了近百场的宣讲活动，积极打造宣传品牌，彰显品牌价值扩大了社会影响。

2. 整合资源强平台

（1）整合资源建设五大平台。按照《江苏省"十三五"时期基层基本公共服务功能配置标准（试行）》的要求，完善基层基本公共服务阵地，强化资源整合和功能融合，建设了五大平台。一是打通党校、党群服务中心、党员电教中心、党员活动室、道德讲堂、文化服务中心、应急广播体系、有线智慧镇等，建立理论宣讲平台。二是打通普通中学、职业学校、小学、青少年活动中心、乡村学校少年宫、未成年人社会实践基地、在线学习直播中心等，建立教育服务平台。三是打通戏剧团等文艺团体、文化馆、图书馆、博物馆、影剧院、文化站、文化小礼堂等，建立文化服务平台。四是打通科普示范基地、益农信息社、科普中国乡村 e 站、科普活动室等，建立科技与科普服务平台。五是打通公共卫生服务机构，建好用好体育场馆、农村健身活动场地，推动中小学体育设施对外开放，建立健康促进与体育服务平台。

（2）协同推进发挥平台作用。在建立理论宣讲平台、教育服务平台、文化服务平台、科技与科普服务平台、健康促进与体育服务平台的基础上，通过整合形成了五大平台联席会议制度，明确专人参与新时代文明实践中心的管理服务等工作，建立五大平台统筹使用、协同运行的高效机制，根据文明实践工作需要统一调配使用，切实提高市、镇、村三级公共服务资源综合使用效益，充分发挥平台作用。通过资源整合，完善更新了文明实践"资源库"和"项目库"，并常态化向群众公布，使五大平台文明实践实践活动面向基层常态开展。加强基层文明实践所（站）建设，不断提高功能性和使用率，确保新时代文明实践中心（所、站）真开门、真服务，让群众真受益、得实惠。加大镇、村新时代文明实践点的建设力度，在名人故居、村史馆、非遗传承基地、文保点等场所建设文明实践点，为群众提供身边的教育、文化和服务平台。加强文明实践志愿服务信息平台建设，动态发布供需信息，公示志愿服务项目和活动安排，方便群众即时查询、预约、提出个性需求，实现"群众点单——中心（所、站）派单——志愿者或志愿服务组织接单——群众评单"精准服务模式。

（3）建好用好融媒体中心。主动借助新媒体传播优势，创作丰富多彩的融媒体产品，开展网络文明实践活动，同时推进公共服务资源的数字化、网络化，打造文明实践信息互联互通、资源共用共享的工作平台。各平台的机构、人员、资源设施等权属不变，根据文明实践工作需要统一调配使用，明确专人参与新时代文明实践中心（所、站）的管理服务等工作，并纳入个人年度绩效考核。

3.建设队伍强组织

（1）大力发展文明实践志愿者。新时代文明实践中心（所、站）的主体力量是志愿者。充分激活农村各类志愿力量，推动市镇两级党政机关、国有企事业单位、村两委在职党员，带头加入志愿服务队伍。鼓励农村退休干部、退休教师、"百姓名嘴"、返乡创业人士、文化能人、社会体育指导员以及先进模范人物等"新乡贤"积极组建志愿服务队伍。依托心愿树爱心工作站、乡风文明志愿岗等，引导广大农村群众参与志愿服务。引导城市志愿力量向农村拓展延伸，促进各级文明行业、文明单位志愿服务队与新时代文明实践中心（所、站）结对共建。动员学校师生、理论工作者、文艺工作者等专业化志愿服务力量参与文明实践志愿服务。新时代文明实践中心（所、站）通过分级招募志愿者，分别组建了文明实践志愿服务总队、支队、大队，由市、镇（街道）党政主要负责同志和村两委主要负责人分别担任总队长、支队长、大队长。全市在职党员文明实践志愿服务参与率要达到80%以上、人均每年从事志愿服务时间达到20小时以上，基层群众参与文明实践志愿服务的人数达到本地常住人口的13%以上。充分发挥枢纽型、支持型志愿服务组织作用，推动城市公益组织、专业社工机构培育服务农村的志愿队伍。

（2）大力发展文明实践志愿服务组织。加快志愿服务标准化站点建设，加大项目孵化、团队培育和活动组织的支持力度，建立健全志愿服务数据库，动态掌握队伍的基本数量、骨干力量、服务项目、服务内容、覆盖人群等情况，提高文明实践志愿服务组织化程度。

4.构建体系强机制

（1）出台办法，明确责任。通过制定下发《2019年溧阳市建设新时代文明实践中心工作考核办法》，出台新时代文明实践中心建设考核办法，对组织架构、阵地建设、志愿队伍、实践活动、信息上报等工作列出详细考核要求，确保责任落实、工作落地。全面推进市新时代文明实践的工作网络建设，搭建市镇村三级文明实践体系，全市11个镇（街道）、45个城市社区、173个行政村新时代文明实践所（站）全部建成。建立新时代文明实践联席会议制度，召开全市建设新时代文明实践中心工作现场推进会，组织志愿者进行专题培训。建立市、镇、村三级"书记清单"，推动"第一责任人"守土有责、守土担责、守土尽责。建立文明实践工作述职制度，文明实践所长（站长）每半年向中心（所）进行书面述职，确保文明实践各项工作落到实处、取得实效。2020年初还出台了《深化新时代文明实践中心建设试点工作实施方案》，部署实践所（站）规范化建设和运转，进一步加强组织体系建设。

（2）加强考核，狠抓落实。建立健全监督考核机制，把新时代文明实践中心建设工作纳入市、镇党政领导班子和领导干部实绩考核，纳入意识形态工作责任制落实情况监督检查，纳入文明城市创建标准，在文明程度指数测评中赋予一定的权重。市委宣传部负责强化对新时代文明实践中心建设工作的督查和考核，特别是加强对文明实践站阵地建设、队伍组建、活动开展等方面的指导和培训，对于人员、资金、保障措施不到位，履职不力、工作缓慢、效果较差的，视情况予以问责追责。

5.开展活动强载体

根据各类阵地的承载能力、活动形式、功能设置、使用情况等，依托"志愿溧阳"平台，组织引导志愿者采取开设讲堂、恳谈交流、心理疏导、公益帮扶、上门拜访等灵活多样的形式，开展全覆盖、分众化、菜单式的文明实践活动，帮助农村群众解决思想认识、政策法规、生产生活、情感心理等方面的困难和问题，做到宣传教育与引导践行相结合、理论宣讲与技能传授相统一，既学习又实践，既明理又躬行，实现教育与实践的良性互动，让人们在活动参与中体悟美好生活、提高自身素质。通过各类活动的开展，进一步强化载体功能，突出实践作用。

（1）学习实践科学理论。结合基层党员冬训、"百姓名嘴"基层巡讲、文化科技卫生"三下乡"活动等，积极运用"学习强国"网络平台、江苏大讲堂等资源，采取农村群众听得懂、易接受的方式，深入学习宣传习近平新时代中国特色社会主义思想，引导农村党员群众领会掌握这一思想的基本观点、核心理念、实践要求，不断增进政治认同、思想认同、情感认同，增强"四个意识"、坚定"四个自信"，更加自觉地维护核心、拥戴领袖，更加自觉地在党的领导下走中国特色社会主义道路。紧密结合农民实际，抓住农时季节、重要节庆等时间节点，组织开展形式多样的教育实践活动，让农民群众更真切地领悟党的创新理论成果，更好地用于指导生产生活实践。

（2）培育践行主流价值。开展好邻居、好媳妇、好公婆评选和寻找"最美家庭"、文明家庭创建、邻里节等活动，引导农村群众向上向善、孝老爱亲、重义守信、勤俭持家。加强农村未成年人思想道德教育，关心关爱留守儿童、孤残儿童等困境儿童，帮助他们扣好人生第一粒扣子。建好用好道德讲堂，用身边好人的感人故事和可贵精神引导农村群众自觉追求讲道德、尊道德、守道德的生活。深入开展创建文明村镇活动，不断提高群众的参与度和支持率。加强网络文明建设，做强网上正面宣传和舆论引导，培育积极健康、向上向善的网络文化。深入开展宪法学习宣传教育和"七五"普法活动，开展"法护人生、法进家庭、法润村居"活动，推进民主法治示范村创建工作，推动社会主义法治精神走进农村群众、融入日常生活。按照核心价值观的要求，修订完善村规民约，褒扬善行义举，贬斥失德失范，引导农村群众强化规则意识和律己意识。

（3）丰富精神文化生活。扶持民间文艺社团和业余文化队伍，传承农耕文化、民间技艺、乡风民俗，激发农民自办文化的积极性，把活跃在农村的文化能人、民间艺人组织起来，把群众参与文化活动的热情调动起来。持续开展"送文化、种文化"活动，引导广大文化文艺工作者深入生活、扎根人民，用心用情用功抒写伟大时代，不断推出讴歌党、讴歌祖国、讴歌人民、讴歌英雄，具有浓郁乡村特色、充满正能量、深受农民欢迎的作品，把丰富的精神食粮送到老百姓手头、送到老百姓眼前。深入挖掘和弘扬中华优秀传统文化蕴含的思想观念、人文精神、道德规范，结合时代要求和地域特色进行创造性转化、创新性发展，深化拓展"我们的节日"主题活动，精心组织"中国农民丰收节"等活动，增强文化自信和民族自豪感。经常性地组织开展中国梦歌曲大家唱、乡村广场舞、地方戏曲会演、戏曲进乡村、读书看报、文艺培训等活动，提振农村群众的精气神。

（4）倡导文明生活方式。深入开展移风易俗、弘扬时代新风行动，发挥农村党员干部示范带动作用，发挥村民议事会、道德评议会、红白理事会、禁赌禁毒会等群众自治组织作用，发挥村规民约作用，培育文明乡风、良好家风、淳朴民风，焕发乡村文明新气象。倡导绿色生活，组织农村群众从生活垃圾治理等身边小事做起，自己动手净化绿化美化家庭院落和公共空间。推进全民健康生活方式行动，提升个人健康意识和行为能力，推动科学健身、全民健身。宣传普及社会交往、公共场所、文明交通、文明旅游、文明上网等方面的礼仪规范，引导农村群众自觉遵守公共秩序和规则。弘扬科学精神，普及科学知识。加强无神论宣传教育，依法规范农村宗教事务，着力解决农村宗教领域存在的突出问题。充分发挥基层党组织关爱帮扶、精神慰藉作用，多做释疑解惑、教育引导的工作，多做凝聚群众、服务群众的工作，多做解难帮困、温暖人心的工作。强化农村殡葬领域突出问题专项整治，加强农村演出市场管理，推动"扫黄打非"深入基层，净化社会文化环境。

（三）聚力创新，打造六大特色形成

1."小城故事"大主题

溧阳着力推动社会主义核心价值观落细、落小、落实，以"小城故事 美音溧阳"为主题，挖掘和宣传身边发生的善行义举、好人好事，把"大主题"做成"小切口"，用"小故事"讲述"大道理"，用"新制度"弘扬"新风尚"。

（1）把"大主题"做成"小切口"。为进一步深化新时代文明实践活动内容，给广大群众提供一个展现生活故事的窗口，溧阳市委宣传部、市慈善总会、市文明办、市民政局和溧阳广播电视台联合打造了一档全新公益访谈类节目——新时代文明实践《小城故事》。节目以"身边人讲身边事"的模式展开，发挥文明实践以文化人、成风化俗的作用，通过讲述身边的爱心故事、感人故事，深入发掘文明实践的闪光点，从而感动、教育、带动并帮助更多的人，提升广大市民群众的获得感和幸福感，让习近平新时代中国特色社会主义思想真正在溧阳落地生根。

（2）用"小故事"讲述"大道理"。溧阳市文明办打造新时代文明实践中心，在实践中心内还设置面积达600余平方米的"小城故事幸福加油站"，设置"强信心""筑同心""暖人心""聚民心"四个板块，以讲述、展示、访谈等方式，广泛宣传身边的善行义举、好人好事以及传承和弘扬中华传统美德的各种行为："吴仁宝式"的好书记陈萍、命途多舛却创造了"书香神话"的周春雷、"光脚妈妈"孔彩芳、"救人专业户"缪小福……溧阳新时代文明实践中心的墙面上记录着这座小城的故事，引导广大群众自觉践行社会主义核心价值观。

（3）用"新制度"弘扬"新风尚"。溧阳制定下发《2019年溧阳市建设新时代文明实践中心工作考核办法》，全面推进溧阳新时代文明实践的工作网络建设，搭建市、镇、村三级文明实践体系，全市11个镇

（街道）、45 个城市社区、173 个行政村新时代文明实践所（站）全部建成。建立新时代文明实践联席会议制度，召开全市建设新时代文明实践中心工作现场推进会，组织志愿者专题培训 2 次。建成网上志愿服务平台，建设注重资源有效整合。新时代文明实践中心（所、站）对全市各类公共服务资源进行统筹整合、共享使用，职能部门结合实际积极参与文明实践活动。一系列行之有效的制度，有效推进基层治理体系和治理能力现代化，引领了小城的文明新风尚。

2."五堂一站"微治理

基层是社会治理的深厚基础和重要支撑，治国安邦重在基层。近年来，溧阳市始终坚持以人民为中心的发展理念，系统实施文明实践的"微民生"工程，建设如意小食堂、道德讲堂、百姓议事堂、文化小礼堂、幼童小学堂和心愿树爱心工作站等"五堂一站"民生品牌，打通服务群众的"最后一公里"。

（1）以人为本，坚持共建共治共享。坚持和完善共建共治共享的社会治理制度，必须尊重人民主体地位、坚持以人民为中心。为解决高龄、"空巢"老人吃饭难问题，满足老年人日益增长的养老就餐服务需求，自 2017 年起，溧阳市开始尝试建设"如意小食堂"，为老年人提供助餐服务。以溧城镇北郊社区为例，"如意小食堂"采取订餐制方式，有需要的家庭可以向所在社区预约就餐，对于 60 岁以上的老人，每顿按 8 元的标准配菜，但个人只要掏 6 元，另外 2 元由政府补贴。目前溧阳已建成"如意小食堂"20 家，覆盖老年人 1.2 万余名。在公共文化惠民方面，溧阳市在利用原有文体设施的基础上，与非遗传承基地、村史陈列室等特色场所相结合，建成 126 个各具特色的"文化小礼堂"，推出文体项目菜单式服务，实现群众文化需求和公共文化服务供给的精准对接，打通了公共文化惠民"最后一公里"。在学龄前儿童教育方面，溧阳市着力促进学前教育优质均衡发展，按"1 万左右常住人口设置 1 所幼儿园"原则进行布局，满足适龄幼童学前教育需求。同时，对家庭经济困难子女每生每年资助 3000 元，让每个孩子都能在"幼童小学堂"接受公平而有质量的教育。

（2）群众自治，构建社会治理共同体。自治是基层社会运行的重要方式和依托，是基层社会充满活力的重要源头，它不但有利于激发群众的积极性主动性创造性、增强社会认同，还有利于减少矛盾冲突、增进社会和谐。随着城市化进程加快，农村大量青壮年劳动力涌向城市，农村成了老幼妇孺之所，村民参与自治的积极性不高。同时，农村几经撤并，行政村范围扩大，事多人少。为破解农村治理的难题，溧阳市戴埠镇率先在具有代表性的圩区新桥村试点设立"百姓议事堂"，探索组织以老干部、老党员等为主体的群众参与矛盾纠纷排查化解、重大村务讨论等工作机制，实行民事民议、民事民办、民事民评，有效激发了村民参与自治的活力。在第三次土地确权常州试点工作中，新桥村依托"百姓议事堂"，顺利完成全村 1070 户、3267.67 亩土地确权工作，得到市委市政府及社会各界的高度认可，并迅速在全市推广。

"百姓议事堂"由若干名理事组成，理事选任实行聘任制，采取民主推荐和个人自荐相结合的方式，通过遴选提名、村民表决、公开信息等程序，推选为人公道、责任心强、在村内有威望的热心人士担任。提倡回乡居住的离退休干部、老党员、老教师、专业技术人员、种养大户、各类合作社和专业协会负责人及专兼职网格员、志愿者等担任理事。村（居）党组织主要负责人兼任"百姓议事堂"理事联络员，牵头组织理事开展各项活动。目前，溧阳市已建成市、镇、村三级"百姓议事堂"231 家，其中市级 1 家、镇级 11 家、村级 219 家，实现了市、镇、村三级网络全覆盖。"百姓议事堂"受到司法部等部门高度评价，被评为江苏省第二批法治实践优秀案例以及全国十大社会治理创新项目。

（3）特色引领，开创基层微治理新格局。习近平总书记指出，加强和创新社会治理，关键在制度创新，核心是人，重心必须落到城乡社区。创新不是目的，创新的目的是为了更好地治理。近年来，溧阳市溧城镇基层干部在日常扶贫帮困工作中发现，传统政策慈善的精准性和针对性不够，帮扶效果不明显，受助群众的参与感、获得感、幸福感不强。为有效打通党委政府与人民群众的"最后一公里"，溧阳溧城镇在充分调研论证的基础上，成立溧阳首家心愿树爱心工作站，以"情感慈善"的创新理念，为困难群众提供物质和精神双重帮扶。

心愿树爱心工作站建有严密的基层网络，每个村和社区均设有爱心信息员，他们以志愿者身份通过上门走访、网络调查等多种形式了解困难群众需求，并进行分类筛选、汇总、上报。每个心愿树爱心工作站均签有机关事业单位、企业、社会组织等爱心共建单位，共建单位以生活物资、致富技能、文化活动等多种资源支持爱心工作站。爱心工作站设置爱心超市、爱心作坊、爱心服装店、爱心食堂、爱心书画室等"五大载体"，打造"大年初一走亲戚""爱心承诺书""爱心生日档案""爱心年夜饭"四大志愿服务品牌。心愿树爱心工作站自成立以来，广大志愿者积极参与，各机关企事业单位、社会组织等踊跃响应，精准帮扶了一大批困难弱势群体。目前，溧阳各镇（街道）实现心愿树爱心工作站全覆盖，"点亮心愿树，微爱满溧阳"成为一道亮丽的风景线。

3.志愿服务新常态

以打造"小城故事"为主题，溧阳积极探索"微民生""微心愿"，将志愿服务真正送到每一位群众的心坎里。自2015年创建全国文明城市以来，在溧阳，以服务社会、服务他人为目的的志愿事业实现了从小到大、从弱到强、从"一"到"众"的转变，志愿服务理念渐入人心，志愿服务机制愈加完善，志愿服务在溧阳遍地开花。

（1）志愿服务深化普及。近年来，溧阳整合资源，培育和扶持各类志愿者组织，建成志愿溧阳综合信息服务平台，加强志愿服务指导中心建设，文明实践志愿队伍不断加强。目前，溧阳全市组建新时代文明实践志愿服务支队 105 支，大队 230 支。在册活跃志愿者达 25000 余人，2019 年全年开展志愿服务活动 4588 项。

（2）志愿服务精准有效。为扩大志愿服务的影响力，溧阳以市、镇、村三级新时代文明实践阵地为网络，着力建设中心"端菜"、群众"点单"、志愿者"埋单"的精准服务新模式，有针对性地解决好基层群众在生产生活、精神文化等方面最紧迫、最关注、最期盼解决的现实问题。同时，高标准建成志愿者综合信息服务平台，试点打造新时代文明实践"四屏"（手机、电脑、电视机、户外电子屏）宣传宣讲阵地，逐步形成志愿服务"人人可为、时时可为、处处可为"的良好格局。

（3）志愿服务亮点频现。打造特色志愿服务品牌是扩大志愿服务影响的有效途径。随着志愿服务活动的广泛开展，参与志愿服务的人员、志愿服务的类别和项目也日益增多。溧阳组织开展"我和妈妈有个约会""10000 杯绿豆汤的旅行""行走的志交会"等特色志愿服务品牌活动，活动内涵丰富，带动面广，获得社会各界好评。"美音溧阳小城故事"主题活动在全省志愿服务展示交流会上惊艳亮相，获得省、市各级领导高度评价。

4.精准"五促"到农家

溧阳实施"新时代文明实践五到农家"主题活动紧扣"富、学、美、乐、和"五大发展导向，统筹整合文明家庭创建、家庭文化建设、家庭教育指导和家庭道德养成，大力培育新农民、倡导新风尚、建设新环境、发展新文化，拓展新时代文明实践中心建设途径，更广泛、更有效地凝聚动员广大家庭投身于宁杭生态经济带最美副中心城市建设。

（1）促富到农家，助产业兴旺。实施百场技能培训，面向农村创业带头人、农产品经纪人、返乡青年等，开展农业实用技术、电子商务、家政服务、手工制作等示范培训100场，推动"互联网＋农业"平台建设；培育百个农旅项目，探索农旅融合模式服务乡村振兴，成立巾帼旅游经营者协会，命名一批巾帼美宿和创意休闲产品示范项目；开展岗村百场共建行动，利用遍布城乡、覆盖各行各业的全国、江苏省、常州市三级"巾帼文明岗"优势资源，开展"下基层、接地气、办实事"岗村联动结对活动，帮助解决结对村的实际需求，促进城乡妇女共同进步、和谐发展。

（2）促学到农家，强思想引领。溧阳采取市、镇两级呼应，分层建强一支"新时代文明实践巾帼好声音"宣讲团，开展百场主旨宣讲，把农村改革、民生保障、致富兴业、生态环保、文化服务等相关政策弄透讲清，将党的十九大，十九届四中、五中和六中全会等重要会议和主题教育活动精神在第一时间传达，让党的声音传播到基层。着力打造一支"新时代文明实践最美家庭工作联盟"，让看得到、听得到的身边人的故事，成为街坊邻里听得进、记得牢的学习标杆，让广大妇女和家庭在参与寻找最美家庭中相互学习欣赏、相互启发提高，潜移默化催生崇德向善、爱国爱家的内生力量。

（3）促美到农家，靓人居环境。创建百家美丽庭院，开设百场家居课，拍摄"美到农家"居家整理系列微视频、线上线下开设80场家居整理微课堂、20场微沙龙；组织百场环保行动，组建"垃圾分类 主妇先行"志愿服务队175支，进村入户开展垃圾分类宣传引导工作，提倡物尽其用，减少废弃的文明生活习惯，促进源头减量和资源回收。

（4）促乐到农家，助移风易俗。围绕"文化惠民""文化乐民"，办好新时代女性形象管理、家庭厨艺、美音溧阳茶文化三大公益课堂，做好青少年能力素质训练营、父母微课堂、守护"星星的孩子"三大主题项目，在新媒体平台同步发布课程信息，方便群众按需选择按兴趣参与。以村为单位组建广场舞、太极拳、功夫扇等1000余支巾帼健身团队，常态化开展演练竞赛、文艺汇演，推动群众生活焕发新风貌，为乡村带来勃勃生气。广泛设立乡风文明宣传岗，旗帜鲜明反对铺张浪费、婚丧大操大办等陈规陋习，以教育引导、实践养成、制度保障，正风俗，淳乡风，实现群众自我约束、自我管理、自我提高。

（5）促和到农家，解矛盾民忧。举行百场巾帼议事，推动将妇女议事会纳入各村协商民主机制，确定每月20日为"妇女议事日"，组织妇联执委或妇女骨干，帮助反映和推动解决身边问题。深入推进"平安家庭"建设，以法律讲堂和广场咨询为主要形式，打造一批"家庭维权示范工作室"。联动百场关爱行动，扎实推进农村困境妇女"两癌微心愿""两癌救助"等重点项目，持续做好全市困境儿童"春蕾助学"活动，打造"候鸟高飞"品牌项目。

5.善美家风入村规

（1）传统美德教育和典型示范引导，激发道德自觉。寻访百户"最美家庭"，命名表彰镇（街道）级"最美家庭"1000户、市级"最美家庭"100户，举办"好家风　润溧阳"——最美家庭故事展演和"我们的家风"主题道德讲堂，挂牌成立"新时代文明实践　溧阳市最美家庭工作联盟"，引导群众重信义、讲道德，增强价值认同；推选百名身边典型，以村为单位，广泛开展"好公婆、好儿女、好邻居、好母亲"等榜样评选活动，引导群众向上向善、孝老爱亲，增强情感认同。

（2）开展"廉政文化进家庭"活动，弘扬清风正气。自从2018年起，溧阳市家规家训教育馆开馆暨溧阳市"善美家风"三年行动计划启动，推出大型原创廉政题材锡剧《等你回家》，组织编写《名人家规家训集》《优秀勤廉家书汇编》等书，倡导清正廉洁、传承善美家风。溧阳依托省级廉政文化旅游专线——"山水茶竹廉之韵修身之旅",借助全域旅游开发之机,深度挖掘地域文化、历史文化、红色革命文化中的廉元素,倾力打造"30 分钟廉政文化导航圈",如以"八德"为主题的昆仑街道从政八德教育馆,展示了中国优秀传统文化和道德规范;溧阳戴埠镇的举善馆则将善文化与廉文化相结合,以优良善文化推动廉政文化落地生根;溧阳竹箦镇红色廉洁思想教育馆以新四军"铁军"精神为依托,成为党员干部接受红色廉政教育的重要基地……目前,溧阳市已初步形成全市 11 个镇(区)街道廉政教育基地"一镇一品"的新格局。

6.凡人善举塑人格

城市是一个生命体,城市治理是国家治理的重要组成部分。习近平总书记在上海考察时曾指出,城市是人民的城市,人民城市为人民。要坚持以人民为中心,聚焦人民群众的需求,努力创造宜业、宜居、宜乐、宜游的良好环境,让人民有更多获得感。在推进新时代文明实践过程中,溧阳市一方面积极传承和拓展经典的历史内涵,另一方面竭力挖掘和构建与经典一脉相承的价值体系,让信义忠勇、慈孝明慧成为老百姓认可的城市精神基因和集体人格"标签"。

溧阳深入挖掘了"光脚妈妈""溧阳托举哥"等一批正能量典型事迹和人物,通过凡人善举展现城市集体人格,引起了全国媒体广泛关注。此外,溧阳市还出台了关爱礼遇道德典型实施办法。持续提升掌上道德讲堂的影响力,常态开展典型选树,引导群众践行社会主义核心价值观。溧阳2019年推荐获评常州市道德模范2人,常州好人10人(组),江苏好人3名和中国好人2名。面对新冠肺炎疫情来袭,溧阳发出志愿者招募令,不到两天,16000名志愿者迅速集结,投入社区(村庄)检查、隔离点帮扶、心理健康咨询、交通卡点等疫情防控一线。59岁的退休职工顾龙彪天没亮就从家出发，骑行 30 多公里到卡口执勤到深夜，常常一包方便面就对付一餐。这种崇德向善的社会风气，彰显出强大的城市凝聚力和战斗力。

二、文明实践绚丽花

50 多年党龄的老党员满怀深情地过政治生日、穿着红马甲的志愿者为群众送去微笑和服务、文艺志愿者用文艺节目展示风土人情、"网格蓝"行走在田间村落宣传移风易俗相关要求……行走在溧阳市埭头镇的土地上，这样的文明新风随处可见。

自 2018 年以来，溧阳市成为全国新时代文明实践试点单位，埭头镇作为溧阳唯一一家常州市新时代文明实践试点的乡镇单位，充分利用现有资源，积极拓展优势资源，打造"1 + 7 + 20"新时代文明实践阵地。同时，依托现有农村公共文化服务体系，在原有的党员积分、志愿团队、锣鼓舞蹈队的基础上，整合机关事业单位、企业、农村的文化人才，按照"专业 + 草根"相互补充、"专职 + 业余"相互辅助的原则，不断发展壮大村级文明实践队伍，绽放出极为可贵的文明实践之花，顺利获评全国文明镇。

（一）党员"积分制"管出先锋"红"

近年来，埭头镇党委在埭头村、余家坝村先后试点党员积分管理制度，将积分制度引入党员日常管理中，用"小积分"管好"大队伍"，不断激发基层党组织活力，充分发挥了"一个党员就是一面旗帜"的先锋效应。

积分制从政治生活、履职情况、服务意识、遵章守纪、群众意见等方面设置基础分，把党员所做的每一件事、每一份贡献都以"积分"形式表现出来，促使党员把积极"挣"分的过程转化为提升组织观念的自觉行动，"积分制"也已成为党员积极投身公益事业的驱动力。

埭头镇创新设置党员活动二维码，提升党员的认同感，只要扫码即可观看每位党员参加理论宣讲、志愿服务、主题党日等活动时的精彩画面。此外，"身边党员讲身边故事"、党员"餐前十分钟"等宣讲活动，也促使文明实践的理论宣讲润物无声般直抵心灵。

余家坝村老党员刘志明，是位拥有48年党龄的老党员，他热衷到如意小食堂给老人们念报纸，也喜欢在村民家中办红白事时登门宣传村里新"政策"（"红4条"和"白6条"）。每年的政治生日，刘志明从不缺席，因为那一刻，他觉得无比激动和光荣。

（二）移风易俗移出文明"蓝"

乡风文明是乡村振兴的保障，提升乡风文明，绕不开移风易俗这道坎儿，溧阳市埭头镇坚持弘扬社会主义核心价值观，以文化人、成风化俗，用文化润泽"美"、用道德涵养"美"、用新风延续"美"。

余家坝村村干部夏正春是移风易俗的坚定推行者。2020年起，夏正春定期穿上蓝色的网格管理员服装，活跃在田间地头，将厚养薄葬、孝老爱亲、健康生活、杜绝浪费的倡议书送到家家户户。

余家坝村村民之间有着约定俗成的共识，全村以29个姓氏家族为基础，修订家风家训60余条。全村200多户"五好文明家庭"，家家以争得"文明积分"为荣。在村里制定了"红4条"和"白6条"标准及《简办婚丧事激励措施》后，群众拍手称好。2020年，余家坝村按照新

规办理白事 25 起，通过理事会审核发放奖励金 1 万余元，为群众节省 10 余万元。

（三）志愿服务结出暖心"橙"

在溧阳市埭头镇，还有一群老阿姨的志愿之行，是从跳广场舞开始的……

"阳光关爱"志愿服务队本是一个自娱自乐、跳舞舞龙的自发群体，由一群有着共同爱好的老阿姨组成，当得知溧阳正推进新时代文明实践中心建设，她们开启了志愿服务的步伐。集镇居民中哪家老人独居、哪户家庭困难，志愿者们一清二楚，并自愿进行志愿结对，"您有求，我有应"成为她们的宗旨。

志愿者史梅林，结对帮扶孤寡老人庄小贤，经常陪老人聊天、谈心，并帮助老人购买生活用品。一次，老人不慎摔了一跤导致左腿骨折，史梅林第一时间陪老人上医院检查，其间帮老人洗澡、换药，每星期接送老人到医院复诊、配药，直至老人痊愈。

面对单亲家庭儿童、留守儿童及外来流动儿童，志愿服务队多方筹措，建立情感驿站，在情感上给予他们特殊的关爱，并在寒暑假无偿为他们指导作业。志愿者还组织未成年人开展"八礼四仪"养成教育、未成年人情感驿站学习弟子规、"带我回家"——关爱外来人口子女、感恩母亲、庆六一关爱留守儿童等活动，让社区未成年人把礼仪带进学校，把微笑带给队员，把孝敬带给长辈，把谦让带给社会。

（四）丰富文化舞出生活"色彩"

"画诗埭头，人间诗画"埭头，本就是富饶水乡，聘聘袅袅，古韵悠长。在新时代文明实践试点建设过程中，丰富的文化生活不可或缺。埭头镇目前共有文化大院、大讲堂、农家书屋等公共文化服务点 20 处，文艺演出队伍 8 支，"埭你听"文艺服务品牌家喻户晓。

当舞龙舞狮队的锣鼓响起、"龙荡船"划起、巡回演出队的快板打起，埭头人的文艺时间已经开启。文艺队的志愿者们自编自导节目，将理论宣讲、生态环保、文明家风、文化惠民、移风易俗等寓于节目之中，通过快板、三句半、小品等文艺形式，将新风传递到家家户户。

埭头镇，作为溧阳市镇域面积最小的乡镇，却是全市唯一一家全国文明镇，拥有 2 个全国文明村。在新时代文明实践中心建设的道路上，埭头镇从"上下同心"到"行动同向"，从"部门共参与"到"全民齐行动"，绽放出别样的光彩。

彩虹路、暖心站、文明城

——溧阳扎实推进新时代文明实践中心建设

生态红利持续释放、百姓生活幸福喜乐、志愿精神大放异彩……记者日前来到常州溧阳，发现这里的新时代文明实践中心建设亮点纷呈。

一条公路的色彩

天目湖的清秀、神女湖的恬静、曹山的浪漫……驱车行驶在溧阳1号公路，处处都能领略到"人在景中走，如在画中游"的山水之乐，红黄蓝描绘成的彩色公路如飞舞的丝带，蜿蜒向前。

这条长达365公里的"彩虹路"，将全域景点、乡村旅游点串珠成线。

曹山位于溧阳北部丘陵地带，过去因交通不便，游人罕至。"溧阳1号公路在城乡间架起人流、物流、商流的便捷通道，如今来曹山的游客越来越多，仅2019年就接待游客398万人次。"溧阳曹山旅游发展有限公司副总夏建芬告诉记者，目前总投资280亿元，占地近万亩的曹山未来城项目已开工建设。

这条溧阳的"生态长廊"，还串起沿线10万农民的致富路。

"以前很多村民外出打工，房子空着成了'麻雀窝'。现在整个区域旅游都被溧阳1号公路盘活了，不少人回来创业，一年收入就有十几万元。"溧阳市富民资产合作社社长潘建华说，溧阳1号公路沿线300多个大小村庄各有特色，之前很多没人去的山村，也成了创收的"小金矿"。

农路变景点，农区变景区。以溧阳1号公路为依托，溧阳探索出一条"田园生金"的乡村振兴之路。2019年，当地全年接待游客突破2000万人次，实现旅游总收入257亿元。溧阳老百姓的生活也像"彩虹路"一样，越来越丰富多彩。

一个小站的温度

"您好，请问您有什么心愿吗？可以填写一份心愿申请表。"走进溧城镇心愿树爱心工作站，工作人员热情地前来招呼。在这个只有240多平方米的空间里，爱心作坊、爱心书画室、爱心超市、爱心服装店等一应俱全，处处体现着小站的温度。

在溧阳，"心愿树"是一个温暖的名字，对于困难群众，代表着幸福和希望。

"这些衣物都是社会各界爱心人士捐赠的，由工作人员定期清洗消毒和整理熨烫后，提供给低保户、五保户和残疾人等困难群众。"溧城镇心愿树爱心工作站站长陈萍指着爱心服装店里整齐摆放的衣物告诉记者，在溧阳，这样的心愿树爱心工作站已达6家，实现镇（街道）全覆盖。6年来，共收到心愿申请2464份，发放补助金424000元，受助总人数达27723人。

从小站出来已近饭点，记者注意到，陆续有老人走进隔壁的如意小食堂刷卡吃饭。食堂志愿者石小军告诉记者，2017年起政府开始建设如意小食堂，仅溧城镇就有11家，主要为60岁以上老人提供餐食服务，每人每餐次标准为8元，其中政府补贴2元，个人支付6元，"饭烧得软，菜有两荤两素一汤，很合老年人胃口……"社区王大爷说，"政府做的这件事真的让我们很如意！"

溧阳市委常委、宣传部长张爱文说："溧阳系统实施文明实践的'微民生'工程，建设如意小食堂、道德讲堂、百姓议事堂、文化小礼堂、幼童小学堂和心愿树爱心工作站等'五堂一站'民生品牌，打通服务群众的'最后一公里'。"

一座小城的风尚

走进溧阳新时代文明实践中心，每一面墙都记录着这座小城的故事："吴仁宝式"的好书记陈萍、命途多舛却创造了"书香神话"的周春雷、"光脚妈妈"孔彩芳、救人专业户缪小福……一个个口口相传的名字温暖着这座小城，一个个凡人善举凝聚成这座小城独具特色的精神气质。

在每临大事的关键时刻，这种精神气质就会铸成一股坚不可摧的钢铁力量。

面对新冠肺炎疫情来袭，溧阳发出志愿者招募令，不到两天，16000 名志愿者迅速集结，投入社区（村庄）检查、隔离点帮扶、心理健康咨询、交通卡点等疫情防控一线。59 岁的退休职工顾龙彪天没亮就从家出发，骑行 30 多公里到卡口执勤到深夜，常常一包方便面就对付一餐……

在溧阳，志愿服务已成为一种文明风尚，提升着小城的文明程度。日前，全市组建新时代文明实践志愿服务支队 105 支，大队 230 支，在册活跃志愿者达 25000 余人，全年开展志愿服务活动 4588 项。

"新时代文明实践中心建设既要塑形，更要铸魂。"溧阳市委书记、市长徐华勤说："要将文明实践落实到每一件小事里，融入老百姓的日常生活中，在挖掘城市文化积淀的基础上，培育崇德向善的城市气质。"

（原文刊载于 2020 年 6 月 4 日《光明日报》

记者：郑晋鸣　通讯员：迟亮）

三、红色资源促发展

习近平总书记强调：用好红色资源、赓续红色血脉，努力创造无愧于历史和人民的新业绩，红色资源是我们党艰辛而辉煌奋斗历程的见证，是最宝贵的精神财富，一定要用心用情用力保护好、管理好、运用好。

在我国960多万平方公里的广袤大地上红色资源星罗棋布，溧阳市水西村的革命历史源远流长，威名远扬，是新四军推进苏南敌后的第一站、是全国六大山地抗日根据地之一茅山老区的指挥中心。正如开国中将王必成所说："没有水西村，就没有茅山根据地，就没有东进，就

水西村

没有苏北根据地，也就没有黄桥战役的胜利。"80 多年来，红色摇篮的发源地水西村历经血与火洗礼，已成为一方载入党史、军史的红色高地。

（一）水西村的今昔

水西村由来已久。宋时，永泰乡竹箦上梅的李姓分支迁居来苏乡西北部丘陵区，渐成村落。水西村地属丘陵区，村中却多水域，水西村名由此而来。水西村的党员干部和人民群众不忘初心、牢记使命，将红色基因代代相传，为老区争光，为党旗增辉。

1979 年 7 月，受溧阳 6 级地震影响，水西村房屋损坏严重。大队党支部决定统一规划村庄建设，引导和组织村民按规划建房，保留红色资源，弘扬革命传统。1985 年，编制水西村建设规划，为红色文化的修复保护开发建设提供了依据。2005 年，水西村被列为常州市新农村重点居住示范试点村。2006 年 12 月，溧阳市政府批准将水西村、神塘圩村、姜家村等 19 个自然村划归为水西行政村。2019 年 1 月，《水西村总体发展规划》修编完成，分为《水西村新四军红色旅游区发展规划》和《水西村概念规划》两个部分。

如今的水西村，已发生天翻地覆的变化，集体经济不断壮大，美丽乡村建设稳步推进，村庄内民房整齐，村民安居乐业，过上了高水平的小康幸福生活，成为茅山老区振兴的先进典型之一。美丽的彩虹路——"溧阳 1 号公路"穿村而过，为群众的日常出行和区域发展提供了交通保障。该村还先后荣获江苏省文明村工作先进村、常州市新农村建设示范村、首届活力镇村展示特色镇村、村庄绿化示范村、小康家园示范村等荣誉称号。

（二）水西村的红色基因

水西村，革命历史底蕴深厚。1938 年夏，粟裕、陈毅、张鼎丞分别率领新四军先遣支队和第一、第二支队，相继从皖南挺进苏南敌后，开展抗日游击战争。次年秋，陈毅率第一支队司令部进驻水西村。同年 11 月 7 日，新四军第一、第二支队领导机关合并，在水西村成立新四军江南指挥部，陈毅任指挥，粟裕任副指挥，罗忠毅任参谋长，刘炎任政治部主任，钟期光任政治部副主任，统一领导第一、第二支队和苏南地方抗日武装。

在敌顽夹击极为复杂、险恶、艰苦的环境中，陈毅、粟裕等在这里坚决遵照党中央的方针、政策，从苏南抗日斗争的实际出发，创造性地运用"武装斗争、统一战线、党的建设"三大法宝，完成了党中央赋予的"向南巩固、向东作战、向北发展"战略任务，创建、巩固和发展了以茅山为中心的苏南抗日根据地，并为华中抗日根据地的形成奠定了基础。陈毅、粟裕和他的战友们在此运筹帷幄，决胜千里，将抗日烽火燃遍了大江南北，为抗日战争的胜利立下了不朽的功勋！

抗日战争的艰难岁月让水西村经历了烽火的洗礼，也筑就了水西村的红色基因。这种基因必然成为溧阳发展的精神财富，为乡村振兴注入新的动能与活力。

（三）红色资源的保护与利用

历史是最好的教科书，党史是最好的营养剂。充分用好红色资源，教育引导广大党员、干部赓续红色血脉，做到学史明理、学史增信、学史崇德、学史力行。1979 年 8 月，水西村革命旧址保管所成立，对遗址进行保护。1984 年 9 月，"水西村革命旧址保管所"更名为"新四军江南指挥部旧址陈列馆"。1994 年 8 月，陈列馆更名为"新四军江南指挥部纪念馆"。

水西村红色旅游资源丰富。40多年来，纪念馆几经修复、扩建，分步完善提升了景点建设和布展，成为一个拥有3个片区12个特色展览的综合性纪念场馆。目前，纪念馆是常州地区最大的红色纪念场馆、国家三级博物馆、全国红色旅游经典景区，先后获得全国爱国主义教育示范基地、国家国防教育示范基地、全国重点文物保护单位、国家级抗战纪念设施、遗址，国家AAAA级旅游景区，全国研学旅游基地（营地）等国家级荣誉。

为更好地传承和弘扬新四军的铁军精神，2020年在溧阳市委、市政府的决策部署下，江南铁军教育学院在水西村这片革命热土上应运而生，学院以红色为基，挖掘溧阳发展的优势资源；创新举措，丰富干部教育的优势内涵；践行初心，助推溧阳老区全面振兴。2020年12月22日，溧阳还举行"铁军精神教育基地"揭牌仪式，传承铁军精神、引领时代发展。

水西，一个浪漫美丽的水乡慢村，一方红色传承的旅游胜地。它似一块红色的玛瑙，镶嵌在江南大地，历经磨砺，熠熠生辉！奋进新时代，水西村这片红色沃土所蕴含的红色资源必将成为促进溧阳文化繁荣、乡村振兴，推动高质量发展的红色引擎和强大动能。

媒体展现

于绿水青山间谛听红色跫音

——访新四军江南指挥部旧址及纪念馆

"铁军东进"主题雕塑迎风而立。看到雕塑，沿着溧阳1号公路继续向西行驶便来到了水西村。绿树掩映下的美丽乡村与新四军江南指挥部旧址及纪念馆"隔路相望"。对村民来说，穿过这条马路，就一脚跨进了82年前那段炽热的历史。

新四军江南指挥部旧址前的4棵雪松已有三层楼高。36年前，开国大将粟裕的部分骨灰被安放在司令部旧址天井内。2016年2月21日，粟裕的夫人楚青辞世。遵照她的遗愿及亲属意愿，将她的部分骨灰和粟裕同志的部分骨灰在水西村进行合葬。水西村是全国唯一一处粟裕与楚青骨灰合葬地。粟裕与楚青的长子粟戎生说："选定在水西村是因为这里是父母开始相识、相恋的地方，是他们共同为国家、为民族开始抗日的地方。"

新四军江南指挥部旧址原系当地李氏宗祠，始建于明代，祠堂共三进四厢二十五间。1939年11月至1940年6月，这里成为新四军江南指挥部的司令部。陈毅、粟裕在此办公兼住宿。"刚进村的新四军绝不打扰当地百姓，夜宿在马路上。李氏宗祠的主人李学书便主动腾出了宗祠。"新四军江南指挥部纪念馆讲解员李敏介绍道。

来到陈毅的卧室，记者注意到简陋的床帏上贴着一个小小的"囍"字。疑惑之际，床前的透明玻璃变成了投影幕布，陈毅和夫人张茜在水西村相知相爱的故事于光影之间徐徐展开。"两个囍字一碗面"，陈毅和张茜结为革命伴侣。被誉为"诗人元帅"的陈毅在新婚当晚为妻子写下了《佳期》这首诗。"一笑艰难成往事，共盟奋勉记佳期。"革命伴侣的深厚情谊以及对革命道路的坚定信仰跃然纸上。

新四军江南指挥部纪念馆馆长张燕介绍道："像这样保存完好的新四军指挥部旧址在全国都是不多见的。我们在保护好古迹的基础上，创新运用高科技展示手段，营造'新四军刚刚离开，游客便走进了房间'的体验氛围。在老房子里讲故事，让游客获得鲜活的历史代入感。"

紧随一批来自宜兴的访客团，记者走进了"横卧在江南大地上的不朽丰碑"——新四军江南指挥部史料展览馆。展览馆主立面由抽象的N4A（国民革命军陆军新编第四军英文缩写）组成，因设计独特被美国《建筑实录》杂志收录。

入口处，满墙的手抄报吸引了记者的目光。为纪念中国人民抗日战争暨世界反法西斯战争胜利 75 周年，新四军江南指挥部纪念馆向溧阳全市中小学生征集主题手抄报百余份，并精选出部分在馆中展览。通过孩子们的画笔，可以真切感受到"铁军精神""水西精神"仍在这片红色热土上蓬勃生长。

向里走，创建苏南抗日根据地沙盘再现当年抗战紧张局势。1938 年夏，粟裕、陈毅、张鼎丞分别率领新四军先遣支队和第一、第二支队，相继从皖南挺进苏南敌后，开展抗日游击战争。1939 年秋，陈毅率第一支队司令部进驻水西村。同年 11 月 7 日，新四军江南指挥部在水西村公开宣布成立，指挥陈毅、副指挥粟裕统一领导第一、第二支队和苏南地方抗日武装。至次年 7 月，陈毅、粟裕率江南指挥部及其主力渡江北上。

在这期间，陈毅、粟裕两位无产阶级革命家认真贯彻党中央"向南巩固，向东作战，向北发展"的战略方针，开辟了以水西村为指挥中心的苏南抗日根据地，奠定了华中抗日根据地的基础。新四军第二团团长、开国中将王必成说："没有水西村，就没有茅山根据地，就没有东进，就没有苏北根据地，也就没有黄桥战役的胜利。"这段话被刻在了纪念馆前方显眼的石碑上。

展览馆通过声、光、电等多媒体手段，融历史、文化、科技为一体，从"运筹帷幄""东进北上""建家立业""威震敌胆""华夏脊梁""民族忠魂"六大篇章展现新四军江南指挥部的战斗历程和丰功伟绩。史料陈列展览曾荣获江苏省文物局"内容创意优秀奖"。据统计，2019 年共有 70 万人次到此寻访英雄故事。

张燕的办公桌上铺着新四军江南指挥部史料展览馆展陈提升工程的图纸。时隔14年，馆内将迎来一次大改造，"一方面，我们想给游客带去现代化的沉浸式体验。尤其是针对青少年群体，帮助他们在参观过程中更好地去理解这段历史，继承红色精神。另一方面，我们也想通过这种方式献礼建党100周年。"

近年来，溧阳深入践行"两山"理念，不断构建全域旅游大格局。新四军江南指挥部纪念馆先后被评为全国爱国主义教育示范基地、全国红色旅游经典景区、国家国防教育示范基地等。这里，再次成为溧阳红色旅游版图的"根据地"。"纪念馆对面就是国防园，现在又完善了塘马烈士陵园等现场教学点，溧阳红色教育已经串珠成链。"共青团溧阳市委副书记张鸿浩告诉记者。

情比金坚的革命爱情故事在江南大地上传唱；舍生忘死的全民抗战凯歌在江南大地上回响。"水做的"江南，平日里流淌着"小桥流水人家"的温柔儒雅；战斗时则迸发着"抽刀断水水更流"的坚韧不拔。于溧阳的绿水青山间，这一抹红色被映衬得愈发鲜艳。

（原文刊载于2020年9月3日《新华日报》交汇点　记者：张宇熠）

红色基地

——常州溧阳别桥镇：塘马浩气存 铁军精神传

走进常州溧阳市别桥镇塘马村，让人切身感受到这里环境秀美、民风淳朴的同时，浓浓的红色氛围扑面而来。1941年11月，这里发生过新四军对日作战史上极为惨烈的一次战斗——塘马战斗。村内的战斗广场、纪念墙、英雄塑像和指挥部旧址内的作战图,无不诉说着 80 年前那场惊心动魄的战斗。

当时的塘马村是新四军六师十六旅旅部和苏皖区党委、苏皖特委机关驻扎地,是当时苏南抗战的战略中心和指挥中心。也正是在这片土地上,270 余名新四军战士用他们的生命和鲜血,歼灭日伪军四五百人,粉碎了敌人企图一举歼灭我十六旅和苏南党政军领导机关的阴谋。塘马战斗打击了敌人的嚣张气焰,激发了全民抗战热情,展示了我新四军的铁血精神,使新四军更加坚定了发展苏南抗日根据地的信心。

塘马村自开始建设特色田园乡村以来,一直坚持将红色资源转化为发展优势。通过整合战斗广场、十六旅旅部旧址和塘马烈士陵园等现有红色场地,利用乡村振兴学堂创办"铁军红色学校",精心打造了"战塘马"红色文化党建套餐。

战斗广场

战斗广场是红色塘马党员现场教育基地,设有党员宣誓区、英烈缅怀区和实境课堂。两位十六旅领导人——罗忠毅和廖海涛的塑像矗立在纪念墙前。每年都有数万名党员、群众、学生和新四军的后人来到这里,开展支部党建活动,接受红色教育。

六师十六旅旅部旧址

当年新四军六师十六旅整个部队驻扎在塘马村,村上有十六旅司令部、政治部旧址,苏皖区党委、苏皖特委旧址,"火线剧社"遗址等。与战斗广场一桥之隔的是十六旅旅部旧址。这里是党员教育实境课堂,门口的战壕草垛实景还原了当年的战斗情形。

塘马村战斗广场上的战斗英雄纪念雕塑

新四军六师十六旅旅部旧址

塘马烈士陵园

塘马烈士陵园修建于 20 世纪 50 年代，占地 8000 平方米，历史上曾做过三次翻修、重建与扩建，2009 年被公布为溧阳市文保单位，是党性教育基地和廉政教育基地。园内立纪念碑，碑体上刻有塘马战斗经过，纪念碑两侧则为罗忠毅、廖海涛生平事迹，碑后为烈士墓。战火纷飞的年代，新四军将士们除了浴血奋战外，还留下了许多可歌可泣的廉洁故事。每年，不同单位的人们来到这里缅怀先烈，学习继承新四军的廉洁传统，锤炼党性。

乡村振兴学堂

乡村振兴学堂内常年举办各种培训、会议、讲座，常州市委党校、常州大学马克思主义学院等高校在此设立了现场教学基地。截至目前，乡村振兴学堂已开展了近两百场党课和党建宣讲活动。

塘马村始终坚持战斗历史激励人、先烈故事感动人、红色文化教育人的发展理念，将不断深化加强思想政治引领，让红色革命精神代代相传。

（原文刊载于"学习强国"江苏学习平台，2021 年 3 月 27 日

记者：许甜甜）

四、奋斗铸就第一村

崭新的民房、宽广整洁的商业街、满面春风的经营户……走进溧阳市诚和第一村唐家村，春风拂面，处处簇新、整洁有序。

唐家村是一个典型的城中村，被誉为"都市里的村庄"。全村总人口5000余人，辖唐家村、三家村、下田舍3个自然村。这是个历史悠久的老村，却是江苏省文明村、卫生村、民主法制示范村、常州市农村社区综合实力十强村、常州市五好党支部、常州市首届活力村展示特色村、常州市四星社区。唐家村的变化听得见、看得着，已成为名副其实的诚和第一村。探寻秘诀，唐家村党总支书记李志龙的话一语道破："我们积极响应习近平总书记'幸福是奋斗出来的'号召，在奋斗中打造诚信发展，奋斗中营造全村和谐，奋斗中传承历史文化，是奋斗让唐家村积淀了厚重的诚和基因。"

（一）奋斗中坚持诚信发展，实现兴业、兴村、兴经济

在20世纪七八十年代，唐家村就已小有名气，随着改革开放的深入和城市的发展变迁，唐家村被城市所包围，成为典型的城中村。过去唐家村给人的感觉是乱、人员混杂、功能弱品位低，大多数村民把多余的房屋出租，出租屋管理混乱，承租人员构成复杂，人员流动频繁，房屋易手频繁，乱建乱搭现象较多，"烟囱楼""握手棚""亲嘴楼""一线天"乱象丛生，村容村貌很不雅观。

自20世纪80年代以来，唐家村历任两委班子成员解放思想，拓宽思路，在大改革、大开放、大发展的感召下立足发展铺摊子，拓开窗口引路子，在兴业、兴村、兴经济上下功夫，全面拉开唐家村大开发、大发展、大整治的序幕。

思路决定出路。近几年来，唐家村领导班子牢固确立超前的工作思路、奋斗精神、发展定位和超强的运行质量、推进力度，用诚信奋斗的实践谱写变迁的乐章。首先，坚持诚信奋斗发展理念，唐家村两委班子把诚信奋斗，实现兴业、兴村、兴经济发展摆在重要议事日程，围绕

"建设诚和第一村"的总体目标，树立为集体增加收入、为群众增加福利的发展目标，并提出经济要强、村民要富、村庄要美、文明程度要高的"四要"发展思路。村与组及工作片人人落实兴业、兴村、兴经济发展工作目标和任务，每季度召开一次现场推进会，一切围绕发展层层推进工作目标责任化，责任目标工作化，激发全村党员干部、群众干事创业打造诚信的激情。其次，坚持目标导向，找准存在问题，精准施策、各个突破。改革开放以来，充分利用地域优势，搞活固定资产经营，先后创办唐家饭店、唐家旅社、唐家商店、唐家汽车修配厂、唐家汽车改装厂、贸易货栈、环保机械厂、唐家工业园等实体企业20余家，使全村工业企业年纳税销售上亿元，实现利税近千万元，集体经济收入2000余万元。

随着工业经济越做越强，商业和服务业的繁荣，村级经济取得长足发展的同时，积极探索集体管理发展模式，逐步演变为固定资产租赁。为适应发展新常态，该村多次组织召开村民代表大会和全体村民代表及住户代表会议，大胆推进股份合作制，选举成立村民理事会、监事会，成立江南、中心、兴益、平陵四个村级农村社区股份合作社，实现"人人有股份，家家是股东，年年有红分"，全年村提留发放股金分红540万元，加上四个股份合作社分配股金，年终分配近800余万元，实现了村民向股民的华丽转变，让经济发展的成果惠及全体村民，使群众的获得感、幸福感、安全感大大提升。

（二）奋斗中构建社区和谐，实现人美、村美、生态美

习近平总书记指出：奋斗是艰辛的，我们要勇于在艰苦奋斗中净化灵魂、磨砺意志、坚定信念。唐家村在发展过程中积累了丰厚的物质基础，但要实现村容村貌的转变，把城中村的建设改造成全市的典范之

作，呈现与现代化城市相协调、生态相融合的时尚之美，必须引领全体干群万众一心，投入奋斗之中。

自 2015 年以来，唐家村投入 2000 多万元，对全村进行改造建设，对重点进行整治改造，完善小区的各种管道铺设、排污设施的安装、道路浇铺、墙面刷新、店面门头改造等基础设施建设。村干部实行"5＋2""白＋黑""晴＋雨"无休工作制，不分昼夜、挨家挨户做工作，坚持把舆论导向放在首位，把与村民沟通交流和落实保障措施做在前，积极引导村民以主人翁姿态理解支持村内整治改造和建设，确保一户不剩、一户不留、一户不拖，该拆的拆、该修的修、该补的补，对拆、修的坚持做到公平、公正、公开、公示。同时，加大投入对村内区域进行绿化、亮化、净化，安装路灯 150 多盏，监控 36 盏，文化元素打造 7 处，让村民真正体味到自然环境之美、景观风貌之美、生态文明之美、绿色发展之美。

同时，对唐家一巷、二巷的 400 多经营户进行诚信教育宣传培训，协同市场监督局、公安、城管等部门在商业街上开设诚信经营、打击假冒伪劣的宣传讲堂，发放宣传画册，讲解有关法律法规，使得村民和经营户知法懂法守法，营造依法经营、诚信经营的良好氛围。

（三）奋斗中传承历史文化，实现家风良好、民风淳朴、村风文明

"为有牺牲多壮志，敢教日月换新天。"唐家村在奋斗中坚持诚信、奋斗中实现和谐的同时，注重发挥优秀传统文化的引领、教化规制等功能，积极探索优秀传统文化熏陶、推进社会治理创新。

一是重视优秀文化资源、历史遗存、文物古迹等传承与保护。建造唐家牌坊，修缮维护祠堂故居及文物古迹，整合共享文化资源，对唐家家训、唐家村赋、唐氏宗谱、李氏宗谱、汤氏宗谱文化进行挖掘完

善，逐步实施村史和祠堂文化示范工程，把村史和祠堂建成国学教育新阵地、文化传承的新平台和乡风民俗的博物馆。

二是创建道德讲堂，在全村营造讲道理、尊道德、守道义的良好风气。深入挖掘提炼唐家村勤劳致富、勤俭持家、勤奋向上的"三勤"文化品质，开设唐家村三勤文化教育基地，每年评选五好文明户，鼓励村民奋发向上。每年对因病致贫的困难家庭实行上门慰问送温暖活动，组织开展谈家风、话家训、写家书、议家教、识家谱、明家史、秀家宝、赛家宴等活动。引导各个家庭参与家风家训教育、探索乡贤、参与村治、吸纳乡贤，成立村民理事会、参事会，为和谐唐家村建设谏言献策。

三是全力打造诚和第一村，将诚与和、孝与仁的蕴意融入全村群众日常生产、生活、工作和学习之中，使广大干群的道德素质在潜移默化中得到提升。打造诚信和谐之村，以诚信和谐为本，开展一系列活动。结合开展诚信经营户、文明户、孝心户、爱心助老志愿者、党员示范户、党员示范店创建活动，成立村爱心基金会，对考上大学的村民学子发放 2000—8000 元不等的奖学金；对男 60 周岁、女 55 周岁的退休村民实行养老金发放，全年发放老年人养老金 280 余万元，解决村民医疗费用 10 万余元。此外，应用"礼之用""和为贵""和而不同"等儒家思想，推动建立"和为贵"调解室，引导融汇道德法制、历史文化及社会力量；推进网格化社会综合治理，统一绘制悬挂"和为贵"主题标识牌，营造以"和为贵"的社会氛围；常态化组织民情夜会，以"和为贵"调解室为载体，推行唐家村"民情夜话会"制度，村居干部利用晚上休闲时间进村入户与群众拉家常，充分倾听群众所思、所想、所盼及意见建议，做到干部走下去、民情带上来、答复带下去、矛盾现场了。

斗转星移，当年的唐家村现正带着文化底蕴的幽香，在新时代乡村建设行动的新征程中，以更加宽广的视野和更高的参照系，提升奋斗新目标，超越自我新境界，团结奋进，砥砺前行，继续用奋斗打造高质量发展的诚和第一村，谱写新时代乡村振兴的诚和新篇章。

五、新农村老人的幸福密码

有位名人说过："衡量一个国家文明程度的四个标准是看这个国家的人们怎么对待动物、女人、老人和弱者。"随着社会文明程度的不断提高和老龄化程度的日益加剧，老人们越来越成为社会关注的焦点和重点。而新农村建设的不断推进，也让农村老人的生活现状受到社会的广泛重视和关注。他们的健康程度、幸福指数到底如何？溧阳上黄镇给出了答案。

（一）改善环境，失独老人安享晚年

上黄镇的南山后村属于江苏省特色田园乡村，曾获得过"长寿村"的荣誉称号。村子的改造工作始于 2016 年，当时并未得到村民的全面支持，因而有些工程在启动后做做停停，进展艰难。为此，镇里专门成立了领导小组，和工程项目部携手开展工作。据建设工程项目部的潘跃主任回忆，光是村民的访谈工作，就花了巨大的精力和时间，"精诚所至，金石为开"。后来，村上的老人都把他们当晚辈看，看他们工作累都心疼，因此工作中的难度，自然也小了不少。

访谈只是建设特色村工作的第一步，关键还是得做出成绩，这就需要在具体工作中去抓重点、攻难点，需要理思路、想点子。最关键的是要多为村民着想，让村民深切感受到自己是最大的受益者。

2019 年，村民们已深谙"青山绿水就是金山银山"的理念，改造工作才得以如火如荼地推进。一年下来，村子的环境得到了巨大改善，面貌日新月异。房屋呈徽派风格，物件的摆放别具匠心，还有鲜花绿植点缀。老人石锁洪家也不例外，门楼处用圆木做的柱子，茅草盖的楼顶，颇有古意。廊下挂着两盏大红灯笼，使这个家洋溢着喜庆气氛。与茅草门楼相配的是一圈青砖筑成的矮墙，四季都摆放着鲜花，展现勃勃生机。走进石锁洪家的院子里，便可见他和妻子笑盈盈地迎接客人，优美舒适的居住环境让他心满意足。在笑谈之间，一杯碧绿澄清的本地茶已端放在客人面前。呷一口，真香，真醇！

20 年前，石锁洪唯一的儿子因车祸身亡，留下已年过半百的老两口、年幼的孙子和年轻的儿媳妇。原本就不善表达的石锁洪更加沉默寡言，同事及邻居们想帮他，结果惹得他更加悲伤不已，常泪湿眼眶。石锁洪能走出老年丧子的巨大悲痛吗？身边的人都不禁为他担忧。很多事只有当事人才能真切体会个中滋味。

而今，当人们置身于石锁洪家干净整洁的客厅时，全然感受不到这个失独家庭曾经那段痛苦的阴影。这位退休 10 多年的古稀老人，脸上始终挂着笑。他的孙子已大学毕业，现在在市里的一家知名企业上班。石锁洪已在市区买下一套 90 多平方米的房子，准备给孙子做婚房。

当问到石锁洪怎么能买得起房子时，他毫不避讳地笑着告诉大家，原来除了他的退休工资外，山坡上那大片茶叶地里有一块属于他家，每年也可以有一笔收入。石锁洪说，村子里几乎家家户户都有自己的茶叶地，此地的茶叶尽管因光照和土壤原因口感好，但一度是"养在深闺人未识"，现如今随着村子成为游客们心驰神往的网红打卡地后，终究"天生丽质难自弃"。而这招待客人的茶叶就是自家产的。

村子背靠青山，空气清新，鸟儿啼啭，真如世外桃源。澄澈的山溪水淙淙流淌着，给村子增添了不少诗情画意。得天独厚的自然环境也让游客们赞叹不已，流连忘返。生态创造价值，曾经偏僻落后的小山村已华丽嬗变，石锁洪和村子中的很多老人一样，生活安稳，对未来充满着希望。"长寿村"这个名号绝非浪得虚名！

（二）重返故里，生生不息乡情浓

与石锁洪相差一岁的蒋京仙老人，因为曾经在20世纪八九十年代缺乏师资而做起了老师，人们习惯性地称呼她"蒋老师"。

这位从小缺少父爱的老人，小时候经历过贫穷，对亲情看得尤为重要。

蒋京仙的两个女儿多年前外出创业，目前分别在无锡、上海立业安家。10多年前，她的大女儿因不放心两位老人，帮他们在无锡买了一套房，准备接两位老人定居无锡含饴弄孙，安度晚年。老两口也是这种打算，可后来却变卦了。

蒋京仙喜欢隔三岔五地从镇上南大街的新居到北大街的老家来，和老邻居叙旧聊家常。她欣喜地发现，过去"晴天一身灰，雨天一身泥"的情形没有了。上黄镇大刀阔斧关闭了所有石灰窑，停止矿山开采。老家门口的环境与现今居住的新小区比毫不逊色：河道清淤疏浚，100多只沉船已被全部清除，再加上游实行退渔还湖，修复湿地，河水变得清多了。护岸工程同时推进，岸边杨柳依依，鲜花簇簇，一派美丽的江南水乡风光！傍晚时路灯亮了，流光溢彩，分外旖旎，引人入胜。

蒋京仙用脚丈量上黄的生态文明之路，用心感受上黄的巨变，她不仅对老家北大街的风光如数家珍，说起上黄其他地方的变化也是滔滔不绝。只要天气晴好，蒋京仙便会和老伴儿在四通八达的镇村道路上行游。从上黄南面新街口到北端的广阔田野，从东面山下村的果园苗圃到西边的国家级的长荡湖湿地公园，到处都有蒋老师的足迹。有的时候，蒋京仙还会带上"敬老卡"，乘上免费公交，去到更远的地方，用她的话说，就是老人也要开眼界，开眼界有利于养成好心态。

大女儿见老人执意不肯再去无锡居住，问其原因，蒋京仙笑答："外面再好，也没有家里好！"女儿有些纳闷：在上黄走路整天在吃灰，究竟好在哪里？待她回家来一趟后，终于明白个中原委。现在，她提到家乡上黄，这样讲道："上黄镇真不愧为'国家卫生镇''江苏省生态文明建设示范镇'。"

（三）五世同堂，尽享天伦乐陶陶

史福琴 97 岁高龄，已是五代同堂，春节时一大家子团团圆圆正好坐了五桌人。老人的经历，洋渚村的老一辈人都略知一二，颇有些传奇色彩。洋渚，这个始建于明嘉靖年间的村子，在溧阳算不上历史最悠久，但村中仍存世的那块按清朝雍正皇帝旨意立的"贞节"牌坊，足以让洋渚村人引以为豪，牌坊所旌表的潘蒋氏的事迹更是代代相传。

史福琴老人在洋渚村生活了 70 多年，见证了近一个世纪的沧海桑田。史福琴 4 岁时，国家处于动荡年代，在逃难中与家人走散了，流落到上海，有户好心人家收留了她，还把她送到女子学校上了学。这期间，其乡下的家人一直没放弃寻找她。待史福琴十几岁时，家人根据村上人提供的线索终于找到了她。回到家后，她就再没读书的机会了。

久经磨难养成了老人坚忍、豁达、开朗的个性，对于这些往事，老人并不多提。反而是她的子女们一直没有忘记老母亲受过的苦，舍不得让老人受半点委屈，但过去没条件，大家忙于生计，对老人不免有些疏忽怠慢。现如今，除三个儿子侍奉老人左右外，嫁在本村仅数十步之遥的小女儿一家也对老人照顾有加。

村里人对老寿星也是珍若拱璧，还喜欢向老人取经。老人思路清晰："现在的日子好过了，吃得好穿得好，子女又孝顺，很开心。"

近年来，上黄镇新时代文明实践面向妇女和家庭、青少年开展了一系列主题宣传活动。在每一个重大传统节日都安排了朗诵活动。三年来，以"洮湖书韵"命名的读书活动，参与其中的对象已达数千人次，受益面越来越广。创办的镇图书馆吸引了不同年龄层次的读者。该所还组织老人学习戏曲，丰富老人生活，并借此引领全社会关爱老人。开展多样化的文娱演出活动，用喜闻乐见的形式，让群众潜移默化地得到教育，学习做人的根本。乡村文化建设已是日趋成熟，良好的素养充盈人生，社会风尚越来越好，孝道文化已根植人们心底。

曲终奏雅，乡村振兴坚持走绿色发展之路，"三农"问题将不断增加新的内涵，老有所养，老有所依，老有所乐，老有所为，不再是梦想，也不是口号，而是已落地的利好举措，如树苗一样，在沃土中生根壮大。

这就是新农村老人的幸福密码，清晰可辨：生逢其时，与有荣焉！

媒体展现

溧阳这个村不简单，一个村18位90岁老人，还有4位百岁老人！

近日，溧阳市在调查百岁老人时发现，在埭头镇后六村有4位百岁老人。

另外，溧阳后六村有57个村民小组，总人口5320人，其中80岁

以上老人 236 位，90 岁以上老人 18 位，百岁老人 4 位。

在 4 位百岁老人中，102 岁的王顺金最大。她生有 4 个儿子 1 个女儿，大儿子 79 岁、小儿子 64 岁，全家 42 口人，五世同堂，第五代已 2 岁了。她现在身体非常棒，生活能自理，还能洗衣服。

101 岁的倪毛伢生有 2 个儿子 3 个女儿，大女儿 83 岁、小儿子 65 岁，全家五世同堂，共 52 口人，第五代已经 3 岁了。她不仅生活能完全自理，而且每天能在自己的小菜园里种菜。

史水法 100 岁，生有 1 个儿子 3 个女儿，全家 26 口人。他眼睛好、头脑活，爱读书报。而与史水法同龄的史福妹，生有 1 儿 2 女，全家四世同堂，空下来喜欢出门散步和村民聊天。

该村老龄协会负责人鲍云介绍，后六村长寿老人多，除了气候环境等因素，还得益于村里敬老、助老、爱老的风尚，以及因人制宜开展各项适合老年人的有益活动。

近年来，该村在推进新农村建设中，建有 5 个老年人活动场所，投资 10 万余元的居家养老服务站，为老年人提供日间照料、生活护理、家政服务和精神慰藉等多项服务，现有 32 名志愿者参与"空巢老人邻里守护"结对帮扶工作。为孤寡、空巢老人和残疾老人安装"一键通"，解决后顾之忧。

每逢重阳节、春节，为 60 岁以上老人发放慰问金和慰问品，开展评选十佳孝心、十佳老有所为等活动。村老年协会为老年人组建了扑克象棋队、腰鼓锣鼓队、太极拳队、广场舞队，每年还组织老年人到各地接受革命传统教育和旅游。

（原文刊载于 2019 年 5 月 29 日《常州日报》）

第七章　建设美好生活　走共享富裕之路

一、老百姓致富的"金钥匙"

直播带货，手机下单。互联网时代，电商成为助力脱贫攻坚的新引擎。2020年4月，习近平总书记在陕西省柞水县金米村考察时，来到直播平台前，成了"最强带货员"。习近平总书记在决胜全面建成小康社会、决战脱贫攻坚的关键时刻，对电商扶贫予以肯定。为了让老百姓搭上电商这列"数字快车"，各地都付出了怎样的努力？在常州溧阳，竹箦镇北村村村民嵇忠球做梦都没有想到，互联网能给自己的生意带来这么大的变化，自己种的茶叶不用出门吆喝就能卖出去变钞票，而村民们种的大米、葡萄、草莓等土特产品也能通过互联网远销到外地……这是电子商务服务平台给村民带来的实惠，也是北村村村民致富的"金钥匙"。

（一）电子商务带来新活力

顺应居民消费升级趋势，扩大电子商务进农村覆盖面。北村村地处溧阳竹箦镇工业集中区，交通发达，多年来，集聚了伞制品、活性炭等多家企业。2009年，北村村企业试水进入电子商务市场，东晨制伞、竹溪活性炭等多家龙头企业都建立了企业网站，并与阿里巴巴、淘宝等电子商务平台建立了合作关系，取得了经济效益和社会效益的双赢。在他们的带动下，北村村其他企业也纷纷效仿，加入电子商务市场，很多村民也到电子商务市场"淘金"，他们有的与企业合作，有的独立运作，在淘宝平台上开设网店自主创业。到目前为止，北村村在电子商务平台入驻的企业有30多家、农户40多户，1688、淘宝、京东、阿里巴巴等国内主要电商平台都能看到北村村企业和村民的网店，在疫情防控期间，农村电商平台的作用进一步凸显。2020年，虽受疫情影响，但北村村电子商务交易总额仍达4亿多元。

电商拉近了农民与市场的距离，让农村各类产品卖得更远，卖得更好。"目前，北村村几乎所有实体企业都有自己的电子商务平台，并且网站规模不断扩大，很多年交易额都在百万元以上。"北村村村支书邱建冬介绍，电子商务为北村村企业注入了更多的活力，也带动了北村村村民就业，促进了农户增收。据了解，近几年北村村从事电子商务的人越来越多，目前，全村有近200人在电子商务相关岗位就业，全村人均年收入达25800元。网购已成为农民生活的常态，越来越多的服务和商品通过电商进入了农村，改变了农民的生活和消费习惯。

（二）新平台助力创业梦

农村电商吸引了一大批农民工、大学生、转业军人返乡创业。村民陈振宇大学毕业后在一家网店帮忙销售多肉植物，积累经验后，他回到溧阳北村流转了60多亩土地，与人合作培育、销售多肉植物。目前4个大棚、1600平方米培育基地已经全部建好，近期内逐步将多肉植物引种过来。陈振宇自豪地说："引种完成后将有15万株左右，全部在网上进行交易，预计年销售额在200万元左右。"在北村村，像陈振宇这样的并不在少数，全村有20多位大学生毕业后选择回到村里，通过电子商务平台自主创业，经营产品除了伞、活性炭等本村特色产品外，还延伸到食品、服装、化妆品等多个领域。近年来乡村发展越来越好，再加上各种各样的扶持政策，给大学生创业提供了良好的环境，尤其在电子商务方面，村里在产品来源、配套设施建设、支付渠道建立、业务培训等方面推出了一系列举措，给他们开展业务提供了保姆式的服务，也大大减少了创业风险。

（三）农产品打卡"互联网＋"

农村电商改善了县域消费环境，推动了农村消费梯次升级。北村村有着丰富的自然资源，耕地、园地、林地纵横交错，大米、牛肉、茶叶、苗木等农特产品更是远近闻名。随着农业产业结构的调整，很多村民还种上了葡萄、草莓等时令水果。得益于电子商务的发展，村民们在传统市场销售农产品的同时，也在电商平台上进行销售。据了解，目前，北村村的特色农产品在网上都可以买到，村民们只要坐在电脑前轻点鼠标，新鲜的大米、牛肉、茶叶等就从村里流向全国各地。

农村电商的发展成效非常显著，但也存在一些不足，比如产业供应链水平差、物流成本高、人才缺少等。针对这些问题，2016年，村里成立粮食专业合作社，同时与阿里巴巴电商平台合作，在线上销售北村村的农特产品。除了合作社生产的有机生态大米，还为村里年纪大、不懂互联网的村民代销。村民嵇忠球的茶叶就通过阿里巴巴卖到了外地，而北村村的有机生态大米也由此远销到浙江、湖北等地，并深受当地消费者喜爱。

"农产品与'互联网＋'的融合，给农产品销售提供了新的渠道，促进了农业转型升级。对于增加农产品销售量、增加农民收入等都有着重要的意义。"邱建冬表示，合作社电子商务的开展为他们积累了经验，农村电商带动农民更加注重产品的品质和品牌，生产的产品更加符合市场需求。脱贫摘帽不是终点，而是新生活、新奋斗的起点。今后，溧阳将进一步做大做优农村电商平台，用这把村民致富的"金钥匙"打开更多、更好、更阔的共同富裕之门。

媒体展现

常州溧阳王锁荣：勤耕铺就致富路

近日，记者在江苏省常州市溧阳竹簧镇姜下村见到退伍军人王锁荣，他正忙着安排给合作社的土地灌溉。王锁荣 55 岁，1985 年入伍参军，服役期间曾获三等功。退伍后，他通过流转土地发展种植业，闯出了一条致富路，用实际行动诠释了退伍不褪色、敢闯敢干能吃苦的军人本色。

1990 年，王锁荣退伍后回到家乡从事销售工作，平时还和家人一起打理 60 多亩的鱼塘，生活不算特别富足但也过得去。2013 年，在一次与村委工作人员闲聊的过程中王锁荣了解到，村里的田地还未形成规模化种植，大片土地闲置，产能低下。王锁荣想着，自己家的鱼塘面积也不小，如果能把周边闲置的土地流转来，进行规模化管理就好了，还能为乡亲们增加一些收入。

说干就干，王锁荣立即着手牵头联系附近的农户，以 400 元一亩的价格流转周边的闲置土地。他主动联系亲朋好友，又通过银行贷款，解决了资金问题。

实现规模化种植后，农作物的产量上来了，但利润不是很高。2016年，他建立了锁荣农机专业合作社，并斥资购买了农机设备，还在姜下村新建了厂房。

锁荣农机专业合作社逐步流转了本村及周边的 1300 多亩土地，还吸纳了附近的 30 多户农户。有了设备，有了土地，王锁荣还给专业合作社制定了合理的组织架构和规章制度。

为了提升自己的种植、管理技能，王锁荣常常四处学习，参加各类专业培训。凭着这股韧劲，王锁荣渐渐成为远近闻名的种田大户，他种的大米卖到了常州、南京，全年毛收入可达 150 多万元。2017 年，锁荣农机专业合作社获评溧阳市农民专业合作社示范社。

做出了一番成绩的王锁荣不忘乡亲。他常主动把多年来积累的丰富农业生产经验教授给他人，农户们在种植过程中遇到问题总爱找王锁荣帮忙，每次他都会耐心帮他们答疑解惑；阴雨天气粮食干不了，王锁荣就拿出合作社的烘稻机免费帮农户烘干……

"王锁荣是出了名的好人，平时他帮了我们不少忙。每年大年初一，他还会给村里的困难老人拜年、发红包。"姜下村的农户李阿姨告诉记者。

"我建立合作社的初衷就是想要大家共同合作、共同学习，探讨种植经验、相互帮助。"王锁荣在土地上展现军人风采，带领乡亲们越过越好。

（原文刊载于"学习强国"江苏学习平台，2021 年 1 月 25 日

记者：蒋凡）

"90 后"大学生返乡当"鸡司令"
创业不忘带动村民共同致富

溧阳市社渚镇金峰村"90 后"大学生潘国强，大学毕业后没有在

城里工作，却毅然返乡创办家禽养殖场。经过一番艰辛打拼，如今在养鸡这个行当里，他已干得有声有色。

昨天上午，记者来到金峰村采访潘国强时，他正在养殖基地察看鸡的生长情况。潘国强告诉记者，他养殖的鸡主打特色是绿色生态"神农百草鸡"。"山里面散养，吃的都是五谷杂粮，肉质比较鲜美。"

潘国强2016年6月毕业于苏州大学运动人体科学系，学的是人体科学、中医学理论、营养学等课程。大学毕业后，正当他为就业还是创业苦恼时，一次偶然机会，他从电视上看到养鸡致富的信息。经过考察调研，他发现大家都希望吃到绿色、营养、健康的生态食品，心想如果利用家乡丰富的林竹资源优势发展养殖业，前景肯定不错，于是便萌生了返乡养鸡的想法。

"我学了中医和营养学，养鸡还可以学以致用；再加上家乡自然环境好，如果创业成功了，不仅可以改变自己的人生，还可以带动地方经济发展，致富家乡。"

为宣传鸡和鸡蛋的品质，潘国强把鸡的生活习性和养殖过程拍摄了视频，分享在各个农产品群和微信朋友圈，客户可实时观察鸡的长势和养殖过程，如此一传十、十传百，销售情况可喜。"城里人吃了我的鸡，会定期打电话让我送货。"

一分耕耘，一分收获。经过几年的努力，潘国强的养殖场逐渐步入正轨，还吸收了一些附近村民来养殖场干活。"养殖场需要人手，让周围的闲置劳动力来干处理鸡粪和加工饲料的活，也给他们增加一点收入。"潘国强说。

初步的成功并没有令潘国强沾沾自喜，他一方面加强鸡场管理，另一方面通过网络等进一步扩大业务和销售范围，不断调整着自己的经营方向。

潘国强说，他准备成立合作社，由他免费提供养殖技术和鸡苗，帮助一户村民养 100 只鸡，带动一方共同致富。

（原文刊载于 2021 年 3 月 3 日《常州晚报》 记者：小波 张浩）

二、村民挑上"金扁担"

习近平总书记强调："增加农民收入是'三农'工作的中心任务。农民小康不小康，关键看收入。检验农村工作实效的一个重要尺度，就是看农民的钱袋子鼓起来没有。""要构建促进农民持续较快增收的长效政策机制，通过发展农村经济、组织农民外出务工经商、增加农民财产性收入等多种途径增加农民收入，不断缩小城乡居民收入差距，让广大农民尽快富裕起来。"

近年来，常州市溧阳别桥镇以"精准扶贫、不落一人"为目标，以建档立卡贫困人口为主要对象，不断加大扶贫攻坚力度，加强全镇各村产业发展引导、基础设施建设和技能培训等，一场前所未有的精准扶贫、富民强村攻坚战，在别桥原乡竞相演绎。

（一）"鲜果美林"瓜果香，当地农户俱欢颜

习近平总书记强调："高质量发展需要高素质劳动者，只有促进共同富裕，提高城乡居民收入，提升人力资本，才能提高全要素生产率，夯实高质量发展的动力基础。"

七彩农业扮靓美丽乡村。溧阳积极推进现代农业经营体系建设，鼓励发展多种形式适度规模经营。每到节假日，在溧阳别桥原乡鲜果美

林水果采摘园都能看到，前来采摘的游客络绎不绝，并纷纷为鲜果美林采摘园点赞。游客既能采摘到各种各样的新鲜瓜果，又能欣赏到花海美景。插上乡村建设行动的翅膀，溧阳别桥原乡声名远播，成为长三角不少游客休闲游憩的目的地。

溧阳实施特色种养业提升行动，广泛开展农产品产销对接活动，深化拓展消费帮扶。2017 年开始，别桥镇根据别桥原乡开发进程，制定实施《现代农业三年计划》，通过做大做强农业产业，以农业产业扶持村级集体经济，带动村民脱贫致富。溧阳群众依靠自己的双手和智慧摆脱贫困。该镇采取"专业合作社＋基地＋农户"运作模式，全力把鲜果美林水果采摘园打造成为生态环境优美、农产品绿色健康、科技水平先进、展示示范功能强大的现代农业产业基地，争取走出一条集生态农业、科技农业、旅游农业的崭新道路。

加快实施农业农村现代化，积极拓宽农民就业渠道，增加农民收入。"我们以消费者满意作为农产品开发的选择依据，不断尝试，及时调整。"据别桥镇旅游办相关负责人介绍，鲜果美林水果采摘园现有大棚采摘区域 80 亩，主要种植草莓、小番茄、甜瓜、南瓜、西瓜等品种；水果区域 120 亩，主要种植葡萄、桃、梨、猕猴桃、火龙果等品种。

溧阳积极促进农业稳定发展和农民持续增收，切实增加老百姓的收入。如今，别桥原乡鲜果美林采摘园已创成常州市现代农业示范园，并将争创省级现代农业示范园。该采摘园劳动用工辐射周边 30 平方公里，让 7 个行政村共同增收，直接受益农户超 2000 户。当地村民张松涛乐呵呵地说："现在在采摘园干活，每天能有 100 元收入。"溧阳农民的平均生活水平得到显著提升，百姓生活比蜜还甜。

（二）现代农业挑大梁，村民共奔致富路

2020 年全国两会期间，习近平总书记讲了一个"金扁担"的故事。当年，农民们谈起在吃饱吃好的基础上，境界更高的愿望时说，将来上山干活就挑着金扁担。"这个'金扁担'，我就理解为农业现代化。"习近平总书记说。"金扁担"的故事引发了大家深入思考。

如何推动脱贫攻坚与乡村振兴有效衔接？如何对贫困村和农村脱贫人口扶上马、送一程，做到不返贫。关键是在乡村振兴中如何学习脱贫攻坚战中形成的体制机制，加快实施农业农村现代化。三年来，溧阳别桥镇还在辖区多个村，依托多家合作社创建产业基地，全力发展投资风险小、带动能力强、见效快的脱贫产业。该镇与南京农业大学农业研究所、镇江农科院等机构合作，按照每个村地理环境、土壤等特色，农业技术专家现场指导，每个村选择一个市场认可度高的产品进行重点打造。同时，因地制宜差异化发展产业，努力做到"一村一品、一村一策"。别桥原乡农业公司对这些村生产的优质农产品进行统一包装、对外推介。

溧阳弘扬脱贫攻坚精神，乘势而上，接续奋斗，加快推进农业农村现代化，全面推进乡村振兴。每年春天，塘马村油菜种植基地里金灿灿的油菜花与一望无际的别桥塘马水库，交织成了一幅美丽清新的田园诗画，踏青赏花的游客纷纷拍照留影。这里原先是 200 余户村民的小麦田，散户种植，分散经营，收效甚微。为帮助农户们增产增收，该镇积极探索现代化农业生产方式，统一流转土地，成立农业生产经营合作社进行规模化种植，集约化布局，实现了农业生产的增产增效。如今，春季种植油菜花，既有观赏价值，也有经济效益。花期结束后，收割的油菜籽可以榨出菜籽油。到了夏季，农户们种上水稻，实现了土地的高效利用，也让现代农业在当地得到普及。该基地负责人表示，目前种植基

地面积有 1000 余亩，光菜籽油每年就可以增收 44 万元。

如今溧阳越来越多的农民正在挑上"金扁担"。溧阳各地不断调整优化农产品结构，提高抗风险能力，加快农业机械化、科技化，夯实稳产基础，保障国家粮食安全，农业现代化的美丽画卷正徐徐展开。黄金山村 2021 年培育了 60 亩富硒山芋，目前已有产出，亩产达到 2000 斤，预计年销售可达 150 万元。据介绍，当地的富硒山芋坚持打造"黄金品质"，不打农药、施有机肥，使得黄金山富硒山芋口感细软、绵甜香糯、金黄诱人。黄金山村村民狄章庚说："我现在在合作社上班，一天有 120元，而且还有每亩 600 元的土地流转费，现在生活有了保障。"

溧阳大力支持县域培育绿色食品、有机农产品、地理标志农产品，打造区域公用品牌。溧阳小石桥村在常州市委统战部和常州市工商联帮扶下，开发了 100 亩铁皮石斛种植基地。村里出资 30 万元建了 6 个大棚，并与金品生物科技有限公司签订合作协议，每年村保底收益可达 12 万元，农户每年有土地租金，当地有劳动能力的农户每年在基地务工收入可达 10 多万元。玉华山村开发了 1000 余亩苗木种植基地，引种了海棠、樱花、紫玉兰、桂花等 10 多个品种，每年苗木收入达到近百万元；两湾村开发了 20 亩白芹种植基地，年产量约 6000 公斤，按白芹单价 40 元每公斤计算，总收益可达 24 万元，同时增加村集体经营性收入 10 万元左右，农民土地流转还可获得每亩 650 元租金。此外，湖边、别桥、合星、前程 4 个村的水稻种植基地，种植面积近 14000 亩，统一由农户委托村经济合作社流转给种粮大户种植，按平均亩产 600 公斤计算，产量可达 800 多万公斤，除去成本亩均效益 1200 元左右。溧阳积极构建现代乡村产业体系。依托乡村特色优势资源，打造农业全产业链，把产业链主体留在县城，让农民更多分享产业增值收益。

溧阳坚持和完善市县协作和对口支援、社会力量参与帮扶机制，在保持现有结对关系基本稳定和加强现有经济联系的基础上，调整优化结对帮扶关系，将现行一对多、多对一的帮扶办法，巩固提升为长期固定结对帮扶关系。溧阳西庄村在市地方金融监督局挂钩帮扶后，与常州市建设银行、溧阳多家银行对接，村里种植的大米和 70 余亩各种优质大棚蔬菜已列入各银行农产品采购目录。"产业作为支撑、市场决定销量。我们将不断尝试新品种农产品的开发引导和扶持，重点推介产业基础较好、市场认可度较高、销量较好、消费者满意的农产品，通过政企联动为这些农产品拓宽销售渠道，力争让这些产品得到市场认可的同时，为村民们增加更多的收益。"别桥镇相关负责人表示，2021 年，鲜果美林采摘园与 11 个村的农产品销售将有望达到 1.2 亿元。该镇全力打造的美田集市也整装待发，并将打造全市农产品线上线下交易平台。目前，已与美团达成初步协议，正在与京东、苏宁易购洽谈，部分农产品已经通过无公害认证，绿色商标正在认证中。下一步，该镇将积极引进规模农业生产及加工企业，形成一条龙服务，目前正在积极对外招商。

（三）打造"诗意原乡"品牌，以文农旅融合带动脱贫致富

2018 年，中共中央、国务院印发了《乡村振兴战略规划（2018—2022 年）》，文农旅融合发展成为乡村振兴新引擎。近年来常州文旅部门不断推出乡村旅游精品线路，积极探索农旅融合、文旅融合新路径，助力溧阳乡村旅游发展，带动更多农民致富奔小康。溧阳加强规划引导、典型示范，创新发展乡村特色文化产业，促进文化资源与现代消费需求有效对接，推动文化、旅游与其他产业深度融合、创新发展，构建乡村振兴新格局。

乡村振兴是一条"金扁担"，一头挑着绿水青山，一头挑着金山银山。近年来，别桥镇党委镇政府敏锐地抓住了国家政策导向和市场环境

趋势，提出了全面发展别桥镇旅游并以此为契机整体推动别桥镇向特色小镇与美丽乡村方向发展的工作部署，别桥原乡由此而生。通过近几年的发展，从最初的生态采摘、田野观光，到现在的原乡景区、田园乡村；从最初的原乡旅游，到现在多元素共发展的原乡品牌，别桥原乡是全镇综合发展的品牌战略，是别桥镇乡村治理、乡村开发、乡村振兴的平台战略。在准备开发别桥原乡时，便成立公司进行市场化运作。根据溧阳市"全域一体、全国一流"的旅游发展目标与发展休闲经济的战略部署，结合江苏省无人机特色小镇的优势资源，依托塘马水库及区域地貌资源，综合利用农户闲散土地，打造别桥乡村旅游景区、发展农旅产业，致力美丽乡村建设、带动乡村休闲旅游经济、提升村镇环境及村民幸福指数，并以此来带领村民致富。

发展壮大乡村产业，需要提高农民参与程度，创新收益分享模式，

涵田康养中心

溧阳积极探索完善紧密型利益联结机制，公司流转村民手中闲散土地，聘请村民参与公司各项田间管理。从采摘园的瓜果种植、采摘零售，到稻梦空间编制雕塑、养护，到原乡美田田间管理、收割，都有原乡村民的身影。通过两年建设，重点打造旅游节点上樱花花海、油菜花海、百日草花海及老少皆宜的稻梦空间，让游客们初次领略原乡的田园风光，让无中生有的原乡走进了游客的视线，为后续的原乡花海、绿野仙踪、田园塘马、塘马湿地等旅游板块的推出奠定了坚实的基础。

有产业、有特色、有文化、有内涵、有故事、有风景。现如今，溧阳乡村产业建设如火如荼，环境宜居度明显提升，文化建设成果显著，组织建设构建出新格局，群众幸福感满满。在开发别桥原乡旅游的同时，发掘新功能新价值，打造新载体新模式，注重原乡品牌的建设。注册原乡商标，将原乡商标授权给有特色农旅产品村、原乡的龙头企业、合作社、特色手艺传承人，并对原乡品牌涉及的农旅产品统一管理，统一销售。溧阳原乡软米、原乡瓜果、原乡月饼、原乡豆干、原乡菜籽油一推出市场，便受到市场的广泛好评，有效地促进了后续原乡农旅产品的开发与推广。

溧阳大力实施乡村建设行动，加快补齐突出短板，加快推进村庄规划工作，加强乡村公共基础设施建设。在开发旅游板块的同时，继续把公共基础设施建设的重点放在农村，着力推进往村覆盖、往户延伸。配套建设景区基础硬件设施。仅别桥原乡就新建生态停车场5个，满负荷承载1500余辆；高标准建设公共厕所3个，并评为三星级旅游公厕；新建美田集市，为游客提供游憩购物等服务；新建原乡客栈，为游客提供餐饮住宿服务；新建原乡集市，为村民提供售卖窗口。在开发别桥原乡过程中，公司坚持小投入为主，着重提升原乡景区的人气，重点打造原乡品牌的软实力。景区从一无所有起步，到年接待游客50万余次，吸引了众多社会资本进入。溧阳支持以市场化方式撬动金融资本、社会力量参与，重点支持乡村产业发展。2019 年，原乡公司与华东旅游联盟签署合作协议，标志着社会资本进入原乡，同年 10 月，市场化运作的水乡游船、田园卡丁车投入运营。言蹊旅游、上海牛露野营先后在原乡运营美田集市、房车营地。当前，溧阳正面向市场对接原乡客栈运营团队。在旅游节点举办各类活动，徒步、马拉松、采摘节、赏花节、过大年等活动，先后多次在央视及省级媒体宣传报道。

《乡村振兴战略规划（2018—2022 年）》提出深入挖掘农耕文化蕴含的优秀思想观念、人文精神、道德规范；创造性转化、创新性发展，不断赋予时代内涵、丰富表现形式，为增强文化自信提供优质载体。重构乡村文旅生态系统的文化设计不能简单地理解为文化设施的建立、文化资源的保护以及文化产业的发展，乡村的规划、建设环节都应该代表着新时代语境下现代文明的发展趋势。重塑乡村文旅生态应紧密结合发展乡村特色文旅产业、美丽乡村建设，深入挖掘江苏乡村特色文化符号，盘活江南和溧阳特色文化资源，走特色化、差异化发展之路，促进文化资源与现代消费需求有效对接，推动溧阳文化、旅游与其他产业深度融合、创新发展。从品牌提炼到品牌创立，溧阳将"别桥原乡"打造为具有区域竞争力的多元素品牌，通过原乡旅游向游客展示。在别桥原乡建设过程中，带动区域村民共同致富，辐射周边 5 个行政村，惠及1.3 万余村民。

三、文艺乡村的美好生活

《乡村振兴战略规划（2018—2022 年）》提出，立足乡村文明，吸取城市文明及外来文化优秀成果，在保护传承的基础上，创造性转化、创新性发展，不断赋予时代内涵、丰富表现形式，为增强文化自信提供优质载体。

中国最真实、鲜活的面貌都来自田野，它是"暧暧远人村，依依墟里烟"重返山林的恬淡和缓；是"绿遍山原白满川，子规声里雨如烟"欣欣向荣的怡然自得；还是"十里西畴熟稻香，槿花篱落竹丝长，垂垂山果挂青黄"丰收在望的喜悦闲适，乡村的蓬勃生机在这里体现。

溧阳塘马村，就是这样一个流连乡愁、孕育文化的地方，作为江苏省特色田园乡村首批试点命名村，它的美丽嬗变见证了溧阳乡村振兴的生动实践，描绘了一幅幅饱含原生田园风光、原真乡村风情、原味历史质感的靓丽画面……

（一）多主体共谋，从山光水浊到青山绿水

溧阳注重保护利用乡村传统文化，实施农耕文化传承保护工程，深入挖掘农耕文化中蕴含的优秀思想观念、人文精神、道德规范，充分发挥其在凝聚人心、教化群众、淳化民风中的重要作用。"十三五"期间，江苏省创造性地开展特色田园乡村建设行动，重点培育了100个省级特色田园乡村试点，并逐步在全省推广。溧阳市抢抓机遇，积极培育出了杨家村、牛马塘、塘马等6个省级特色田园乡村和1个面上创建村庄。

塘马村，位于溧阳西北别桥镇，地处茅山革命老区，背依风景秀丽、水质清新的塘马水库，溧阳1号公路穿村而过，是一个有着800余年农耕历史的村庄，面积约0.47平方公里，户数159户，人口532人。塘马村的"蝶变"缘何而来？自入选首批试点以来，塘马村联合设计师、村民、新乡贤和国企公司共同推动村庄规划、建设、运营与治理，借助别桥全域生态休闲建设契机，打造田园文化、田园生产、田园居所于一体的农耕乡村聚落。

"在建设中，我们通过土地综合整治、环境整治、生态修复等措施，修整道路 1.2 万多平方米，流转村民闲置房屋 16 处，复耕闲置土地 40 亩，河道池塘清淤 2.56 万立方，清理垃圾约 80 吨。"溧阳市田园原乡建设发展有限公司的项目负责人介绍道。通过空间出让、着力整治，曾经脏乱萧条的村庄面貌焕然一新。"我们追求的是由内而外的生态宜居，先在'看不见'的地方下功夫，把大家最关心的水、电、管网拾掇好，路铺好、灯修好。"

正是凭着这样的"绣花"精神，塘马村才能最大限度保留着乡村最淳朴纯正的一面。当你在"走过咖啡屋"中细细品味，让温暖的阳光穿梭于微隙的气息时，摸一摸传统的草筋灰抹面斑驳粗粝，谁能想到一个月前这还是一个废弃的猪圈？行走在塘马村，你能看到很多这种就地取材的奇思妙想。田园公司组织了一支近百人的工匠队伍，大家"土法"上马、各显神通：用石片、竹子、青砖做建材，配以耙耖、犁、推车等旧农具和老物件，村庄小河保留了滚水坝，用废弃磨盘作为踏石，原汁原味。废弃水缸、木桩、石臼、石槽竟都成了花盆，堂前屋后少了"虚假繁荣"的高级绿化，而是栽种齐了瓜果蔬菜、自繁衍花卉。"大家拆下来的砖、瓦都被回收利用，一点儿也没浪费，效果还出奇得好！"塘马村老书记刘志华笑着说。

溧阳深入推进文化惠民，展开怀抱，欢迎和鼓励文艺工作者推出反映农民生产生活尤其是乡村振兴实践的优秀文艺作品。《天下无贼》作者、著名作家赵本夫在塘马村参加活动时，深情地说："这里原住民、原生态、原风景，是乡野的味道！"这是对塘马村最真实又最高的评价。

(二) 深层次共创，从无人知晓到文艺空间

近年来，随着乡村振兴战略的大力实施，激发乡村人才内生动力

愈渐重要。习近平总书记在中央农村工作会议上指出，要吸引各类人才在乡村振兴中建功立业，激发广大农民群众积极性、主动性、创造性。用艺术设计和文化创意改善农村环境、推出特色产品与服务是推动乡村发展的重要途径。溧阳重塑乡村文化生态，以形神兼备为导向，保护乡村原有建筑风貌和村落格局，把民间文化元素融入乡村建设，深挖历史古韵，弘扬人文之美，重塑诗意闲适的人文环境和田绿草青的居住环境，重现原生田园风光和原本乡情乡愁。

溧阳以开放意识、创新思维积极引导专业协会、文化名家、文化工作者、退休人员、文化志愿者等投身乡村文化建设，丰富农村文化业态。溧阳市作家协会主席陈芳梅曾经有过这样的烦恼："我们作协一直没有固定的活动场所，需要举行活动时都是借用别人的场所，如果在城里租一个地方经济负担大而且使用率不高……"一次偶然的应邀采风，陈芳梅品出了塘马村自带的"耕读传家"味道，那狭长斑驳的巷陌、黛青色的墙、蜂蝶飞的菜畦正合了她的心思，就在言语中不由地透露出了自己的向往："在这儿构思文学肯定是文思泉涌啊！"时任市住建局局长同时也是作协名誉主席的钱栋在旁边一听立刻说："田园公司租了村里两件闲置房屋，可以匀一间给作协作活动室！"于是，文艺塘马村第一家活动室——"百合文苑"就这样悄然亭亭玉立于村中。

可持续发展的乡村文化生态应该是一个包括自然、社会、人类、文化、经济等综合的复合有机整体，乡村文化生态规划要将生活与生产、伦理与教育、道德与法律、民俗与文明相结合，打破乡村和城市的二元对立，形成城乡优势互补和良好的互动关系。溧阳按照有标准、有网络、有内容、有人才的要求，健全乡村公共文化服务体系。"愿出走多年，归来，我们仍是文青"，百合文苑中的这句寄语看得出这儿已经成了作协成员们一个可以安心归来的精神家园。贾平凹、黄蓓佳等著名作家在溧阳的留影也诉说着这块土地与文艺的难解缘分。在这个院子里还有一间名为"本乡本土"的文艺家协会工作室。在这个小院里，有92岁程宝珍老奶奶缝的虎头鞋，有87岁老爷爷刘慈汉自学的书法绘画，还有老木匠程建生的木制品……剪纸、烙画、傩面具一件件古朴雅拙的艺术作品向游客们展示了民间艺人和老一辈工匠的技艺，在这间小屋中重新绽放出光芒。凡是来塘马的朋友和游客，都称赞本乡本土屋最有"溧阳味儿"。

溧阳丰富乡村文化生活，推动城乡公共文化服务体系融合发展，增加优秀乡村文化产品和服务供给，活跃繁荣农村文化市场，为广大农民提供高质量的精神营养。美音梨园、以茶代酒、走过咖啡屋……一间间原来凋零破败的闲置房屋就这样被巧手点拨，引入文艺元素，融入文化功能，吸引了更多的文艺团体入驻，"文艺塘马"声名鹊起、大放异彩。

（三）全要素共享，从地穷人瘦到金山银山

习近平总书记指出："促进农民农村共同富裕，要全面推进乡村振兴，加快农业产业化，盘活农村资产，增加农民财产性收入，使更多农村居民勤劳致富。"

溧阳主动建立现代农业经营体系，坚持家庭经营在农业中的基础性地位，构建家庭经营、集体经营、合作经营、企业经营等共同发展的新型农业经营体系，发展多种形式适度规模经营，发展壮大农村集体经济。

"你家地里最近有什么菜吃，我们换换菜吃好吗？""老刘，我地里的萝卜最近熟了，周末跟我一起去水库钓鱼顺便采几颗！"这样的对话在"塘马地主群"里比比皆是，到底是为何？原来塘马村成立了美田农业公司，流转村民闲置低效土地40亩，打造"我家自留地"项目，种

植有机蔬菜。城里人当起了"地主"，每年只需缴纳 2000 元的租金和 1000 元的种植管理费，就能轻松等待送菜上门或者带着家人朋友亲自去田里耕作一番，享受丰收的喜悦。

溧阳壮大新型农业经营主体，实施新型农业经营主体培育，提高了农业的集约化、专业化、组织化、社会化水平，有效带动了小农户发展。

塘马村村民谢荣祥是耕种了半个世纪的"老把式"，也是土生土长的塘马村村民，多年来，他在种好 5 亩承包田外，靠外出打工补贴家用。"水稻长得最好的一年赚了 5000 元，加上我做做小工，总共也不过 2 万元。"自从把土地流转给公司，他安心当起了"田园管家"，"地里做一天工 100 元，加上我的土地流转费，一年至少 3 万多元，我年纪大了外面的工作也难找，家门口有钱赚，我是越干越有劲啊！"

村民成为新人才，乡村振兴有未来。为村民赋能，乡村振兴让溧阳农民留得住心，扎得牢根。"现在有大概 20 多位村民当上了'田园管家'，大家都铆足了劲儿学怎么让自己管辖范围内的自留地越种越好，提供更优质的蔬菜。"塘马村党总支书记黄红春介绍道，"我们还有一些村民自己当起了老板，成了'网红'。"

溧阳以资源重构发掘价值，调动积极性。引导村民正确认知并合理运用个人资源，是提高村民主动性、创造性和持续性的重要因素。村口路边的茅金凤一直对村庄建设不满意，因为她家门口那棵人树枝桠快要压到前面邻居家的房子了，要截断必须得自己出资 3000 元请吊车来截，这一笔支出让她心疼不已。经过商量，田园公司将她家门口的环境进行治理，开启了村里第一个营业点"原乡面馆"，让茅大姐这一"扎肝高手"能够尽显才能。现在，谁要去塘马不到原乡面馆吃一碗香喷喷、油辣辣的扎肝面，那就不能说自己去过塘马！面馆的火爆，带动了更多村民的创业激情。原塘马村妇女主任徐慧英开了一家"看菜吃饭"

私房菜馆，店如其名，没有菜单，每天采购新鲜时令蔬菜鱼肉，现点现做，这"半自助"的点菜模式，纯正的乡村味道吸引了八方食客，单单2020年国庆一个小长假就翻台了70桌，纯利润超过2万元。"原来都是儿子提着东西回来孝敬我们，现在我都让他满手满提着走！"徐阿姨的笑声中多了一份从容和底气。

溧阳注重指导村民面向绿色兴农需求，加大绿色技术供给，加强集成应用和示范推广。塘马村土地属黏性土壤，土质肥沃，硒含量高，村里成立了农业合作社，种植富硒百合和有机软米，采用"土地＝股权、农户＋村集体＋合作社"的模式，鼓励村民入股，参与生产和管理。以"最小化成本，最大化效用"来清除村民行动障碍，激发村民参与的主动性与持续性。如今，闲房成了"钱袋子"、闲人成了"小掌柜"、闲地挖出了"金元宝"。2017年到2020年，塘马村村民人均年收入从15万元增长到30余万元，农业规模化经营比重高达90%。

（四）睦邻社共管，从陌邻远亲到和谐近邻

广大农民群众对美好生活的向往和追求，不仅是物质生活上的丰富，更有精神世界的充实。溧阳把乡村人文资源和自然资源的美挖掘出来，塘马村唯一一个新建建筑——村民中心就是对老村委进行改造，依托原有的建筑拓展建筑空间，形成了连廊系统，设置乡村振兴学堂、如意小食堂等功能，构建"睦邻"空间的载体，为老百姓营造一个交流、交心、交往的空间，孕育文明乡风、良好家风、淳朴民风。

溧阳把夯实基层基础作为固本之策，建立健全党委领导、政府负责、社会协同、公众参与、法治保障的现代乡村社会治理体制，推动乡村组织振兴，打造充满活力、和谐有序的善治乡村。费孝通先生曾经在《乡土中国》一书中提到所谓的"差序格局"，即一个人的人际关系，如

同水面上泛开的涟晕一般，由自己延伸开去，一圈一圈，按离自己距离的远近来划分亲疏。正是运用了这样的特性，塘马村创立了独有的睦邻体系，成立"睦邻社"，缔结"睦邻约"，发放"睦邻卡"，所有塘马村的原住民、新村民及各类乡贤都是睦邻社成员，每个人可以使用睦邻卡在村上各个点位享受福利。

溧阳以德治滋养法治、涵养自治，让德治贯穿乡村治理全过程。塘马积极发挥新乡贤作用，深化村民自治实践，提升乡村德治水平。睦邻体系将塘马村159户分成9个区块，用家族关系、邻里关系串联起九个"朋友圈"，由村民推选出的李庆保、谭小平、刘中华等9位"睦邻管家"负责"将村民的呼声带上来，把要做的事情干下去"。"大家都很支持我的工作，平常我有空就到各个组员家里坐坐唠唠家常，大家有什么小矛盾马上就能解决。"在刘中华看来，"睦邻管家"为村民提供了一条与村委沟通的有效渠道，探索以网格化管理为抓手，推动基层服务和管理精细化精准化。

溧阳有效引导农民自我管理、自我教育、自我服务、自我提高，实现家庭和睦、邻里和谐、干群融洽。推行"百姓议事堂"协商机制，做到"大事一起干、好坏一起评、事事有人管"，"我们时不时地就会收到村民们的建议、意见，房前屋后的绿化、污水管道的设置改造等很多问题都得到了解决。"塘马村书记王宇说。"村民们心齐了，对村里的事儿更关心、更关注也更愿意参与了，支持度和配合度越来越高，我们工作做起来也更顺畅了。"村民刘建华是一名民营企业家，当得知村口需要标志物件时，将自己收藏的"马"型雕塑无偿捐赠出来；村民刘志庆是新四军研究专家，他热心参与家乡建设，开办了铁军红色学校，宣扬红色塘马、铁军精神；刘玉明为新四军十六旅旅部的重建找来了自家廖海涛曾经睡过的床、用过的柜子；曾经的"钉子户"刘慈立受邀成为村民观察员，每天忙得不亦乐乎……

溧阳依托本土资源，加入品牌文化创意，以"IP"赋能乡村旅游，打造美丽乡村品牌。自启动塘马特色田园乡村建设以来，别桥镇党委、市住建局党委、苏皖集团党委形成了强大的组织力，秉承着"乡村振兴，党建引领；项目推进，党员示范"的发展理念，深入宣传，广泛引导群众参与，利用双休日自愿到塘马开展党建活动，围绕各个点位建设任务出谋划策，壮大了塘马村的睦邻朋友圈。

美育是实现人民向往的美好生活的有效途径，能够为人民的美好生活赋能。比城市更温暖，比乡村更文明。由内而外的美丽，立足自身的活力、大家实惠的富裕、形成睦邻的风气，这片"红土地"因而生发出了"绿色发展奇迹"。塘马村将会是一个美丽与宜居并存、生态与乡愁共生之地，吸引更多人一同擘画乡村振兴美丽蓝图，让此心安处成吾乡。只要在乡村旅游发展和美丽乡村建设中，充分发挥文农旅融合发展的作用，将其打造成绿色工程、系统工程，就一定能够成为带动经济增长，保障村民就业，提升人文素质的乡村振兴新引擎。

溧阳人民坚信，按照产业兴旺、生态宜居、乡风文明、治理有效、生活富裕的总要求，建立健全城乡融合发展体制机制和政策体系，统筹推进农村经济建设、政治建设、文化建设、社会建设、生态文明建设和党的建设，加快推进乡村治理体系和治理能力现代化，加快推进农业农村现代化，走中国特色社会主义乡村振兴道路，农业定能成为有奔头的产业，农民定能成为有吸引力的职业，农村定能成为安居乐业的美丽家园。

自在茶香，美丽溧阳，这就是老百姓心中最幸福的乡村模样。

生态产品交易市场助力生态敏感区"两山"转化

中央全面深化改革委员会第十八次会议审议通过了《关于建立健全生态产品价值实现机制的意见》，为生态产品价值实现提供了重要保障，也对"十四五"时期大力推进生态产品价值实现及"两山"转化提出了新的更高要求。

生态系统具有多功能性，不仅为人类提供燃料、建筑材料、医药资源及其他工业原料等，为创造及维持地球生命支持系统提供了诸如气候调节、生物控制、养分循环、授粉、大气和水的净化、废物处理等功能，还为人类社会提供娱乐文化美学等价值。因此，大自然不仅是经济活动的原料来源，生态系统服务功能还起到维持人类生存、改善生存环境的作用。

生态系统的多功能性带来其利用的竞争性，在历史上很长时间里，人们只是从原料的角度加以利用，靠山吃山式的直接利用造成一些区域植被被破坏。一直到人们走出温饱阶段，充分认识到生态服务功能和生态环境健康、审美价值，才逐步开始利用生态资源发展生态农业、生态旅游业等生态产业，推进生态产品价值实现。

人们在生态产品价值实现中会选择生态本底条件较好的区域，而这类区域通常是重点生态功能区，甚至是各类自然保护地。这些区域植被覆盖水平明显高于同一地理地带周边其他地区，维持着最典型的生态系统和最多数的生物多样性，因此，这些区域既是生态最重要的区域也是生态最敏感的区域。在利用过程中，需要特别注意保护，切实实现在发展中保护、在保护中发展的目标。

国家"两山"实践创新基地江苏省溧阳市地处长三角核心区,长三角"明眸"溧阳市天目湖位于太湖源头,自然风光秀美,承担近70万人饮用水供给功能。认识到天目湖的重要生态价值和敏感性后,溧阳市对其倍加呵护,划定生态保护红线,完成天目湖退耕还林面积32349亩、退茶还林面积20470亩,区域森林覆盖率达80%以上。实施茶园种植、村落面源等拦截以及河道水库、塘坝湿地生态修复工程100余项,建成镇级污水处理厂1座及村级污水处理点95个,综合治理流域内200个自然村生活污水,水质常年保持地表水Ⅱ类标准,天目湖的"绿水青山"成为长三角一块闪亮的生态名片。

天目湖流域是溧阳市最具"绿水青山"禀赋特征的区域,溧阳市积极践行"两山"理论,推动天目湖地区绿色崛起,释放了丰富的生态红利。依托高品质生态资源形成区域特色的生态农业,培育天目湖鱼头、天目湖白茶、社渚青虾等品牌的生态农副产品,入选全国农业产业强镇示范建设名单。2020年,天目湖镇旅游业游客接待量690.25万人(次),实现旅游直接收入18.29亿元。完成实际利用外资1600万美元,瑞士布勒集团饲料加工设备与技术总部也被吸引到天目湖。

然而,在"两山"转化的过程中,作为生态敏感区,天目湖保护形势依然严峻,尤其是流域农业面源污染和水产养殖污染压力较大,每年数以亿计的生态保护支出也让地方财政面临不小压力。

溧阳市以"两山"实践创新基地为契机,率先在天目湖流域开展以水环境为重点的生态产品交易试点。以生态环境质量提升为目标,依托生态环境监测大数据,构建科学的生态容量评价体系,科学估价生态容量产品,建立"总量控制、分区设限"生态容量指标交易制度,通过平台进行交易,打通了从农业面源污染退出到服务业生态受益购买之间的交易环节,完成水产养殖污染退出、康养服务生态容量购买及上游退茶还林补偿。在将天目湖流域生态容量提升近10%的同时，优化了生态敏感区的生态产品价值实现布局，促进了区域生态产品价值实现的竞争力提升和生态增值。同时，通过生态保护工程的效益评估，推动生态保护治理项目对接绿色金融及资本市场，改变了过去治理主体单一的生态治理方式，建立起损害者补偿、使用者付费、保护者受益的多元生态治理体系，完成了金山银山向绿水青山的反哺，构成了双向转化、相互促进的"两山"转化机制。

"十四五"期间，我国将全面开启高水平建设社会主义现代化新征程，如何推进生态产品价值实现，推动绿色高质量发展成为摆在我们面前的新任务，生态产品交易市场机制是值得生态敏感区借鉴的一种有益尝试。

（原文刊载于2021年2月26日《中国环境报》

记者：鞠昌华 周中赛）

四、满园花开富民路

习近平总书记指出："农业农村工作，说一千、道一万，增加农民收入是关键。要加快构建促进农民持续较快增收的长效政策机制，让广大农民都尽快富裕起来。"

群山叠翠，茶园飘香。空山新雨，春意盎然。走进溧阳市天目湖镇三胜村，迎面而来的是乌黑锃亮的沥青村道和鳞次栉比的漂亮民居。村旁的小河清澈见底，一路潺潺流向郁郁葱葱的远方。今天，乡村振兴的号角唤醒了这座位于苏皖交界的小山村，她像一个走出深闺的美丽姑娘，渐渐向外界展示出曾掩藏着的俊俏模样。

（一）从十思园"一枝独秀"到合作社"满园花开"

产业是农村各项事业可持续发展的基础，实现农村产业振兴和农民富裕，要将市场中有生命力的企业引导到三产融合发展中来，把产业振兴贯穿全面小康、乡村振兴全过程。

如今的三胜村村容整洁、村富民强，但谁又能想到，十几年前的三胜村居然是一个"养在深闺人未识"的贫困村呢？

说起三胜村，首先要提的就是它的村名。村里老百姓现在提起村名的来龙去脉还是尤为骄傲。三胜村原名下田村，20世纪50年代，村里靠合作化生产解决了温饱问题，村民高兴之余联名给毛主席写信报喜。毛主席审阅后亲自将下田村改为三胜村，以寓土地改革、合作化、抗美援朝三大胜利之意。

精神在，力量就在，希望就在。温饱问题虽然解决了，但村里老百姓始终无法获得更大的发展。就这样，十几年过去了，村里通往外面的还是一条弯弯曲曲的山道，大部分村民还是守着自己的一亩三分地，种着小麦、水稻、油菜等传统作物，靠天吃饭，致富无门。

实现全体人民共同富裕的宏伟目标，最终靠的是发展。三胜村位于天目湖上游、伍员山脚下，与安徽省郎溪县、广德县接壤，是典型的丘陵村庄，竹塘、竹墩、高塘岕、山边等十几个自然村都坐落在深山里。虽然风景秀美，十几年前却因为交通闭塞而不为人所知。

直到2005年，三胜村的好山好水吸引了"十思园"落户于此。村民们将土地流转给村里，村里将地租给"十思园"进行现代农业及旅游开发。"十思园"规划开发面积2万亩，其中核心区1万亩。目前已成为全国农业旅游示范点、江苏省现代农业示范园区、江苏省农业龙头企业。园区已开发种植白茶3000亩、绿茶600亩、精品水果2000亩、生态林6000亩、种苗300亩，年产茶叶10吨、水果1500吨。

塑造特色风貌，乡村生活幸福和美。村里的变化让村民们幸福感满满。原先荒芜的山地种上了茶叶、果树等经济作物，如画美景吸引了四面八方的游客，原先闲在家里的村民纷纷到"十思园"上班，拿着土地流转费和打工费两份工资，日子越过越美。据统计，全村每年有800余人在园区做季节工，每人年收入8000余元；有200余村民在园区做长年工，年收入3万余元。

"形""魂"兼修，景美人富，擦亮乡村振兴底色。"十思园"的蓬勃发展，让村两委班子意识到：绿水青山是大自然馈赠给三胜村的宝贵资源，也是三胜村"靠山吃山"的不二选择。此后，三胜村便走上了一条推进乡村振兴的生态绿色发展之路。

乡村振兴，生态宜居是关键。溧阳最大的优势在环境，最宝贵的财富是生态。乡村风貌提升改善的是环境，推动的是发展，受惠的是群众。三胜村积极推进村庄环境整治提升工程，让山更绿、水更清、村庄更宜居，新开发的570亩梅园更是为美景增添了一抹亮色。在村庄环境整治提升过程中，三胜村没有摒弃原有的村庄布局和乡陌风格，而是保留了村庄自然形成的格局，只是通过建设公共卫生设施、修建道路、疏浚河道池塘、排污清淤、道路硬化、农房个性化、公共服务优化等措施，让村容村貌焕然一新。

持续推进特色田园乡村建设向纵深发展，功夫不负有心人。经过一番"梳妆打扮"，产业兴旺、生态宜居、乡风文明、治理有效、生活富裕的三胜村斩获了"江苏省卫生村""江苏省法治村""国家级生态村""全国文明村"等重量级荣誉。

绿水青山就是金山银山。三胜村的华丽蜕变，成为溧阳特色田园乡村打造过程中乡村振兴与脱贫攻坚有机融合、可持续发展的典范。在乡村振兴实施过程中，三胜村始终恪守这一理念，坚持不懈保护生态环境、不断改善生态环境，既不靠以破坏生态环境为代价获得发展的"竭泽而渔"，也不空守一方好资源而无动于衷舍弃发展的"缘木求鱼"。三胜村坚持发展高效农业，走高效、生态之路，把农业和旅游有机结合起来，产业富民效益凸显。引进开发了天目湖云川茶场、天目湖新概念茶场、天目湖乌峰茶场等21家农业企业及农民专业合作社。茶叶企业的快速发展让村民端起"金饭碗"，吃上"生态饭"。

（二）从农家乐民宿"自娱自乐"到高端项目"纷至沓来"

文农旅融合发展有利于农业转型升级，有利于美丽乡村建设，有利于培育乡村发展新模式、新业态，也是实施乡村振兴战略的重要抓手和切入点。江苏发挥自然生态之美、城乡宜居之美、人文特色之美的地方优势，常州以文农旅融合发展创造推动乡村发展"溧阳经验"，以文农旅融合发展绘就一幅幅游客满意的"山水图"、提升村民幸福指数的"致富图"。文农旅融合打造美丽乡村品牌。溧阳拥有丰富的乡村旅游资源，旅游市场需求旺盛，发展潜力巨大。

随着全域旅游开发进程的不断加快、外部交通条件的不断改善和村庄基础设施建设的不断提升，再加上"溧阳1号公路"通到了村口，为三胜村做大做强做优农旅产业、富民强村提供了无限可能。

农旅融合赋能，田园经济风生水起。溧阳凭借自身的乡村资源优势，通过发展旅游、培育生态游、乡村游、观光游、休闲游、农业体验游等文农旅融合产业，开发农业农村生态资源和乡村民俗文化，促进农业产业链延伸、价值链提升、增收链拓宽，成功带动农民增收、农村发展、农业升级。近年来，在溧阳茶舍政策的激励下，三胜村的生态优势日益凸显，吸引了众多高端精品酒店、茶舍项目的集聚。总投资3亿元的王家边村高端品牌酒店项目、总投资2亿元的十思园精品度假酒店、总投资3000万元的隐湖居茶舍、总投资6000万元的龙海茶舍、总投资

7000 万元的山居客茶舍等高端休旅项目纷至沓来，为三胜村未来的旅游发展和乡村振兴注入强劲动力。

经过近年来的精心耕耘，特色鲜明的休闲度假目的地正逐渐形成。溧阳游客接待量和旅游总收入都有不小的提升。目前，溧阳各大项目建设正酣。十思园度假酒店主体建设完成 30%；隐湖居茶舍已完成主体综合验收；龙海茶舍已完成方案报批、建设用地指标安排和林地手续办理；山居客茶舍已完成方案报批，年内将完成建设用地指标安排；三胜村小四方南侧精品酒店项目年内完成方案报批；桂林王家边村高端品牌酒店项目正加紧推进……

美了村，富了民，也育了人。"以前是村里的人走出去，现在是外面的游客走进来。"三胜村党总支书记陈国军笑着说，对三胜村来说，最大的资源就是生态资源，最大的优势就是生态优势。因此，三胜村牢固树立"绿水青山就是金山银山"的理念，突出生态保护主题，深挖绿水青山这座富矿，在绿水青山中"寻宝"，尤其在美丽乡村建设方面独辟蹊径，带领村民们走出了一条富民强村的可持续发展之路。2020 年，三胜村村集体总收入 329.56 万元，村民人均收入达 3.5 万元。一户一个景、一院一幅画、一家一片园、一村一抹韵，在"两山"理念的引领下，三胜村正逐渐蝶变成为村强、民富、景美、人和的新时代美丽乡村、小康样板村。

文农旅融合助力溧阳全域旅游建设。通过对乡村旅游资源的品牌打造，将文旅帮扶和乡村旅游有机结合，让更多百姓搭上"旅游快车"，有利于拓宽村民增收渠道，实现村民持续稳定致富，更有利于拓展全域旅游。沿线风景旖旎的溧阳 1 号公路，联结起全市 220 多个乡村旅游点、62 个美丽乡村和特色田园乡村，把原本分散的自然资源和乡村景点缀连，造就了一个个"网红村"，年综合引流 600 万人次，带动 5.4 万农户在"家门口"致富增收。溧阳 1 号公路成为溧阳全域旅游的主动脉。

决战脱贫攻坚目标任务胜利完成，溧阳人民将更加紧密地团结在以习近平同志为核心的党中央周围，乘势而上、埋头苦干，巩固拓展脱贫攻坚成果，全面推进乡村振兴，朝着全面建设社会主义现代化国家、实现第二个百年奋斗目标迈进。

媒体展现

三胜村里看"鸡毛上天"

三胜村村名来自毛泽东同志。

上世纪50年代初，江苏省常州市溧阳县下田村大丰收，吃饱了住暖了的村民们很幸福，一合计，就联名写信把这美好的日子告诉了毛泽东同志。毛泽东读后比村民还高兴，在信上批示："谁说鸡毛不能上天。"并亲自将"下田村"改名"三胜村"，以寓土地改革、合作化和抗美援朝3大胜利之意。

不知是不是这个村名的暗示作用，总之，三胜村从此生活一年比一年好，吃穿讲营养，出门有汽车，回家住小楼。然而，慢慢地，村里人发现，这越来越美好的日子是以越来越差的生态环境为代价的。那些本来平静如镜的池塘，渐渐变得或臭不可闻，或蓝藻污物遮面；村庄土地里种出来的稻米蔬菜茶叶，也不再像当年那样香甜。

看着家乡的青山绿水变得脏乱，村里人很心痛，但又无能为力。"2012年，我们响应中央和省里的号召，开始进行村庄环境综合整治，太好了！"三胜村党支部书记钱保国说,4年多来，村民从不习惯到习惯、从不积极参与到主动维护卫生环境，发生的改变太多。比如，把垃圾集中收集起来送到镇里的储运站、每个自然村的生活污水都集中处理，又比如让池塘的鱼儿回到自然生长、不给山上的茶树果树和田里的稻谷乱用化肥农药。"房子还是原先的房子，没有大拆大建，可村庄变得好看了。"钱保国最自豪的是，他们村庄尊重自然形成的格局，没有摒弃原有的村庄布局和乡陌风格，当然也就没有在村庄环境整治中形成新的环境污染和破坏。

田园、竹林、溪流、小楼编织的三胜村，如水墨画般组合在天目湖畔的浅山缓坡，让天目湖这个国家 5A 级旅游度假区多了份亲切、生动与自然。干净、安静的三胜村成为国家级生态村、江苏省卫生村，有了乡村旅游的资本，当然，也因为"鸡毛上天"和毛泽东同志改名的原因多了份特殊的历史韵味。自然而然地，三胜村就成了人们旅游观光的好去处。

三胜村的巨变给周边村庄和旅游者带来一种启迪、一份激励：只要守护好绿水青山，鸡毛就能飞舞在蓝天。

（原文刊载于中国经济网，2017 年 8 月 9 日）

五、"数字乡村"的致富秘诀

数字乡村既是乡村振兴的战略方向，也是建设数字中国的重要内容。《乡村振兴战略规划（2018—2022 年）》提出，实施农业综合生产能力提升重大工程，建设数字农业农村，培育提升农业品牌，做好品牌宣传推介，充分利用电商、"互联网＋"等新兴手段，加强品牌市场营销。溧阳积极推进"互联网＋服务"新模式，依托农村电商服务站点，延伸便民服务功能，全力打造群众"家门口"的便民服务圈。2019年5月，中共中央办公厅、国务院办公厅印发《数字乡村发展战略纲要》，明确提出"数字乡村是伴随网络化、信息化和数字化在农业农村经济社会发展中的应用，以及农民现代信息技能的提高而内生的农业农村现代化发展和转型进程"。

（一）运用"数字化"赋能乡村振兴

脱贫攻坚的伟大战役，让"乡村"和"数字化"这两个似乎毫不相干的概念，在江南的农村产生如此紧密的联结。凌晨一点，在多数人还沉浸梦乡时，溧阳市竹篑镇姜下村的姜下食品配送中心灯火通明，妇女们熟练地按照手中订单分拣菜品，而年轻小伙则忙着将已检验核对好的菜品装车，配送到供货单位。在姜下村委与村中"丫丫家庭农场"合作的近两年时间里，不少村民也将幸福的生活"配送"进家中，在家门口感受小康的"甜"。

农村电商在乡村振兴中发挥着重要的作用，溧阳以电商促进农产品销售，以电商促进农业产业化发展，以电商带动农民就业，以电商带动脱贫，有效带动了有能力有意愿的农民就业创业。姜下村地处竹篑镇西北部，大部分年轻人都在外务工，村中仅留下一些老人与小孩。2018年6月，新上任的村党总支书记吕岗华在走访困难群众的过程中发现，村中有个占地500余亩的种养殖基地"丫丫家庭农场"，其种植的蔬菜瓜果品质好、产量高，主要保障常州监狱近万人的食堂配送。但由于没有面向市场，该农场存在产能过剩的问题。吕岗华灵机一动："如果我们村委会与'丫丫家庭农场'合作，综合利用他们自有农副产品资源进行市场推广与销售，那不仅可以解决产能过剩的问题，还能给咱们村集体增加收益。"说干就干，2018年下半年，村委会与"丫丫家庭农场"

迅速商定好合作模式，并共同组建"姜下食品配送中心"，雇用村中闲散劳动力组建配送团队，实现菜品从田地、市场到厨房的配送服务全过程，力争提供更为优质的配送服务。

乡村振兴接入数字鸿沟的弥合，意味着新农民有了"一块屏幕改变命运"式的机遇，也自然包括"助力农货销售"。配送中心每天的工作分为十几个步骤：订单分类、分类采购、农药残留检测、分拣核对、装车配送……由于工序繁杂且需保证菜品新鲜，绝大多数工作都在夜间完成，因此配送中心的员工均为姜下本村村民。姜下食品配送中心的负责人闵志俊介绍："聘请员工时，我们优先选择家庭条件较为困难的村民。其中 5 个配送员分别是本村的退役军人与大学生；4 个拣菜人员则是待业在家的阿姨。在这里工作不说多赚钱，但起码收入稳定，那些原本打零工的村民生活质量有了很大的提高。"23 岁的退役军人熊迎港就是配送员之一，他笑着告诉记者："我在配送中心成立后就一直在这里工作，在家门口就业，每年还能有近 8 万元的收入，我每天都挺有干劲，小日子也过得很滋润。"

（二）数字乡村建设驶入"快车道"

数字时代赋予了溧阳新的弯道超车的机遇。智能终端和新媒体应用创新扩散的加速，让"数字乡村"在溧阳小村成了事实。由于订单量较大，姜下村的自有农副产品不足以支持全部的订单。"咱们自产的产品种植都是统一生产技术与种植标准。既然自产菜量不够，那就把技术教给村民，让大家都参与进来啊。"2019 年下半年，村委会推出"姜下蔬菜种植试验田"项目，流转村中近 30 亩的土地免费给村民承包种植。闵志俊也负责试验田工作的开展："我们配送中心根据订单情况，提前给农户们做好种植计划，并由种植基地的专业人员给予技术指导。等菜品成熟，我们配送中心就会帮助村民销售，中间的利润全部归村民所有。"

脱贫攻坚的伟大力量，已经大大改变了溧阳脚下的土地。它既以"亿"这样的天文数字为单位，也以"户"这样的具体场景为落点，改变了水土和风貌，也改变了溧阳人的生存方式与致富理念。吕三保是姜下村的一名普通村民，平时种地、打工为生的他年收入3万元。2020年下半年，吕三保加入了蔬菜种植试验田项目："我们农民一辈子就靠土地过日子，现在菜种出来有配送中心帮着卖，半年时间我结算到6万元，和以前比收入翻了好几倍呢。这个项目我肯定会继续参与的。"看到配送中心以及蔬菜种植试验田项目的村民收入有了实实在在的提高，越来越多的村民也主动加入其中。"我们配送中心的农产品主要销往溧阳市交警大队、市人民医院、光华高中等十几家单位，2020年的销售额达500万元，其中上交村集体31万元；预计2021年底能达到1000多万元，届时我们将给村集体带来近80万元的收入。"吕岗华表示，配送中心上交村集体的这笔收入将用于姜下村孤寡老人、留守儿童、困难群众的生活补助以及村内基础设施的建设与维护。

溧阳抢抓电商蓬勃发展的机遇，打通物流"最后一公里"，为全市的电商行业规范、有序、健康、快速发展提供了有力保障。通过配送中心以及蔬菜种植试验田项目的不断推进，姜下村村民们的收入越来越高，村集体经济也逐年增加，村民们脸上的笑容更灿烂了。

加快推进数字乡村建设，既是巩固拓展网络帮扶成果、补齐农业农村现代化发展短板的重要举措，也是深入贯彻新发展理念、加快构建新发展格局、实现乡村全面振兴的关键一环。从美丽生态到美丽经济，再到美丽溧阳、美好生活，数字乡村不仅找到了脱贫致富的成功秘诀，更展示了新时代溧阳特色田园乡村的全新气象。

江苏常州溧阳余巷村：3 年时间摘掉"贫困帽"

位于江苏常州溧阳市西部的上兴镇余巷村，原本是个交通闭塞、人口流失、经济贫困的小村落，村集体经济一度处于负债状态。2017年，余巷村下属自然村——牛马塘村成为江苏首批特色田园乡村建设试点村，整个村庄终于等来了大好的发展契机，搭上了"乡村振兴"的快车，从此发生了翻天覆地的变化。如今，村庄美、产业兴、村民富，短短 3 年时间，余巷村不仅摘掉了"贫困帽"，还成了网红度假打卡地。

地处偏远，一度是个贫困村

58 岁的蒋志敏，是上兴镇余巷村党总支书记。1979 年，高中毕业之后，蒋志敏回到农村，从生产队长做起，一直在农村一线工作着。

余巷村位于曹山核心区域，区域面积较大。由于地处曹山，旱地多、丘陵多、交通不便、产业不兴，当初的余巷村就是一个落后小村落。村里很多村民常年外出打工，人口流失导致村庄成了"空心村"，房屋破旧，村庄寂寥，经济极其不发达。蒋志敏透露，2004 年他刚接手的时候，余巷村集体经济还负债 36 万元。而在 2017 年之前，余巷村一直是一个贫困村。由于经济贫困，余巷村还成了溧阳城市管理局的帮扶单位。

入选江苏省试点，小山村飞速发展

2010 年，曹山旅游度假区建设如火如荼，余巷村迎来了历史转折点。2017 年，余巷村下属自然村牛马塘成为江苏全省首批特色田园乡村建设试点村。从此，整个村庄搭上了"乡村振兴"这辆快车，走上了飞速发展的道路。

"2017 年之前，我们主要是在进行村庄的基础设施建设和改造。2017 年成为试点之后，发展速度明显加快。"蒋志敏说。围绕"生态优、村庄美、产业特、农民富、集体强、乡风好"的目标，牛马塘着力于特色产业发展与集体经济培育，打造以特色农业、田园生活、民俗文化等功能为一体的具有传统意蕴的乡村居所。

2019 年，改造后的牛马塘正式开村。走在村庄里，平坦开阔的彩虹马路、精致文艺的田园民宿、干净整洁的村容环境、四季缤纷的曹山花坊、鲜嫩可口的农家美味……令人艳羡。如今的牛马塘，不仅有村民议事大厅、游客中心、薯文化博物馆，还有咖啡馆、酿酒屋、艺术家工作室等，小村落俨然有了质朴的文艺范儿，成了游客们的香饽饽。

实施产业富民，老百姓腰包鼓了

蒋志敏向记者介绍，在产业建设上，牛马塘结合当地实际，打造"一村一品"创意农业品牌特色，大力发展高效红薯特色产业，打造中国地瓜村。

"以前村民种红薯，以量取胜，现在是以质取胜，经济价值翻了几十倍。"蒋志敏表示，除了红薯产业收入，村民还有其他多种收入，比如土地流转费用、房屋出租费用、村集体年底分红等。2019 年，牛马塘村人均收入近 3 万元，整个余巷村集体经营性收入 64 万元。2020 年，该村经营性收入有望突破百万元。

27 岁的牛马塘村村民易际鹏，2014 年外出打工，由于外面开销大，一年下来就攒三四万元。2017 年，他尝试回家创业开农庄。他的易家人农庄就位于村口，平均每天接待二三十桌客人，一年保底收入就有十几万。61 岁的村民温德秀将自家房屋出租给曹山花居用作民宿，每年都有保底 3 万元的租金。"现在我们村变得干净漂亮，游客越来越多，农民也脱贫致富了，这些都要感谢政府，感谢好政策啊！"温德秀开心地说。

（原文刊载于"学习强国"江苏学习平台，2021 年 2 月 25 日

记者：许燕）

第八章　争创"五个示范"　阔步奔向绿色现代化新征程

一、以"五个示范"开启绿色现代化新征程

历史长河的短暂一瞬，却是溧阳发展史上波澜壮阔的光辉一程。从以思想观念的解放，推动"四大开发"的绽放，到以生态优先的自觉，培育"生态创新"的土壤；从过去的"边缘边界"到今天的溧阳走上"前沿前列"，无不彰显着勤劳智慧的溧阳人团结、实干、开放、创新的城市精神和坚忍不拔、勇往直前的奋斗足迹。如今，站在新的历史起点上，"长三角生态创新示范城市"这一目标愿景，又一次激励着溧阳在践行"两山"理念，奋力开启生态创新绿色现代化美好未来的征程上，迈出新的步伐。争创公园城市示范、全域旅游示范、产业集群示范、乡村建设示范、区域协作示范这"五个示范"，坚持走融合发展之路，万众一心描绘"处处绿水青山，家家金山银山，人人寿比南山"的美丽画卷，这是新时代赋予溧阳人新的历史使命。

（一）争创公园城市示范，提升城市建设新高度

在生态创新绿色发展上先行先试，创城乡融合乡村振兴时代标杆、区域协同产业集群典范引领、文明和谐高效治理示范样板，建成公园城

市的全国样板，打造全国最具人居魅力、最具创新活力、最具开放张力、最具发展潜力的公园城市示范县（市），不断提升城市建设新高度。

以国家城乡融合发展试验区和新型城镇化建设为抓手，按照120万人口规模实施规划控制与城市框架形成，"人城境业"和谐统一推动公园城市成为溧阳的鲜明标识。治山理水打造一方净土。围绕全域美丽，久久为功，打好蓝天、碧水、净土保卫战，持续推进天目湖水源地保护工程，实施"生态绿城"建设行动计划，描绘高颜值、高品质、有归属感的生态空间。依山傍水建设一座新城。按照"三年成势，五年成型"要求，对标全国一流建设天目湖生命康原，聚力打造高端休闲康养项目和山水中心、美好生活中心等公共服务空间，让"十里长山半入城"，成为健康经济主平台、城市发展新中心。融山秀水描绘一派风景。围绕公园城市规划落实国土空间规划，全面深化"一路两廊"建设，建成"十二望楼"展现溧阳琴廊、森林长廊优美形态，打造焦尾琴公园塑造"城市会客厅"，让"山水融城、和谐共生"成为溧阳公园城市的生动写照。

（二）争创全域旅游示范，构筑文旅休闲新高地

聚焦"生态生产生活共融、全景全时全龄可享"，努力打造全国知名的长三角休闲康旅目的地。坚持用"溧阳1号公路"串全景。着眼"自在驾行，畅游溧阳"，大力实施"溧阳1号公路"内涵提升工程，优化线位线型，引进市场主体整合资源，重点建设若干精品示范段，打造沿线"清风朗月·溧阳茶舍"、功能村落等核心标识与旅游IP。坚持抓功能板块完善享全时。全面提升天目湖旅游度假区定位与档次，突破高端酒店与休闲街区。加快曹山旅游度假区的定位形成，重点推进曹山未来城建设，形成长三角最大的山水岛园民宿群落，打造中国文旅休闲新高

地。丰富南山地区休闲康养体验感，打响"长寿康养"品牌。加快宋团城改造，建设历史文化街区示范段，再现老城风情。全市未来五年力争引进知名品牌酒店 10 家以上，其中建成开业 5 家以上。坚持创新型消费业态悦全龄。持续扩大以绿色康养、红色研学、金色丰收为特色，休闲驿站、房车营地、农民集市等场景为支撑，知名体验小镇、文体赛事品牌、多元餐饮美食为依托的新型服务供给，让不同年龄、不同层次、不同喜好人群深度体验"到溧阳，就是一种生活方式"。在争创全域旅游示范的过程中，通过重点加强城市宣传，完善节庆体系，强化新式营销，让更多人知晓溧阳、点赞溧阳、爱上溧阳。

曹山花海

（三）争创产业集群示范，增强经济发展新动能

以江苏省中关村高新区创成国家级高新区为引领，面向世界、迈向一流，加快构建以先进制造为主体的现代产业集群。项目是灵魂和核心。始终把项目建设作为永恒主题贯穿发展全过程，驰而不息引进重大项目育强产业，未来五年在推动动力电池产业迈向千亿的同时，再

造1—2个千亿级、1—2个五百亿级产业集群。质效是关键和根本。突出"亩均论英雄",深度落实企业资源集约节约利用综合评价、精准扶持、要素差别化配置等政策。强化载体支撑,建成中关村软件园溧阳基地、龙湫湖科创中心、北湖科创中心等一批科技创新载体,推动江苏省中关村高新区"创成国高新、进军一百强、迈向科技城",支持经开区创建国家级经济技术开发区,育强苏皖合作社渚先导区产业特色,规划建设"江苏省中关村高新区—南渡工业园区—溧阳经济开发区"先进制造产业带。促进制造业与服务业深度融合,以主导产业的带动优势和骨干企业的示范效应,推动制造企业向系统集成和整体解决方案提供商转型;以物流管理、信息技术研发等生产性服务业的引进集聚,推动产业链节点细化和功能延伸,打造特色生产性服务业集群。企业是主体和主力。以强化创新能力为核心,打造"科技型中小企业—高新技术企业—瞪羚企业—独角兽企业—上市企业"雁阵梯队。大力实施小微企业"小升规"行动计划,全力以赴实现未来五年规上工业企业翻番目标。

(四)争创乡村建设示范,激发乡村振兴新活力

以率先基本实现农业农村现代化为目标,加快城乡融合,打造富有特色和底蕴的"乡村艺术作品"。推动乡村建设规划纳入法治化渠道,纵深推进新一轮村庄规划布局调整,每年整治农村人居环境村庄不少于120个;力争"十四五"期间,新建省级特色田园乡村15个以上、美丽宜居乡村60个以上,建成全国知名的美丽乡村连片示范区。聚力融合强动力。以现代农业产业园为核,建强"1＋4"城乡产业协同发展平台,建设全国知名的农业绿色发展先行区和农村"三产"融合发展示范区,引领富民强村新实践。以新型城镇化建设为要,补齐农村优质供水、教育、医疗等民生短板,推动相邻镇区间公共基础设施统筹规划、合作共

建和功能共享。聚合试点激活力，以 4 个市级试点村为重点，推动农村宅基地"三权分置"实现形式改革取得突破，农村宅基地有偿使用、有偿退出机制、农村集体经营性建设用地入市制度基本形成，城乡统一的建设用地市场基本建立。探索赋予入乡人才"新村民"权利，带动农村产业发展和农民收入水平提升。整合力量推动网格化治理与基层治理合二为一，打造可复制、可推广的乡村治理"三治融合"溧阳样板。

（五）争创区域协作示范，打造创新协作新品牌

有亮点突出"聚焦上海、远拓京深，联动六县、融宁接杭"，在深化产业共建、交通共联、生态共护、服务共享中加快区域协调发展。绿色共建成样本。强化苏皖合作社渚先导区示范引领，深化"一岭六县"合作，构建以生态容量评价体系为基础的市场化区域生态补偿模式，建立完善区域生态产品交易市场和"生态银行"，推动跨区域生态产品价值实现，把长三角产业合作区打造成全国省际边界地区绿色发展新示范。创新协作创品牌。依托沪宁杭合四大都市圈交汇点区位优势和中科院物理所长三角研究中心等科创资源，全面建设"电动溧阳"。搭建上海、杭州、南京、深圳等科创基地，吸纳产业转型、创新溢出。发挥南京创新资源南下和杭州创业资本北上交汇优势，大力吸引资本、人才落户，力争"十四五"期间在应用型大学引进、高等职业院校建设上再有突破。营商环境求突破。以营造全国一流营商环境为突破口，建设"智慧政务"体系，推动实现跨区域数据共享、行政许可事项"一网通办"，打破行政壁垒，畅达服务体验。强化规则至上，推进区域生态环境共保联治、市场秩序协同联护、社会治理一体联动，厚植公平公正、创新创业土壤。

这是一个大有可为的时代，更是一个大展作为的年代。全面建设

社会主义现代化国家的目标催人奋进，高举习近平新时代中国特色社会主义思想伟大旗帜，全面激扬"团结、实干、开放、创新"的精神力量，溧阳将以崭新的姿态、过硬的成果致敬建党100周年，奋力开创长三角生态创新示范城市的崭新征程，阔步奔向绿色现代化的美好未来。

江苏溧阳阔步奔向生态创新绿色现代化

溧阳，地处江苏西南部，千年古邑，"三山一水六分田"的资源禀赋造就了溧阳优美的自然生态。今天的溧阳拥有全国文明城市、国家生态文明建设示范市、世界长寿之乡、中国优秀旅游城市、中国建筑之乡等多张城市名片，县域经济综合竞争力位居全国前列。

践行"两山"理念实现价值转化

1990 年 8 月，溧阳撤县设市。30 年来，溧阳以昆仑经济技术开发、丘陵山区综合开发、天目湖旅游开发、苏浙皖边界市场开发"四大开发"为基础，明晰绿色脉络，一步步把水库变成天目湖、废弃矿山宕口变成燕山公园、农村路变成"溧阳 1 号公路"；以先进制造、高端休闲、现代健康、新型智慧"四大经济"为支撑，释放生态红利，催生了以"发展可持续、环境更友好、群众得实惠、政府有收益"为特征的"幸福经济"；以城乡经济协合、城乡环境契合、城乡生活翕合、城乡治理匡合"四大融合"为方向，推动城乡融合，让老百姓看到变化、得到实惠、感到自豪。

溧阳坚持走以生态为基础变量、主要资源和比较优势的生态创新之路，系统、双向、持续地打通"绿水青山就是金山银山"的价值转化路径。近年来，溧阳厚积薄发，在绿色高质量发展的路上大步迈进，取得优异成绩，同时肩负八大国家级试点任务，美丽乡村建成率在全省名列前茅，"三生共融"的"溧阳样本"、生态产品交易市场建设、"百姓议事堂"等探索被国家部委推广，被生态环境部命名为第四批"绿水青山就是金山银山"实践创新基地。这是溧阳 30 年创新创业的成功积累，也是溧阳传承赓续、奔向未来的根本路径。

聚焦全面小康保持经济增长

2020 年，溧阳在江苏省委和常州市委的坚强领导下，紧扣重大项目、现代化试点"双突破"，聚焦全面小康和试点攻坚"双决胜"，强化党的建设和作风建设"双引领"，取得"难中有进、难中有为"的业绩。

千方百计稳住发展基本盘，经济运行态势稳中向好。积极落实各级防疫惠企政策，兑现减税降费、社保减免等惠企资金 30.93 亿元。及时出台 2 批 18 条专项扶持政策，直达企业资金 4400 余万元。规模以上工业总产值、工业应税销售收入分别增长 10.4% 和 11.4%，进出口总额

"溧阳1号公路"神女湖观景台

增长 6.6%。全年实现地区生产总值 1086.36 亿元，人均 GDP 达 14.2 万元，公共财政预算收入 73.8 亿元，城乡居民人均可支配收入 4.51 万元。产业转型升级步伐加快，全面掀起攻坚重大项目热潮，全年引进 10 亿元以上项目 32 个，50 亿元以上项目 3 个，百亿元以上项目 3 个，全社会固定资产投资增长 5.1%。下好试点"先手棋"，绿色崛起动能不断增强，全力以赴决胜三大攻坚战，凝心聚力织密民生"保障网"。

牢记重大使命争创"五个示范"

"十四五"时期，溧阳将重点聚焦"长三角生态创新示范城市"这一目标愿景，把握美丽宁杭新支点、城乡融合试验田"两个定位"，坚持生态优先、产业优升、开放优容"三个导向"，推动空间拓展与崛起长三角协同谋划、生态涵养与提升知名度协同推进、产业培育与深度城镇化协同互动、民生共享与增强辐射力协同发展"四个协同"，争创公园城市、全域旅游、产业集群、乡村建设、区域协作"五个示范"，在江苏书写"争当表率、争做示范、走在前列"的新时代答卷中争当优等生、争创新示范。

2021 年，溧阳将进一步解放思想、开拓创新，奋力开创长三角

283

生态创新示范城市的崭新征程，阔步奔向生态创新绿色现代化的美好未来。

（原文刊载于 2021 年 3 月 4 日《人民日报》）

二、让到溧阳成为一种生活方式

大厦之成，非一木之材；大海之阔，非一流之归。溧阳全域旅游发展历经三十载风雨淘漉，通过一届届领导班子、一代代干部群众、一个个企业家创业者的奋斗，谱写了可观可感的富民篇章，创造了可圈可点的发展成果，赢得了可喜可贺的城市美誉。

以"三区同创"为引领，溧阳致力将创影响的目标融汇进创一流的追求。10 年前，溧阳市第十一次党代会将提升旅游城市影响力的目标愿景，融入争创全国一流的工作追求之中，发出了"三区同创"的动员令。经过五年的群策群力、奋力攻坚，实现国家 5A 级旅游景区、国家生态旅游示范区、国家级旅游度假区"三区同创"的成功，标志着溧阳为全国树立了首屈一指的旅游度假"标杆"。

向"三生三全"发力，致力将溧阳的旅游蝶变成全域旅游的溧阳。2015 年，溧阳市第十二次党代会将全域旅游开发作为"十三五"时期的"三大工程"予以重点推进，努力探索"生态生产生活"相融、"全景全时全龄"共享的全域旅游发展之路，"三生共融"的"溧阳样本"被列入生态环境部绿色发展案例，一举创成国家全域旅游示范区。

三十年坚守初心如一，让旅游成为溧阳人看到变化、得到实惠、感到自豪的支柱产业、富民产业、标识产业；三十年矢志创新如一，让全域旅游发展成为溧阳人探索"生态创新"实践的生动注解；三十年永攀高峰如一，让"创影响、争一流、能示范"成为溧阳人干事创业的不懈追求。展望"十四五"，溧阳聚焦建设长三角生态创新示范城市目标愿景，将全域旅游作为争创"五个新示范"的重要内容，奋力建设富有文化底蕴的世界级旅游度假区，让到溧阳成为一种生活方式、"到溧阳，就是一种生活方式"走向世界！

（一）以新发展理念引领争创全域旅游示范

新发展理念深刻揭示了实现更高质量、更有效率、更加公平、更可持续发展的必由之路。全域旅游是国家大力倡导的旅游业发展方向，指的是将一定区域作为完整旅游目的地，以旅游业为优势产业，统一规划布局、优化公共服务、推进产业融合、加强综合管理、实施系统营销，更好满足旅游消费需求。溧阳争创全域旅游示范既是贯彻新发展理念的现实要求，也是落实新发展理念的有效抓手。

1. 坚持把"创新发展"作为溧阳争创全域旅游示范的动力源泉

创新发展注重的是解决发展动力问题。旅游需求侧的差异性和多样性，决定了旅游供给必须持续创新。全域旅游本身就是发展理念的创新，也是发展模式的创新。全域旅游不仅要探索旅游业发展的新模式、新路径，也要探索旅游管理全域化、全过程优化，更要构建一个全新的旅游发展生态圈。对于溧阳而言，全域旅游不是全一模式，而是需要因地制宜，从实际出发探索独具特色的发展模式路径；全域旅游也不是全域同质发展，而是需要注重各板块、节点之间的差异化和特色化发展，形成各自的产品特色、业态特色、服务特色；全域旅游更不是全域开发，既不能"村村点火、户户冒烟"，也不能不顾实际条件盲目去搞旅游，而是需要整合核心资源形成联动效应。

2. 坚持把"协调发展"作为溧阳争创全域旅游示范的内在要求

协调发展注重的是解决发展不平衡问题。全域旅游的系统性和融合性，充分体现了协调发展的内在要求。全域旅游有利于兼顾旅游供给侧与需求侧，促进供需协调；有利于提升整体生态环境和服务供给水平，促进生态生产生活协调；有利于完善产业配套要素，促进一、二、三产协调；有利于推进乡村旅游提质增效，促进城乡协调；等等。对于溧阳而言，要把全域旅游作为联结经济社会发展的各个领域、各类群体、各种空间的重要纽带，予以系统谋划、系统推进；要把全域旅游作为促进"三生共赢"的重要抓手，努力实现县域空间资源的优化配置；要把全域旅游作为实现城乡融合的重要路径，推动乡村全面振兴；要把全域旅游作为推动产业融合发展的重要载体，发挥"旅游＋"的综合带动功能，推动各行业融入其中，构建新的产业生态系统。

3. 坚持把"绿色发展"作为溧阳争创全域旅游示范的最亮底色

绿色发展注重的是解决人与自然的和谐问题。全域旅游是绿色发展的重要载体，有利于发挥旅游作为资源节约型、环境友好型产业的优势。对于溧阳而言，优良的生态环境是推动全域旅游发展最宝贵的资源禀赋，要始终坚持"生态优先"，把环境和景观统一起来，创优生态产品供给，在区域竞合中形成比较优势；要把"全域美化"作为推动全域旅游发展的基础工作，创造干净、整洁、舒适、优美的全域环境，既要满足本地居民对美好生活的需求，更要为外地游客提供审美游憩价值和休闲度假功能；要把生态和旅游结合起来，把资源和产品对接起来，保护和发展统一起来，将生态环境优势转化为旅游发展优势，将绿水青山变成金山银山，创造更多的绿色财富和生态福利。

坚持把"开放发展"作为溧阳争创全域旅游示范的鲜明特色。开放发展注重的是解决发展内外联动问题。旅游业是天然的开放行业,而全域旅游更加注重构建开放发展空间,打破行业分割、地域分割、行政分割,走全方位开放之路,形成开放发展的大格局。对于溧阳而言,要跳出景区看旅游,整合县域范围内的全部吸引力要素,将整个溧阳作为一个旅游目的地来打造;要跳出旅游看旅游,把全域旅游作为县域发展和县域善治的关键纽带,对县域内经济社会资源、相关产业、生态环境、公共服务等要素整合、优化和创新;要跳出溧阳看旅游,开门抓旅游,把全域旅游置于更为广阔的国内国际空间来谋划,才能在国际比较和竞争中积蓄新动能、创造新优势。

4.坚持把"共享发展"作为溧阳争创全域旅游示范的价值取向

共享发展注重的是解决社会公平正义问题。全域旅游是释放旅游业综合功能、共享旅游发展红利的载体。全域旅游打破围墙、打破空间封闭、打破主客界限,形成共建共享的旅游发展大格局。对于溧阳而言,要秉持"城市即旅游,旅游即城市"的理念,以满足多层次、多元化的生活需求为导向,共建共享基础设施、公共服务、生态环境、休闲产品,让溧阳成为品质生活的系统提供者;要凝聚"主客共享"的共识,厘清游客与居民并不是非此即彼的关系,既要为外来游客提供优质的休闲服务体验,也要满足"生于斯、长于斯"的本地居民对美好生活的需求;要强化"富民增收"的导向,充分发挥全域旅游带动就业创业的优势,使其成为富民增收的新引擎和主阵地。

(二)打造溧阳高质量发展的生动名片

历经30年的努力,溧阳的全域旅游画卷已渐次展开,但对比国内外一流旅游城市，面对旅游业发展新趋势和人民群众新期盼，溧阳的城市文旅IP、高端度假产品、夜间经济、文旅融合发展以及旅游人才队伍建设等方面存在明显短板。如缺乏有影响力的城市文旅IP、高端度假产品较少、文化资源有待挖掘等。没有真正意义上让游客有"不得不去"的地方、"不得不买"的产品、"不得不体验"的生活。要紧紧围绕争创全域旅游示范的目标，增强问题意识、突出问题导向，主动担当，开拓创新，力求在重点领域取得突破性进展，形成可示范可推广的经验。

1.在实现全域旅游美好空间与创造生活美好空间融会贯通上探索路径

"溧阳1号公路"等生活设施成为旅游爆款，是将旅游空间与生活空间融会贯通的最好注解。在"主客共享"的全域旅游视角下，塑造旅游美好空间就是创造生活美好空间，从而实现"城市即旅游，旅游即城市"的新格局。构建"三生共融"的空间格局。推动全域旅游，就是要将生产空间、生活空间、生态空间深度融合成旅游空间。深化公园城市建设，统筹生产、生活、生态三大空间布局，按照"中心集聚，外围开敞"的总体思路，依托"一路两廊"生态骨架，突破城乡界限，把"一中心两副城"与外围地区的"山、林、河、田、镇、村"渗透融合，从而构建"山水融城"的全域空间布局。塑造"全域洁净"的空间底色。整洁舒适是人们对一个地方的第一印象，让"全域洁净"成为溧阳全域旅游的"最直观感受"。深入打好新一轮污染防治攻坚战，注重源头预防和源头治理，优化产业结构、能源结构、交通运输结构，持续擦亮"天蓝、水清、土净"生态名片。深化文明城市建设，优化城乡管理体制，营造干净整洁、文明有序的城市容貌环境，确保文明城市测评持续走在全省、全国前列。深入实施美意田园行动，每年整治农村人居环境村庄不少于 120 个，力争"十四五"期末创成省级特色田园乡村 20 个，建成全国知名的美丽乡村连片示范区。充分发挥"溧阳 1 号公路"纽带作用，塑造文体赛事、江南绿道、山地潮玩等旅游场景。依托"森林长廊"，布局"十二望楼"形成城市标识，推动公共空间、自然生态与产业集群相融合。打造"溧阳琴廊"网红品牌，形成串联城市组团的生态空间、展示旅游文化的休闲空间。修复团城等历史街区，恢复人文地标，建设具有历史文化底蕴的生活场景。全力谋划全域公园体系，深度挖掘山水人文景观价值，让溧阳山水之美可进入可参与，人文之美可欣赏可阅读。

2. 在促进多领域融合发展与打造个性化城市 IP 融会贯通上形成标识

文化是旅游的灵魂，旅游是文化的载体。要把溧阳的历史文脉、民俗风情、人文掌故，通过恢复文化遗存、开发特色产品、打造城市雕塑等方式融入全域旅游发展全过程、全领域。大力挖掘溧阳长寿文化、茶文化、民俗文化、红色文化等元素，开发文化游、研学游、科技体验游等多元旅游业态，打造系列文旅 IP。提升新四军江南指挥部纪念馆，加快改造水西村，打造长三角以实践体验为内核的红色教育培训第一村。加速康旅融合。无论是"养生 + 旅游"，还是"运动 + 旅游"，康旅融合的度假产品已经成为人们重要的旅游目的地。要发挥溧阳良好生态基底及长寿文化等资源优势，重点发展医、康、养、游融合的新兴业态，积极创建国家康养旅游示范基地。创新以"治未病"为基础的中医养生模式，重点发展以高端体检、基因诊断、健康干预、精准治疗等为特色的健康管理服务和度假式养生产品。围绕运动康复、运动治疗，引进 1—2 家高端体育康复治疗品牌或体育康复医院，打造国内运动理疗、康复疗养目的地。探索科旅融合。积极推进互联网、大数据、云计算、人工智能、区块链等高新技术与旅游产业融合发展，持续通过科技创新赋能旅游品质提升。依托中科院物理所长三角研究中心、南京航空航天大学天目湖校区、重庆大学智慧城市学院等科创资源，开发一批融科普和旅游为一体的旅游产品，策划一批集娱乐感好、参与度高、教育性强于一身的旅游活动。深化农旅融合。依托田园资源和农业特色，支持全国乡村旅游创客示范基地建设，以创意激发农旅融合的活力，积极培育一批大地艺术、农耕体验等创意农旅产品，催生农村新兴业态。将特色田园乡村纳入全域旅游建设体系，推动塘马村、牛马塘村、杨家村等特色田园乡村，积极创建全国乡村旅游重点村。围绕"溧阳1号公路"沿线村庄，运用微众筹农业、自然农法等概念，打造农旅融合示范园。

3.在创新全域旅游城市运营与探索现代化县域善治融会贯通上创造经验

在全域旅游视野下，突出"以人为本"，坚持需求侧导向，以创新城市运营新模式，推进县域社会治理现代化，充分发挥多元主体合作共治的作用，探索构建县域"善治"新范式。以"旅游即城市，城市即旅游"的视野来统筹全域要素资源的配置。围绕全域旅游来统筹经济社会各方面发展，努力将县域范围内一切有吸引力的资源、元素都转化为旅游要素，推动新型城镇化发展、美丽乡村的建设、三产的协调发展、基础设施的完善、公共服务的优化，从而探索出发展的新模式、新路径。注重土地利用规划及环保、交通、供水、供电等规划与旅游规划的融合，在规划建设基础设施和公共服务设施上，充分考虑旅游发展需要以及相关旅游项目、设施的空间布局和建设用地要求。以"接轨国际化，服务创一流"的标准来助推公共服务供给的创优。从溧阳实际情况和群众需求出发，贴合全域旅游发展和城市品位，优先提升公共服务领域的城市国际化水平。高起点规划建设溧阳大剧院、美好生活中心等项目，加快推进全民健身中心、丁家山体育公园、智慧化全民健身长廊等公共体育设施建设，让群众共享高品质文体生活。探索相邻板块间公共基础设施统筹规划、合作建设和功能共享机制，规划建设一批全国能示范的村镇片区新公共服务中心，提高乡村生活吸引力。以"需求侧导向，智慧化管理"的理念来构建智慧城市建设的范式。顺应"互联网＋"潮流，立足"主客共享"的需求侧导向，打造国际领先、国内一流的全域智慧平台，实现政府管理、对客服务、精准数据实时监测互动。深化"智慧城市"建设，加快跨区域、跨部门、跨层级的数据资源集成共享、分析运用，实现社会治理、城市运行、政务服务、旅游管理"一屏统览"，实现人性化、精准化服务，让城市运行更加高效、主客体验更加舒心。建设"有时溧阳"智慧旅游系统，推出掌上智慧旅游系统，丰富智慧医疗、智慧出行、智慧养老、智慧监管等应用场景，最大限度方便游客体验旅游。深化全国乡村治理体系试点县建设，促进网格化治理与社区治理深度融合，加快数字化赋能，推行"网格化＋信息化"社会治理新模式，探索智慧乡村建设，打造县域治理现代化样板。

（三）创建富有文化底蕴的世界级旅游度假区

党的十九届五中全会首次明确提出到 2035 年建成文化强国，并将建设一批富有文化底蕴的世界级旅游景区和度假区，作为"十四五"时期的重点工作之一。那么，怎么样体现富有文化底蕴？什么样的旅游度假区能称得上"世界级"？虽然，目前文旅部尚未明确具体的评价标准，但世界级旅游度假区应该要有"国际识别度"，都要有一个极为鲜明、富有特色的标识，如新西兰的"100％纯净的新西兰"，埃及的"历史的金库"，桂林的"桂林山水甲天下"，等等。这就需要在挖掘鲜明的文化特质和培育有世界知名度的文旅 IP 下功夫。

第一，建设国家历史文化名城。对标国家历史文化名城的建设要求，以"传承历史、融合创新"为导向，明确建设目标定位，确定"路线图"、绘好"时间表"、制定"任务书"，科学谋划好名城申报工作。全面梳理历史文脉，充分挖掘文化底蕴，通过加大对神墩遗址、沙涨古村、淳化阁帖石刻等资源的保护与宣传，复建蔡邕读书台、欧冶子铸剑台、史贞女浣纱遗址等历史遗存，演绎李白、孟郊、史侯等名人名事名篇，传承太平锣鼓、傩舞等非遗文化，将历史文化充分彰显。适时启动码头水街建设，修复古城墙遗址，整治团城书院巷、费家巷历史街区，打造宝塔湾团城古街，重现老城市井生活场景。深入挖掘秦堂山遗址、神墩遗址、梅岭玉矿遗址、古县遗址的历史文化价值，建设一批集展览展示、文化教育等为一体的专题博物馆、陈列馆或文创工作室。整合各类资源，创新文化旅游产品，形成乡土文化主题旅游路线，打破众多文化资源"藏在深闺人未识"的局面。

第二，实现旅游演艺产品零突破。旅游演艺产品既是打造文旅 IP 的有效载体，更是激活夜间经济的重要抓手。充分挖掘溧阳文化特质，运用丰富多彩的艺术形式进行当代表达，开展太平锣鼓、傩舞傩戏等观摩体验，开发2—3台具备一定影响力的演艺剧。积极对接国内优秀团队，创作一台底蕴深厚、特色鲜明、涵育人心的传统文化演艺作品。特别是要加大高端旅游演艺项目招引力度，旅游演艺产品必须走高端路线，才能更具吸引力。统筹布局重要地区的灯光演绎，打造光彩靓丽城市夜景体系，构建独具艺术气息的城市意象，给人留下梦幻奇妙的记忆。通过政府购买服务等方式，支持各类旅游经营主体利用剧院、室外广场、商业综合体、城市公园等拓展旅游演艺空间，打造中小型、主题性、特色类、定制类旅游演艺项目，形成多层次、多元化的演艺产品供给体系。鼓励旅游演艺产品与夜间经济产品衔接，努力在夜间经济领域取得突破，建成一批省级以上夜间文旅消费集聚区。

　　第三，加快知名度假康养产品集聚。紧盯国际顶级品牌酒店、高端文旅综合体等短板，强化重大项目招引，构建在国际文化和旅游市场上有重要影响力的旅游产品体系。擦亮"清风朗月·溧阳茶舍"品牌，重点发展精品野奢民宿、艺术民宿、民宿综合体等，打造一批能与裸心谷、秘境等国内知名民宿相媲美的民宿产品，把溧阳打造成与德清莫干山、丽江相比肩的具有国际影响力的高端民宿集聚区。以国家健康医疗大数据应用示范中心与产业园项目试点为契机，推动健康医疗大数据融合共享、开放应用，形成全方位的度假康养服务体系。加快中德富尔达康颐社区、中国平安健康城、天目湖再生医学健康管理中心等建设，进一步引进国内外优质养生养老、康复护理、健康管理等品牌，打造有影响力的高端医、康、养、游融合目的地。

　　第四，打造"溧阳早茶"品牌。溧阳的早茶历史悠久，清乾隆朝文渊阁大学士史贻直在称赞家乡美食的七绝中，"馒头烧卖鸭浇面"就是讲的早餐美点；民国期间，溧阳码头街的仁和馆、前街的胡复兴、后街的复源轩、南门街的复珍轩等早茶店人气很旺；新中国成立后的溧阳饭店、太白酒楼、大众饭店、迎春楼也是各有特色，颇受欢迎。做好"餐饮＋旅游＋文化"文章，加快制定"溧阳早茶"发展规划，积极整合政府闲置资产，打造"溧阳早茶"的集中展示体验区。突出乡土特色，以本土特色菜肴、湖鲜山菌调料、溧阳优质名茶等为辅助特色的发展方向，打造精致、雅致、别致的江南特色早茶风格。推动"溧阳早茶"与焦尾琴演奏、泓口丝弦演出、锡剧演唱等民俗文化相结合，使之成为独具乡土文化特质的网红打卡点。通过星级评优、特色名店挂牌等方式，不断挖掘创新特色产品、扶持推荐优质店家，逐步建立完善一整套科学的行业标准和运营机制。倡导"溧阳早茶＋"的理念，扩展商务洽谈、会务接待、社团联谊、健康养生诸多领域延伸服务，做靓"溧阳早茶"的风情韵味。

第五，开发特色文创产品。一件精美的旅游商品能勾起旅游者美好回忆，品味一个地方的特色文化和民俗风采。游客到一个地方，总是想带点具有当地特色的商品回去。例如，美国迪士尼的"米老鼠"、日本的"熊本熊"等都是在世界上拥有极高人气的吉祥物，湖南长沙"茶颜悦色"成为新一代中式国民奶茶品牌，故宫博物院系列文创产品更是业界"翘楚"。加大梅岭玉制品、特色美食、竹制品，焦尾琴文化、新四军红色文化衍生品等特色旅游产品的研发力度，打造一批"网红品牌"和"爆款产品"。以新四军江南指挥部纪念馆入选省级文创产品开发试点、加盟江苏省博物馆商店联盟为契机，构建溧阳文创产品研发中心，培育研发文创产品和旅游商品。定期举办文化旅游商品创意设计大赛和展销大会，拓展文化和旅游商品的销售渠道，形成研发、生产、销售一体化体系。

第六，加大宣传推介力度。加大城市品牌宣传，以举办茶叶节、旅游节、观灯节、爱情泼水节、稻田音乐节以及全国性文体赛事为重点，打造"年年有创新、月月有看点"的推介活动，形成文旅 IP 与网红经济叠加效应。发挥区域联合营销优势，积极与上海大都市圈、南京都市圈等区域城市开展文旅协作，深化"一地六县""苏皖合作示范区"文旅联盟合作，携手打造具有广泛影响力的宣传推介活动。把旅游宣传和城市外宣结合起来，深化与中央和省级主流媒体、长三角城市媒体合作交流，搭建全媒体营销平台，讲好溧阳故事，扩大溧阳知晓度、影响力和吸引力。充分利用中外媒体、影视作品、会展论坛等各类载体和平台，运用好移动互联网、微博、微视频、数字旅游、高铁旅游等新渠道，全方位、立体化、多角度宣传溧阳和溧阳旅游。

第七，培育旅游人才队伍。旅游服务专业性强，需要专业的人才。要把旅游人才队伍建设，纳入"天目湖英才榜"三年行动总体布局，加大引进培养力度，为全域旅游发展提供支撑。重点抓好三类人才队伍建设：一是旅游创意人才。借力南京、杭州高校云集的优势，重点培养一批新生代创意策划人才，推动建立一批旅游文创大师工作室，构建以文化创意、旅游商品开发为重点的人才高地。二是旅游经营管理人才。加强旅游经营管理人才的培训，培育壮大一支既懂市场、懂营销、懂运作，又具有较强旅游专业素质、沟通能力和服务意识的高素质旅游经营管理人才队伍。三是旅游服务人才。以提升职业素质和技能为核心，培养一支门类齐全的高技能人才队伍，为国内外游客提供国际化、全方位、高质量的服务。人是最美的风景，每个溧阳人要把文明有礼的姿态展示给来自全世界的客人，让客人有如沐春风、宾至如归的感觉，让溧阳成为属于每个人的"诗与远方"。

（四）凝聚争创全域旅游示范最广泛的合力

实现争创示范的目标，必须有敢闯敢试、敢为人先的使命担当。要加强领导，强化扶持，凝聚共同推进全域旅游发展的合力。

第一，强化统筹协调。全域旅游单靠文旅部门一匹"马"，很难拉得动这辆"大车"。要创新旅游业发展的领导体制，成立全域旅游示范工作领导小组，组织领导和统筹协调争创全域旅游示范的实施工作。制定出台全域旅游发展督查考核细则，实行季度评比、年终总评，全方位、多举措推动全域旅游发展。各镇区、各部门要强化全域旅游"一盘棋"的意识，既对照责任分工，各司其职，主动担当，切实完成好各自承担的任务，又密切协作，通力配合，形成齐抓共管的强大合力。特别是各镇区要善用统筹资源禀赋配置，站在游客的角度，盘点自家的山水林田、历史文化、风土人情，用好这些家底作出"有中出奇""无中生有"的文章。

第二，创新体制机制。在新形势下推动全域旅游发展，必须强化制度创新和制度供给。建立公开透明的市场准入标准和运行规则，打破行业、地区壁垒，推动旅游市场向社会资本全面开放，鼓励企业家在旅游领域投资兴业。加强各类规划之间的衔接和协调，充分考虑旅游元素和功能，使全市旅游成为一个有机整体。将文旅发展用地纳入土地利用总体规划、城乡规划统筹安排，增强全域旅游建设持续性。创新旅游标准化管理体制，建立健全旅游标准体系，加快制定旅游行业地方标准，支持旅游企业制定企业标准，以标准化管理引领旅游服务提质升级。大力倡导"人人都是旅游形象、事事关系旅游环境、处处要为旅游服务"的理念，开展形式多样的全域旅游志愿行动，构建全民参与的社会行动体系。

第三，加强政策支持。以制定《发展"四大经济"，争创"五个示范"三年行动计划》为抓手，在土地、财税、资源、金融、人才、技术等方面，细化出台有含金量的扶持政策。积极探索农村宅基地改革，加快集体经营性建设用地入市步伐，把生活资料转化成休闲资源。建立并完善常态化财政投入机制，推行以奖代补、先建后补、贷款贴息等方式，支持全域旅游建设。鼓励全域旅游金融服务创新，大力发展绿色信贷、绿色债券、绿色基金。开展全域生态价值评价，完善生态保护投入多元化和生态产品增值可持续的市场机制，探索更多"两山"互通路径。积极构建以生态容量评价体系为基础的市场化区域生态补偿机制，创建生态产品交易市场和"生态银行"，为生态资源转化为生产资料创造制度条件。

全域旅游创造美好生活，美好生活需要共建共享！聚焦建设长三角生态创新示范城市目标愿景，持续以全域旅游撬动全域发展，让全域旅游成为天南海北溧阳人的"家乡印记"、东来西往八方客的"情感纽带"，让"城市即旅游，旅游即城市"成为溧阳的鲜明特质，让"到溧阳，就是一种生活方式"成为溧阳的城市标识！

媒体展现

溧阳：挑好"金扁担"　争创"新示范"

蓝图已绘就，奋进正当时。

连日来，常州各地掀起学习贯彻落实常州市第十三次党代会精神热潮，切实将大会精神转化为做好各项工作的强大动力，紧扣"建设国际化智造名城，打造长三角中轴枢纽"城市定位，奋力推动常州社会主义现代化建设走在前列。

聚焦常州市各地在实施"532"发展战略上争先进位，聚力攻坚的信心作为，常州广播电视台推出《新征程·新启航》大型全媒体新闻行动。

溧阳市委书记徐华勤接受常州广播电视台溧阳融媒工作站专访时表示：

贯彻落实党代会精神，溧阳将挑好"金扁担"，争创"新示范"，聚焦长三角生态创新示范城市目标愿景，万众一心铺展"处处绿水青山，家家金山银山，人人寿比南山"的绿色现代化美好画卷，把常州"532"发展战略，在溧阳变为现实模样。

争创公园城市示范

争创全域旅游示范

争创产业集群示范

争创乡村建设示范

争创区域协作示范

为常州交通中轴建设育拓交通支点

为常州产业中轴、创新中轴建设作出溧阳贡献

为常州文旅中轴建设贡献溧阳文旅的智慧和力量

为常州生态中轴建设提供坚实基础和坚强承载

为常州交通中轴建设育拓交通支点

溧阳作为常州向西联动皖南、向北接轨南京、向南联结浙北、向东融入上海的重要窗口，将全面贯彻落实此次党代会精神，着力育拓交通支点，托举常州交通中轴建设。

以更高频次聚力实现与国内重点城市的快速通达

把加强与上海的直接联系放在首位，抢抓沪苏湖高铁建设通车契机，及早研究、认真谋划开通直达上海的高铁班次，确保溧阳上海1小时高铁直达高频次。

规划研究宁杭高铁溧阳站增容扩轨，确保"十四五"期末，直达全国地级以上城市突破100个，与北京4小时以内高铁班次常态化，拓展常州对外联系新通道。

着眼长远系统谋划城际铁路建设，争取将南京至溧水城际东延和常州至溧阳城际铁路纳入相关规划，更好推动常溧一体化，与南京同城化发展。

以更高效率深度融入城市群、都市圈发展

致力推动皖南沿江经溧阳进入苏南东部的通道规划，推动连淮扬镇铁路南卜经溧阳向西线型优化、沪宜轻轨西延与宁溧轻轨东进在溧阳交汇，完成溧宁、宁杭与溧高高速连接线建设，规划建设宁杭高速水西互通与扬溧高速前马、瓦屋山互通，进一步打开常州南北交通新空间。

加快实施 104 国道溧阳段、341 省道溧阳段改扩建工程，建设 456 省道、265 省道溧阳段、溧阳连接南沿江高铁快速通道。

以更高节奏为县域高质量发展提供要素和资源

加快推进江苏中关村科技产业城内 233 国道、239 省道等骨干路网和创新大道等主干道路建设，建成溧阳首条焦尾琴公园隧道，完成焦尾琴大道北段、龙山大道南延北拓等重点工程，让城市因交通更精彩。

加快建设常州内河溧阳港，启动上兴、社区作业区码头工程建设，提升周边环境和基础设施建设水平，积极招引智慧物流、智能仓储等现代服务业项目，让溧阳港成为苏西南重要物流服务节点，为产业发展提供强有力的要素支持和资源支撑。

为常州产业中轴、创新中轴建设作出溧阳贡献

溧阳将积极参与长三角世界级城市群产业分工，赢得与苏南发达地区相匹配的实力与地位，把项目"压舱石"作用真正发挥好。

推动产业链成优势。围绕国际化智造名城目标，溧阳将以增强全产业链把控力竞争力为核心，融入常州十大先进制造业产业集群和八大高成长性产业链建设，积极开展产业链精准招商，谋划实施一批建链强链补链项目，力争每年在百亿项目落户上都有突破，全力构建动力电池、精品不锈钢 2 个千亿级产业集群，智能电网、智能装备制造 2 个五百亿级产业集群，以及若干百亿级特色产业集群，推动绿色建安行业产值突破 1500 亿、高端休闲康旅行业营业收入跃升千亿台阶，实现产业结构的深度转型。

促动企业群成规模。推动智能电网、汽车及零部件、农牧饲料机械等传统优势企业优化有效投资、深化技改升级、强化工业互联网运用和数字化改造，股改上市拥抱资本市场，迈出转型升级新步伐，到"十四五"期末，确保溧阳规上工业企业数量实现翻番，新增一批行业"隐形冠军"。

策动创新端成品牌。坚持创新在现代化建设全局中的核心地位，以企业为主体实施技术提质行动，设立科技创新发展基金，组建主导产业和骨干企业研发联盟，打造"独角兽企业＋瞪羚企业＋种子企业"梯队。

以园区为载体实施创新平台提升行动，整合资源打造江苏中关村科技产业城，确保溧阳高新区创成国高新，推动溧阳经开区创建国家级经开区，建好中科院物理所长三角研究中心、南航天目湖校区、东南大学基础设施安全与智慧技术创新中心、重庆大学智慧城市研究院、上海交通大学智能制造研究院等创新平台，吸引国家重点实验室和产业研究院落地。

以人才为核心实施智力提效行动，深入实施"天目湖英才榜"人才新政，完善科技金融、人才公寓、住房补贴配套服务，提升基础教育、医疗卫生保障水平，以人才集聚带动人口增长、人力资源提升。

为常州文旅中轴建设贡献溧阳文旅的智慧和力量

常州市第十三次党代会上，常州市委、市政府从战略和全局的高度，把打造文旅中轴纳入"五大中轴"建设体系，使之成为常州"532"发展战略的重要组成部分，给拥有得天独厚山水资源的溧阳，带来崭新发展机遇。

着力构建"城旅一体、主客共享"的空间模式。溧阳提出，要建立健全"全域覆盖、城乡同质、一体共享"的基本公共服务体系为支撑，推动旅游基础设施和公共服务设施从景点景区向全域空间延伸，推进天目湖、南山竹海、曹山等重要景区和乡村旅游特色节点高质量建设。

借力"数字经济"发展浪潮,在"智慧城市"框架下构建"智慧旅游"服务体系,提升数字化旅游服务能级,让游客与居民共享高品质生活。

着力打造"产品丰富、产业融合"的产业范式。以建设富有文化底蕴的世界级旅游度假区为统揽,强化高端文旅综合体、夜间游等项目招引,加快山海经·上古丛林、航空航天博物馆、长三角马术小镇、长三角红色研学第一村等成熟项目建设,推动天目湖旅游度假区加快迈向"长三角会客厅"。

以高端酒店为主体提升现有度假区国际化服务品质,以星级茶舍为特色提高"溧阳1号公路"多元化服务内涵,构建具有世界影响力的产品体系。

着力淬炼"世界知晓、全国知名"的品牌样式。通过搭建全媒体平台,聚焦国内外市场开展定点营销、新式营销,让"到溧阳,就是一种生活方式"走向世界。

切实加强传统食材保护,开发新兴食宴,培育"舌尖上的溧阳"品牌。持续举办天目湖茶叶节旅游节、太湖迷笛音乐节、爱情泼水节、稻田音乐节等节庆活动,开展"书画溧阳山水"系列创作,厚培城市形象标识,开启溧阳迈入品牌城市的新征程。

为常州生态中轴建设提供坚实基础和坚强承载

常州市第十三次党代会提出,要全力打造乡村振兴的常州样板,托举生态中轴建设,展现"新鱼米之乡"的时代风貌。溧阳将进一步突出生态在争创乡村建设示范中的基础性、决定性和全局性作用,推动全域乡居秀美、乡业富美、乡治和美、乡风醇美、乡民乐美,为常州生态中轴建设提供坚实基础和坚强承载。

确保全域整洁。"十四五"期间,溧阳将深入开展美意田园行动,确保每年整治农村人居环境村庄 120 个以上，规划发展村全部建成美丽宜居乡村。大力实施农村生活垃圾分类处置、生活污水治理提升、"溧阳 1 号公路"沿线绿化美化、农村河道疏浚以及生态河道建设"五项工程"，完善"五位一体"综合管护机制。

提升全域风貌。全域开展美韵乡居升级行动，通过把农房品质化改造与美丽乡村、特色田园乡村建设、农村宅基地制度改革贯通起来，一体谋划、整体推进，确保到"十四五"期末，完成村庄改造提升 200 个，其中建设农民集中居住点不少于 50 个，建成省级特色田园乡村 20 个以上，农村宅基地用地规模下降 5% 以上。

做强全域产业。坚持用工业化的思维和市场化的手段开发乡村生态产品、发展乡村生态产业，在产业培育引进上强化项目引领，每年排出农业农村重大项目，畅通社会资本下乡、创业人才返乡、科技成果入乡的渠道，不断增强农业的产业质量和产出效益。

在产业形态丰富上突出农旅融合方向，全力突破国家级农业产业化龙头企业，丰富星级"溧阳茶舍"、休闲驿站、度假酒店等多元化供给，持续举办"四美"丰收节、稻田音乐节、迷笛音乐节等品牌节庆活动，促进三次产业融合发展。

在产业载体建设上搭建协同发展平台，积极构建以现代农业产业园为核心的"1 + 4"产业发展体系，抓项目、补短板、优环境，彰显生态价值，带领群众共同富裕。

加强全域治理。致力提升农村道路交通、优质供水等基础设施建设和学前教育、乡村卫生室等基本公共服务水平，整合资源加快建设 10 个以上全国能示范的片区公共服务中心，构建面向未来的乡村生活单元。

坚持打造乡村善治的"溧阳样板"，依托新时代文明实践阵地和乡村"复兴少年宫"建设，深入实施民生实事人大代表"票决制"、党员

服务"代办制"和"百姓议事堂"民主协商"自治制",为溧阳乡村建
设走在前列提供坚强保证。

（原文刊载于溧阳融媒体中心，2021 年 10 月 2 日）

后　记

　　习近平总书记在 2020 年底召开的中央农村工作会议上指出，建设什么样的乡村，怎样建设乡村，是摆在我们面前的一个重要课题。近年来，江苏常州溧阳深入学习领会习近平生态文明思想，全面落实中央和江苏省委省政府有关决策部署，以乡村振兴战略为统领，践行五大发展理念，坚持绿色发展、创新发展、融合发展，依托当地青山绿水，走出了一条既要绿水青山，也要金山银山，绿水青山就是金山银山的共享富裕之路，获得了全国文明城市、全国"绿水青山就是金山银山"实践创新基地、国家生态文明建设示范市、国家生态市、国家园林城市、世界长寿之乡等一系列"金字招牌"。

　　一个仅有 80 万人口的县级市，何以在短短 30 年左右的时间内实现华丽转身，脱颖而出，获得如此之多之高的国家级荣誉？带着这样的疑问，编写组一行在江苏省区域发展研究会会长、省委决策咨询专家、博士生导师张颢瀚教授，本书编委会主任叶茂先生的带领下对溧阳进行了一次深入的实地探访。从城市到农村、从大街到小巷，大家深切感受到溧阳在践行习近平生态文明思想方面取得的显著变化，让绿水青山造福人民，铺就了绿色发展驱动的转型之路、富民之路。叶茂先生深有感慨，他走过全国那么多地方，来到溧阳以后感受到"人不负青山，青山定不负人"的变化，确实值得在全国进行经验推广。张颢瀚教授表示：习近平总书记高度重视江苏生态文明建设，提出的建设"强富美高"新江苏的"美"就是"环境美"，明确要求江苏走出一条经济发展和生态文明相辅相成、相得益彰的路子。溧阳坚持生态优先、绿色发展，建设人与自然和谐共生的美丽乡村，交出了一份环境更美、质量更高、百姓更富的答卷。《绿水青山与乡村振兴——溧阳共享富裕之路实践探索》一书就是在此基础上的集中呈现。

本书由溧阳市委宣传部与江苏理工学院商学院乡村振兴研究团队负责总体设计、组织和编稿。策划与研究人员有张颢瀚、叶茂、曹俊、张爱文、张忠寿、马俊浩、张羽程、薛梅青、陶洁、迟亮、许琳等。常州市社科联原党组书记、主席朱明辉先生对本书也给予了全程关心指导。本书的出版凝聚了研究团队多年的调查研究、深入思考与积极探索。愿本书能让溧阳绿水青山与乡村振兴的成功实践成为我国乡村生态创新、绿色发展、融合发展、共同富裕的范式，为全面推进乡村振兴、实现共享富裕提供溧阳样本。

感谢溧阳市委组织部、市委宣传部、市行政审批局、住建局、生态环境局、司法局、文旅局、农业农村局、交通局、城管局、溧阳高新区、古县街道、别桥镇、埭头镇、戴埠镇、溧城镇、南渡镇、上黄镇、天目湖镇、上兴镇、社渚镇、竹箦镇、融媒体中心为本书提供的生动翔实的素材，感谢媒体记者对溧阳的报道，更要感谢溧阳的父老乡亲，正是他们对"两山"重要思想的不懈追求和生动实践，为本书的编写提供了源源不断的精神动力。

新时代背景下的乡村振兴是一个实践性和理论性都很强的课题。我们期待本书的出版能够为实施乡村振兴、走共享富裕之路提供可借鉴的思路。

编 者

2021.12

责任编辑：刘彦青

封面设计：姚　菲

图书在版编目（CIP）数据

绿水青山与乡村振兴：溧阳共享富裕之路实践探索 / 张颢瀚，张忠寿主编；
　叶茂，张羽程，迟亮副主编 . —北京：人民出版社，2021.12

ISBN 978－7－01－024226－2

I. ①绿…　　II. ①张…　②张…　③叶…　④张…　⑤迟…　　III. ①共同富裕－
　研究－溧阳　IV. ① F127.534

中国版本图书馆 CIP 数据核字（2021）第 257322 号

绿水青山与乡村振兴

LÜSHUI QINGSHAN YU XIANGCUN ZHENXING

——溧阳共享富裕之路实践探索

张颢瀚　　张忠寿　　主编

叶　茂　　张羽程　　迟亮　　副主编

人民出版社 出版发行

（100706　北京市东城区隆福寺街 99 号）

北京中科印刷有限公司印刷　新华书店经销

2021 年 12 月第 1 版　2021 年 12 月北京第 1 次印刷

开本：710 毫米 ×1000 毫米 1/16　印张：20　插页：3

字数：243 千字

ISBN 978－7－01－024226－2　定价：65.00 元

邮购地址 100706　北京市东城区隆福寺街 99 号

人民东方图书销售中心　电话（010）65250042　65289539